21世紀型スキルとは何か

コンピテンシーに基づく
教育改革の国際比較

松尾知明

明石書店

はじめに

　21世紀型スキルとは、何を意味するのだろうか。

　21世紀型スキルとは、21世紀のグローバルな知識基盤社会のなかで必要とされる能力であり、これからの教育で育成されることが期待される21世紀を生き抜く力である。その用語は、アメリカの21世紀型スキル運動やATC21S国際研究プロジェクトで使われている。同様の能力観として、キー・コンピテンシーといった言葉もある。その定義を試みたOECD（経済協力開発機構）の「コンピテンシーの定義と選択（DeSeCo）」プロジェクトを契機に、キー・コンピテンシーの概念は、PISA（生徒の学力到達度調査）などの国際学力調査にも部分的に取り入れられ、諸外国の教育改革に大きな影響を与えるようになっている。

　さて、21世紀型スキルやキー・コンピテンシーといった変化の激しい現代社会で必要とされる資質・能力を育成するためには、これまでの教育のあり方を大きく変えることが必要になる。端的には、「何を知っているか」だけではなく知識を活用して「何ができるか」への教育の転換である。たくさんの知識をもっていてもそれらを使うことができなければ意味をもたず、知識をもとに何ができるのかが問題にされるのである。したがって、知識の習得を目的にしてきた従来の教育のあり様は、知識の活用を可能にする人間の全体的能力（知識・スキル・態度）としてのコンピテンシーの育成をめざすものへと大きな展開が求められているといえる。

　このように、学校教育のめざすものが、「何を知っているか」だけではなく知っていることを活用して「何ができるのか」へと転換されると、当然のことながら、授業デザインの仕方もまた大きく変えることが必要になってくる。教師が教室の前に立って一斉に教科内容を指導するといった従来型の授業では、コンピテンシーといった現代社会で生きて働く力を育成するのには限界があるだろう。教師はむしろファシリテーターあるいはコーチの役割に徹し、子ども自らが主体的な学習活動を進めていくための支援者になることがより適切になってくると思われる。さらに、子ども自身が、実生活や実社会のリアルな課題に向き合い、問いを立て、自分の考えをもち、仲間とプロジェクトチームを組みながら、協調して自律的に問題解決していくような授業デザインが期待さ

れるだろう。

　一方、国際的な教育のトレンドをみると、諸外国ではすでに、コンピテンシーの育成をめざした教育へと大きく舵を切っているところも多い。後述のように、OECDのキー・コンピテンシーや21世紀型スキルなどの動きを背景としながら、国レベルで今日的な資質・能力を定義して、それらの育成を目標に教育システムをデザインしようという動きが、世界的な潮流となっているのである。さらに、資質・能力ベースの教育改革に長年取り組んでいるニュージーランド、イギリス、フィンランドなどのような国では、そのアプローチや進め方が見直され、路線の変更や修正が図られているところもある。

　他方で、日本ではこれまで、確かに、「自己教育力」(1983)、「新しい学力観」(1989)、「生きる力」(1998、2008) の考え方など、世界的にみても早い時期に資質・能力目標が導入されてきたと考えることもできる。また、「生活科」(1989)、「総合的な学習の時間」(1998) などの教科や領域が新設されたり、「言語活動の充実」(2008) などその育成のための手立てが示されたりしてきたともいえる。しかしながら、教育の現状をみてみると、教科などの知識を習得する「何を知っているか」への関心が未だに主流であり、知識を活用して「何ができるのか」に対応した教育への移行は遅々として進んでいない。国際的なコンピテンシーをめぐる教育改革の動向に学び、21世紀の社会で生きて働く資質・能力を育む教育システムへの革新が急がれているといえる。

　そこで本書では、コンピテンシーに基づく諸外国の教育改革の動向を概観し、その特徴や課題を明らかにすることを通して、これからの日本の教育システムをデザインする際の示唆を得ることを目的としている。

　諸外国の教育改革の分析にあたっては、(1) 各国の教育改革をみる視点、(2) 教育改革の歴史的な展開、(3) 学校制度の概要を踏まえた上で、(4) 資質・能力を育成するための教育改革として、①資質・能力目標、②教育課程のデザイン、③教育評価、④教育実践の革新をめざした支援や方策の四つの点にとくに着目したい。対象とする国や地域では、①どのような資質・能力を育もうとしているのか、②そのために、いかなる教育課程を編成しているのか、③教育課程が効果を上げているかどうかをどのように評価しようとしているのか、④資質・能力を育成するための教育実践の革新を促すどんな支援や方策があるのか、の枠組みをもとに検討することにしたい。

諸外国の教育改革の近年の動向については、単行本としては例えば、大桃・上杉・井ノ口・上田編 (2008)、経済協力開発機構 (OECD) (2011、2012)、佐藤・澤野・北村 (2009)、志水・鈴木 (2012)、二宮 (2006、2014)、原田 (2007)、文部科学省 (2010、2014) などがある。これらと比べると、本書は、以下の3点に特徴がある。第一に、コンピテンシーあるいは21世紀型スキルの育成に焦点化して、諸外国の教育改革の動向や課題を整理している点である。第二に、国際的な教育改革の動向を分担執筆ではなく一人の目で捉え、11の国や地域をコンパクトにまとめている点である。第三に、諸外国の動向や課題の紹介にとどまらず、①教育目標、②教育課程、③教育評価、及び、④教育実践の革新をめざした支援や方策の観点から国際比較を行うとともに、それらを踏まえて日本の教育への示唆を提示している点である。なお、各国や地域のコンピテンシーを育むための興味深い実践や取組をコラムとして紹介している。

　さて、文部科学省においては、次期の学習指導要領についての議論が本格化している。その焦点は、資質・能力の育成にある。国際的なコンピテンシーに基づく教育改革の動向を明らかにした本書は、これからの日本の教育のあり方を考える上でも一つの視点を提供できるのではないかと考える。

　さて、本書は、6章で構成されている。
　第1章「学校教育の革新を求めて」では、コンピテンシーに基づく教育改革の背景にあるOECDのキー・コンピテンシーと21世紀型スキルの二つの流れについて検討する。
　第2章「域内でキー・コンピテンシーの育成をめざすEU諸国の教育改革」では、キー・スキルをめぐって論争が展開する「イギリス」、PISAショックを契機に教育スタンダードの開発が進んだ「ドイツ」、すべての子どもに「共通基礎」を保障することをめざす「フランス」、学力世界一が揺らいでいる「フィンランド」について概観する。
　第3章「21世紀型スキルの影響の大きい北米の教育改革」では、コモンコア・ステイトスタンダード (CCSS) と21世紀型スキル運動の展開がみられる「アメリカ」、世界をリードするオンタリオ州の教育改革を中心に「カナダ」を検討する。
　第4章「先進的に取り組むオセアニアの教育改革」では、歴史的なナショナ

ル・カリキュラムの開発が進む「オーストラリア」、キー・コンピテンシーと学習領域の架橋をめざす「ニュージーランド」を検討する。

　第5章「世界トップレベルの学力を実現したアジア諸国の教育改革」では、一世代で先進国の仲間入りをした「シンガポール」、自律した教育システムの構築が進む「香港」、世界基準をめざして邁進してきた「韓国」をみていく。

　第6章「日本の教育システムの革新に向けて」では、それまで検討した諸外国の「コンピテンシーに基づく教育改革の国際比較」を行うとともに、国際比較を通して示唆される日本の教育システムに求められるパラダイム転換について考察する。

　なお、本文中における諸外国・地域における人口と面積のデータは総務省HP「世界の統計2014」、PISA調査のデータは国立教育政策研究所HP「国際研究・協力部　OECD生徒の学習到達度調査(PISA)」、TIMMSS調査のデータは、同HP「IEA国際数学・理科教育動向調査の2011年調査(TIMMSS 2011)」をそれぞれ用いている。

【引用文献】

大桃敏行・上杉孝寛・井ノ口淳三・上田健男編『教育改革の国際比較』ミネルヴァ書房、2008年。
国立教育政策研究所HP「IEA国際数学・理科教育動向調査の2011年調査(TIMMSS 2011)」
　（http://www.nier.go.jp/timss/2011/）
国立教育政策研究所HP「国際研究・協力部　OECD生徒の学習到達度調査(PISA)」（http://www.nier.go.jp/kokusai/pisa/）
経済協力開発機構(OECD)編（渡辺良監訳）『PISAから見る、できる国・頑張る国──トップを目指す教育』明石書店、2011年。
経済協力開発機構(OECD)編（渡辺良監訳）『PISAから見える、できる国・頑張る国2』明石書店、2012年。
佐藤学・澤野由紀子・北村友人編『揺れる世界の学力マップ』明石書店、2009年。
志水宏吉・鈴木勇編著『学力政策の比較社会学 国際編──PISAは各国に何をもたらしたか』明石書店、2012年。
総務省HP「世界の統計2014」（http://www.stat.go.jp/data/sekai/0116.htm）
二宮皓編著『世界の学校──教育制度から日常の学校風景まで』学事出版、2006年。
二宮皓編著『新版　世界の学校──教育制度から日常の学校風景まで』学事出版、2014年。
原田信之編著『確かな学力と豊かな学力』ミネルヴァ書房、2007年。
文部科学省編『諸外国の教育行財政──7か国と日本の比較』ジアース教育新社、2014年。
文部科学省生涯学習政策局調査企画課『諸外国の教育改革の動向──6か国における21世紀の新たな潮流を読む』ぎょうせい、2010年。

21世紀型スキルとは何か
―コンピテンシーに基づく教育改革の国際比較―

目 次

はじめに　3

第1章　学校教育の革新を求めて …………………………………… 9
　1.1　OECDのキー・コンピテンシー――リテラシーからコンピテンシーへ　10
　1.2　デジタル社会の進展と21世紀型スキル　23

第2章　域内でキー・コンピテンシーの育成をめざす
　　　　EU諸国の教育改革 ………………………………………… 37
　2.1　イギリス――キー・スキルをめぐる論争　38
　2.2　ドイツ――PISAショックを契機に　56
　2.3　フランス――すべての子どもに「共通基礎」を　73
　2.4　フィンランド――揺らぐ世界一の学力　91

第3章　21世紀型スキルの影響の大きい北米の教育改革 …… 109
　3.1　アメリカ合衆国――コモンコア・ステイトスタンダードと21世紀型スキル　110
　3.2　カナダ――世界をリードするオンタリオ州の教育改革　128

第4章　先進的に取り組むオセアニアの教育改革 ……………… 147
　4.1　オーストラリア――歴史的なナショナル・カリキュラム　148
　4.2　ニュージーランド――キー・コンピテンシーと学習領域の架橋　165

第5章 世界トップレベルの学力を実現したアジア諸国の教育改革 ……………… 185

- 5.1 シンガポール ── 一世代で先進国の仲間入り　186
- 5.2 香港 ── 自律した教育システムの構築　204
- 5.3 韓国 ── 世界基準をめざして　222

第6章 日本の教育システムの革新に向けて ……………………… 239

- 6.1 コンピテンシーに基づく教育改革の国際比較　240
- 6.2 日本の教育システムに求められるパラダイム転換　254

あとがき　265

参考文献　268
資　料　270
索　引　282

第1章

学校教育の革新を求めて

　21世紀の変化の激しいグローバルな知識基盤社会のなかで、コンピテンシーの育成をめざした教育改革が世界的な潮流となっている。このことは、「何を知っているか」から知識を活用して「何ができるのか」への教育のあり方の転換を意味している。こうした流れには、大きくはキー・コンピテンシーと21世紀型スキルの二つがあると思われる。

　本章では、知識基盤社会を生き抜く生涯学習者を育てる1.1　キー・コンピテンシー、及び、デジタル社会に生きる生活者を育む1.2　21世紀型スキルをめぐる動向について検討したい。

1.1 OECDのキー・コンピテンシー
―― リテラシーからコンピテンシーへ

　知識・スキルだけではなく人間の全体的な能力を定義し、それをもとに育成すべき人間像を設定して教育の諸政策を進めていく動きが、世界的な広がりをみせながら進行している。新しい能力を捉えようとする用語はkey, generic, general, 21st century と competences, competencies, skills, capabilities などの組み合わせによりさまざまである。しかし、これらの新しい能力概念には、基本的な認知能力、高次の認知能力、対人関係能力、人格特性・態度といった類似性が認められるという（松下 2010）。

　今日的な能力観をめぐっては、諸外国の教育改革に大きな影響を与えているものとして、OECD（経済協力開発機構）によるキー・コンピテンシー及びアメリカ合衆国（以下、アメリカと略す）や国際研究プロジェクトで展開する21世紀型スキルの流れがある。1.1では、知識基盤社会の到来を背景に進行するコンピテンシーをめぐる能力観の変遷を、OECDの動向を中心にリテラシーからコンピテンシーへの展開という形で概観したい[(1)]。

1．知識基盤社会の到来

　21世紀は、グローバル化が進展し不確実性が増大する社会であり、あらゆる領域や分野で知識が重要な価値をもつ「知識基盤社会（knowledge-based society）」である。これまでは、コンピュータなど高度情報機器の発展を背景に情報化社会という言葉がよく使われてきた。これに対し、最近よく目にするようになってきた知識基盤社会という用語は、単なる情報というよりは、情報が処理され意味ある知識に構成されたときにはじめて価値をもつという考え方に立脚するものといえる。

　世界経済の分業化が進み、モノの生産は労働力の安価な地域で行われる一方

で、先進国では知識、情報、サービスをめぐる絶え間ない創造が経済発展の基盤となってきている。また、知識や人材が国境を越えて移動するなかで新たな知識や技術は生み出され、技術革新が繰り返されている。このような新しい知識の創造はしばしばパラダイムの転換を伴い、新たな状況では既存の知識や技術はもはや通用しないことも多い。

このようなめまぐるしく変容する知識基盤社会では、激しい変化に耐えうる幅広い知識、あるいは、柔軟で高度な思考力や判断力が求められることになる。そこでは、答えのない課題にしばしば向き合い、適切な問いを立て、入手可能な限られた情報をもとに妥当な解に至らなければならない。また、自分の考えをもち、多様な知恵をもつ他者と協働して、問題解決していくことが必要になってくる。デジタル化が進む中で、ICTを思考の道具として使いこなし、情報を処理したり、コミュニケーションをとったりして、自立した個人が、異なる他者と協働して、新しい知識を創造していく能力が求められるようになっているのである。

2．リテラシー概念の展開

(1) リテラシー概念の拡張

知識基盤社会の到来は、私たちに必要とされる資質・能力の考え方に変容を迫ることになった。例えば、リテラシーを例にとってみると、リテラシー概念の拡張といった状況が進んでおり、読み書き能力があるかどうかから、どのような読み書き能力があるのかへと、リテラシーの中身や水準が問われる時代へと移行しているのである。

リテラシーといえば長い間、社会で必要とされる比較的簡単な読み書き能力の有無が問題にされてきた。近年まで、リテラシー調査で扱われていたのは、名前を書けるかどうか、ある学年レベルの読みの得点、修了した教育の年限、「機能的リテラシー」テストの得点等と少しずつ洗練されてはきたものの、読み書きができるかどうかといった指標が用いられてきたのである (Kirsch & Jungeblut 1986)。このように、リテラシーの意味は、文字の読み書き能力に狭く限定され、リテラシーの有無が恣意的な形で把握される傾向にあったといえる。

それが、成人を対象としたリテラシー調査の展開をみてみると、長きにわた

るリテラシーへの有無の関心から、1990年代にはどのようなリテラシーをもっているかといった、リテラシーの内容や水準を問うように変化している。ETS (Educational Testing Service) のリテラシーテスト開発を中心に担ってきたカーシュによれば、このようなリテラシー概念の転換が生まれた端緒となったのが、全米学力調査 (National Assessment of Education Progress: NAEP) の中で行われた、1985年の青年リテラシー調査 (21～25歳) (Young Adult Literacy Survey: YALS) であるという (Kirsch & Jungeblut 1986)。

NAEPはアメリカ合衆国 (以下、アメリカと略す) で1964年から実施されている全米学力調査であるが、1985年の調査では、その一環として全米の青年のリテラシー・スキルが測定されることになった。そのため、仕事、家庭、学校、地域社会で必要とされるリテラシーに関わるさまざまな実践を分析して、調査の枠組みを構想する専門家会議でリテラシー概念の検討が進められたのである。その結果、リテラシーが、「社会で機能するため、個人の目標を成し遂げるため、そして自分の知識や可能性を発達させるために、印刷され書かれた情報を活用すること」(p.4) と定義されたのである。ここでは、リテラシーが、情報処理スキルとして捉えられており、リテラシーを科学的に測定することが意図されているといえる。

このリテラシーの定義は、その後、ETSが米国労働局の資金を得て実施した全国成人リテラシー調査 (NALS) でも採用され、OECDの国際成人リテラシー調査 (International Adult Literacy Survey: IALS) や成人のライフスキルとリテラシー調査 (Adult Literacy and Life Skills Survey: ALL) においても同様の定義が使用されている。

(2) リテラシーの分類

NAEPの調査では、立田 (2011) をもとにみていくと、「印刷され書かれた」リテラシーの素材を検討して分類が行われた。青年や成人が「社会で機能する」ためには、日常の社会生活で用いられている文書を読む力が求められる。こうした文書には、新聞、商品の説明書、地図などを始め多様なタイプのテキストがある。また、保険の契約書、確定申告書など、テキストだけではなく図表や計算も含まれているものも多い。

NAEPでは、これらのテキストを素材の種類という点から、三つのリテラ

表1-1-1　NAEP、IALS、ALLのリテラシーの種類

	NAEP (1985) 調査 (Kirsh & Jungeblut, 1986)	IALS (1994-1998) 調査 (OECD & Statistics Canada, 1995)	ALL (2003-2005) 調査 (OECD & Statistics Canada, 2005)
Prose Literacy	社説やニュース、物語、詩などを含むテキストからの情報を理解し、用いるのに必要な知識とスキル	社説やニュース、物語、詩やフィクションなどを含むテキストからの情報を理解し、用いるのに必要な知識やスキル	社説やニュース、物語、カタログや説明書などを含むテキストからの情報を理解し、用いるのに必要な知識やスキル
Document Literacy	求職応募書類や名簿、バスの時刻表や地図、図表、索引などを含む情報を発見し、用いるのに必要な知識やスキル	左に同じ	左に同じ
Quantitative Literacy	収支表、チップを計算したり、注文票を埋めたり、広告のローンの損得を計算するなど印刷されたメディアに埋め込まれた数字を、単独であるいは連続的に数学的な計算をするのに必要な知識やスキル	左に同じ	Numeracy 多様な状況での数学的要求物を、効果的にマネージするために必要な知識やスキル
Problem Solving	なし	なし	ルーティン的な解決手続きが利用できない状況における、目標志向型思考と行為。問題解決者は目標を定義するが、どうその目標に達するかはわからない。問題解決のプロセスは、問題状況の理解、計画や合理性に基づく一歩ずつの変化などから構成される

出典：立田 2011、119頁をもとに作成。

シーとして、文書を読む①prose literacy（文書読解力）、図表などを読む②document literacy（図表読解力）、計算を行う③quantitative literacy（数的処理能力）に分類している。この区分は、表1-1-1のように、IALSやALLの調査でも使われている。なお、ALL（2000-2002、2003-2008）では、①prose literacy（文書読解力）、②document literacy（図表読解力）は引き継がれたが、③quantitative literacyはnumeracyの用語へと変更された。それらに加え、問題解決スキルが加わるとともに、チームワーク、対人関係スキル、コミュニケーションスキルなどの評価も検討されることになる。ALLに至って、リテラシーの対象はさらに大きく拡大されたといえる。

(3) リテラシーと情報処理過程

NAEPの調査ではまた、読解のプロセスを定義し、情報処理過程としてのタイプを設定している（立田2011）。例えば、prose literacyでは、読解の過程が三つの尺度をもとに表されている。

一つ目が、①テキスト内の情報の発見（locating）である。これは、問いで求められている情報をテキストの記述の中から探し出すタイプである。二つ目が、②テキスト情報の解釈（interpreting）と生産（producing）である。これは、テキストの情報と自分の知識とを組み合わせて答えるタイプである。三つ目が、③テキスト情報からのテーマや組織的原理の生成（generating）である。これは、テキストの情報をもとに、テーマや原理を生成するタイプである。

IALS（1992）においては、同様のプロセスが①locating（取り出し）、②cycling（整合）、③integrating（統合）、④generating（熟考）の四つのタイプとして整理されている。IALSやALLの調査はともに、prose literacyでは①②④の三つのタイプが、document literacyでは①②③④の四つのタイプが用いられている。ALLも同様である。

以上のように、OECDの成人調査においては、リテラシーをもっているかどうかではなく、その中身が問われるようになっており、使用されているテキストの素材の分類、及び、情報処理プロセスの観点からリテラシー概念が精緻化されるなかで、その能力概念の拡張が進むことになる。社会で必要とされる基本的な能力としてのリテラシーは、生きて働く力とはどのようなものかを問う人間の高次の情報処理能力をさすものになったのである。

3．「コンピテンシーの定義と選択(DeSeCo)」プロジェクト

（1） キー・コンピテンシーとは

リテラシー概念の拡張とともに、コンピテンシーという用語が新たに登場することになった。コンピテンシーは、OECDの「コンピテンシーの定義と選択（Definition and Selection of Competencies: DeSeCo）」プロジェクトにおいて提案された概念である（ライチェン＆サルガニク 2006）。

このプロジェクトは、1990年の「万人のための教育（EFA）世界会議」で決議された「万人のための教育宣言」の理念に従い、1997年から2003年にかけて

実施された。デセコ（DeSeCo）プロジェクトは、グローバリゼーションの進む社会で、国際的に共通するカギとなる資質・能力を定義し、その評価と指標の枠組みを開発することを目的としたものだった。学問諸領域の専門家や各国の政策担当者の協議を通して、現代社会において最も重要とされる資質・能力の検討が行われ、キー・コンピテンシーが概念化されたのである。

デセコ（DeSeCo）プロジェクトでは、コンピテンシーとは、人が「特定の状況の中で（技能や態度を含む）心理社会的な資源を引き出し、動員して、より複雑な需要に応じる能力」と定義されている。それは、①個人の成功にとっても、社会の発展にとっても価値をもつもので、②さまざまな状況において、複雑な要求や課題に応えるために活用でき、また、③すべての人にとって重要なものである。キー・コンピテンシーは、そうしたコンピテンシーのなかでも中核となる能力ということになる。

キー・コンピテンシーは、図1-1-1に示すように、①「相互作用的に道具を用いる力」、②「社会的に異質な集団で交流する力」、③「自律的に活動する力」という三つのコンピテンシーから構成されている。①相互作用的に道具を用いる力には、下位の項目として、A.言語、シンボル、テクストを相互作用いる

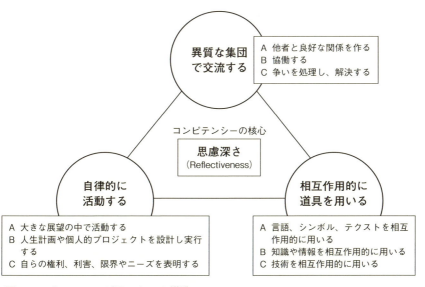

図1-1-1　キー・コンピテンシーの構造
出典：立田2012、42頁をもとに作成。

能力、B. 知識や情報を相互作用的に用いる能力、C. 技術を相互作用的に用いる能力がある。②社会的に異質な集団で交流する力には、A. 他者と良好な関係を作る能力、B. 協働する能力、C. 争いを処理し、解決する能力がある。また、③自律的に活動する力には、A. 大きな展望のなかで活動する能力、B. 人生計画や個人的プロジェクトを設計し実行する能力、C. 自らの権利、利害、限界やニーズを表明する能力がある。

さらに、キー・コンピテンシーの中核となるものとして「思慮深さ(reflectiveness)」が位置づけられている。それは、社会から一定の距離をとり、異なった視点を踏まえながら、多面的な判断を行うとともに、自分の行為に責任をもつ思慮深い思考と行為をさしている。

以上のように、キー・コンピテンシーは、ある具体的な状況の下で、文脈に応じて活用して、思慮深く思考しながら行為し、複雑なニーズや課題に応える能力といえる。

デセコ (DeSeCo) プロジェクトの意義について、シュライヒャー (A. Schleicher) は、「デセコの総合的な枠組みは、一層大きな概念的文脈の中に各調査を位置

コンピテンシーの三つのカテゴリー

コンピテンシーは、
（１）全体的な人生の成功と正常に機能する社会という点から、個人および社会のレベルで高い価値をもつ結果に貢献する。
（２）幅広い文脈において、重要で複雑な要求や課題に答えるために有用である。
（３）すべての個人にとって重要である。
①　相互作用的に道具を用いる。
　A：言語、シンボル、テキストを相互作用的に用いる能力
　B：知識や情報を相互作用的に用いる能力
　C：技術を相互作用的に用いる能力
②　異質な集団で交流する。
　A：他人と良好な関係を作る能力
　B：協働する能力
　C：争いを処理し、解決する能力
③　自律的に活動する。
　A：大きな展望のなかで活動する能力
　B：人生計画や個人的プロジェクトを設計し実行する能力
　C：自らの権利、利害、限界やニーズを表明する能力

づけ、現在の調査の限界を知る方法を提供してくれる。キー・コンピテンシーの三つのカテゴリーは、より広い範囲のコンピテンシーを獲得する方向に向けて将来の調査方法を体系的に拡張する道標となる」(ライチェン&サルガニク 2006、191頁)と述べている。すなわち、情報処理としてのリテラシーの概念をもとにした現在の国際調査で明らかにできているのは、デセコのキー・コンピテンシーのほんの一部に過ぎない。とくに、社会的に異質な集団で交流する力や自律的に活動する力については、ほとんど明らかにされていない。キー・コンピテンシーの枠組みは、未知の能力の解明を視野に、これからの国際調査を方向づけていくコンパス(羅針盤)になるのである。

4．キー・コンピテンシーの展開

(1) 国際的な動向

　キー・コンピテンシーの概念の一部は、OECDの国際学力調査であるPISA (Programme for International Student Assessment) の調査内容の枠組みに生かされている。PISAでは、「相互作用的に道具を用いる力」の一部を評価可能なように、読解リテラシー、数学的リテラシー、科学的リテラシーとして具体化して表1-1-2にあるような定義の下に、問題の設計に活用されている。PISAは、国際的な学力状況を相対的に示す指標として、諸外国の教育政策にきわめて大きな影響を与えるようになっている。さらに、PISA2015ではICTを活用した協調的問題解決の問題が導入されることになっている。

表1-1-2　PISAの定義

読解力 (読解リテラシー)	自らの目的を達成し、知識と可能性を発達させ、社会に参加するために、書かれたテクストを理解し、活用し、深く考える能力
数学的リテラシー	数学が世界で果たす役割を知り理解するとともに、社会に対して建設的で関心を寄せる思慮深い市民として、自らの生活の必要に見合った方法として数学を活用し、応用し、より根拠のある判断を行う能力
科学的リテラシー	自然の世界及び人間活動を通してその世界に加えられる変化についての理解と意志決定を助けるために、科学的知識を活用し、科学的な疑問を明らかにし、証拠に基づく結論を導く能力

出典：ライチェン&サルガニク 2006、219頁。

また、OECDが実施する国際成人力調査（2011 ～ 2012）であるPIAAC（Programme for the International Assessment of Adult Competences）では、タイトルが、リテラシーに代わってコンピテンシーの用語が使用されるようになっている。前述のように、それまでの成人を対象としていたIALS及びALLの調査では、タイトルにリテラシーの用語が使用されていた。それが、PIAACでは、コンピテンシーの用語が採用されることに変更されたのである。

　PIAACは、デセコのコンピテンシーの概念を踏襲しているとされる（立田2013、国立教育政策研究所 2013）。この調査では、伝統的文書形式である連続型テキストに加え、表やグラフなどの非連続型テキストが活用されている。また、数的思考力（①現実の状況、②対応、③数学的な内容／情報／考え方、④表現）、及び、ITを活用した問題解決の力（problem solving in technology-rich environment）（①認知の次元、②テクノロジーの次元、③課題の次元）など、ニューメラシーや問題解決の能力が概念化され、測定されるようになっている。

　PIAACでは、リテラシーは、「社会に参加し、個人がその目標を達成し、その知識と可能性を発達させるために、書かれたテキストを理解し、評価し、利用し、関わることである」と定義されている。IALS及びALLの定義から変更されたところが3点ある。一つが、「社会が機能し」から「社会に参加し」となっていることである。二つが、「印刷された」が削除され、電子テキストも視野に入れられていることである。三つが、「テキストを用いる」が「理解し、評価し、利用し、関わる」となっていることである。リテラシーの概念が、テクノロジーの発展や対象とする力点の変更などにより、時代に対応した概念へと精緻化が図られているといえる。

（2）EUのキー・コンピテンシー

　OECDのデセコ（DeSeCo）プロジェクトは、欧州連合（European Union: EU）の生涯教育の政策にも大きな影響を与えている。

　周知のように、EUは、1992年に「欧州連合条約（マーストリヒト条約）」が調印され、翌1993年に設立されることになる。加盟国の総数は、現在では28か国に拡大している。

　EUにおいて教育と職業訓練の分野では、2000年代に入ると、人材育成のための生涯学習のあり方が議論されるようになる。2000年3月には、欧州理事

会で「リスボン・ストラテジー」が採択され、2010年までに「世界でもっとも競争力の高いダイナミックな知識基盤型経済」を構築していくことがめざされることになった。

　リスボン・ストラテジーを実現するために、EUでは2001年に、知識基盤社会において必要とされる知識や基本的な技能を明らかにするワーキンググループが結成された（立田 2013）。EUではnew basic skillsという表現を当初用いていたが、キー・コンピテンシーに変更されることになる。その理由には、skillは、英語以外の言語ではcompetenciesと区別するのが難しい、②competencyは、スキル、知識、態度の組み合わせとして考えられる、③basicは読み書きスキルやニューメラシーに限定して捉えられがちであるが、keyはよりダイナミックな用語である、④basicではサバイバルスキルをイメージされる傾向にあるなどがある。これらの理由から、new basic skillsに代わりキー・コンピテンシーの用語が選択されたのである。

　その成果は、2005年11月に「生涯学習のためのキー・コンピテンシー」に関する欧州議会と欧州理事会の勧告として発表された。このコンピテンシーは、「特定の状況下における適切な知識、技能と態度の組み合わせ」と定義されている。また、キー・コンピテンシーは、「すべての人が、自己実現、能動的市民性、社会的包摂、ならびに、雇用のために必要とするコンピテンシー」であるとしている。

　そして、義務教育修了段階までに習得すべきコンピテンシーとして、①母語によるコミュニケーション、②外国語によるコミュニケーション、③数学、科学および技術のコンピテンシー、④デジタル・コンピテンシー、⑤学び方の学び、⑥人間関係、⑦企業家精神、⑧文化的表現の八つが挙げられている。詳細は、表1-1-3の通りである。

　EUのキー・コンピテンシーは、デセコ（DeSeCo）の定義を参考にしつつ教育政策への適用を踏まえたもので、EU域内の教育政策の推進に生かされている。その性格は、各国が従わなければならない義務としてではなく、ヨーロッパにおいて参考とされる枠組みとして、各国やその地域が、それぞれの状況に応じてコンピテンシーを定めることが期待されるものである。ただ、EUの方針は教育の権限をもつ国や地域の状況と対立することもしばしばあり、必ずしもスムーズに受け入れるとは限らない。

表1-1-3 EUのキー・コンピテンシー

①母国語でのコミュニケーション	母国語でのコミュニケーションは、口語や文語の両方の形式（リスニング、スピーキング、リーディング、ライティング）で、概念、考え、感情、事実、ならびに、意見を表現し、解釈する能力、および、社会的、文化的状況のすべての領域－教育・訓練、仕事、家庭、余暇において－で、適切かつ創造的な方法で言語的に交流する能力である。
②外国語でのコミュニケーション	外国語でのコミュニケーションは、母国語でのコミュニケーションの主要な特性を概ね共有している。つまり、自身の要望や必要に従って、社会的・文化的状況の適切な領域（教育・訓練、仕事、家庭、余暇）において、口語と文語の両方の形式（リスニング、スピーキング、リーディング、ライティング）で概念、考え、感情、事実、ならびに、意見を、理解し、表現し、そして、解釈する能力に基づいている。外国語でのコミュニケーションは、また、調停（mediation）や異文化理解といったスキルを必要とする。個人の熟達のレベルは、四つの次元（リスニング、スピーキング、リーディング、ライティング）や異なる言語によって異なり、その人の社会的・文化的背景や環境、ニーズ、そして／もしくは、興味によっても異なるであろう。
③数学的コンピテンシーと科学および科学技術における基礎的コンピテンシー	A.数学的コンピテンシーは、日常の場面で様々な問題を解決するために、数学的な思考を発達させ、応用する能力である。ニューメラシーの確かな熟達に基づいて、知識と同様に、過程と活動も強調される。数学的コンピテンシーは、思考（論理的かつ空間的思考）や発表（公式、モデル、構成、グラフ、図表）における数学的方法を利用する一様々な程度の一能力や意欲を含む。 B.科学におけるコンピテンシーは、疑問を発見し、根拠に基づく結論を導き出すために、自然界を説明するうえで用いられる知識の集合体や方法論を利用する能力や意欲を表す。科学技術におけるコンピテンシーは、認識された人間の要望やニーズに対応した、その知識や方法論の応用としてみなされる。科学および科学技術におけるコンピテンシーは、人間の活動によって生じる変化や、個々の市民としての責任についての理解を含む。
④デジタル・コンピテンシー	デジタル・コンピテンシーには、仕事、余暇、コミュニケーションのために情報社会技術（Information Society Technology=IST）を確信的に、また、批判的に利用することが含まれる。それは、ICTの基礎的なスキルによって支えられる。つまり、情報を検索、判断、蓄積、生産、発表、ならびに、交換するためのコンピュータの利用、また、インターネットを通じて、協同のネットワークに参加し、交流するためのコンピュータの利用である。
⑤学び方の学び	「学び方の学び」とは、学習に従事し、持続させる能力であり、時間と情報の効果的マネージメントという手段を含めて、個人的にも、また、集団のなかにおいても、自身の学習を組織する能力である。このコンピテンシーは、学習過程とニーズに対する意識、利用可能な機会の認定、上手に学習するために、障害に対処する能力を含む。このコンピテンシーは、ガイダンスを探し、利用するだけでなく、新しい知識とスキルの獲得、処理、ならびに、理解を意味する。学び方の学びは、多様な状況―家庭、仕事、教育訓練―で、知識とスキルを利用し、応用するために、学習者が過去の学習や生活経験に頼るように従事させる。モチベーションは信頼は、個人のコンピテンシーにとって、決定的に重要である。
⑥社会的・市民的コンピテンシー	これらには、個人的、対人関係的、ならびに、異文化交流的コンピテンシーが含まれ、また、効果的で建設的な方法で社会生活、および、労働生活、そして、特に、ますます多様化の進んだ社会に参加し、必要な場合は対立を解決するために、人が身につける行動のすべての形式を含んでいる。市民的コンピテンシーは、社会的、政治的概念や構造に関する知識、および、能動的、民主的参加への関与に基づいて、個人が十分に市民生活に参加するうえで必要とされる。
⑦イニシアチブの意識と企業家精神	イニシアチブの意識と起業家精神は、考えを行動に移す能力を表す。これは、目的の達成のために、計画を立て、マネージメントする能力に加え、創造性、イノベーション、リスク覚悟（risk-taking）を含む。このコンピテンシーは、家庭や社会における日常生活のみならず、自身の仕事の文脈を理解し、機会をつかみとることを可能にするという点で職場においても、人を支援する。また、社会的、もしくは、商業的活動を立ち上げ、貢献する人に必要とされるさらなる特定のスキルや知識の基盤である。これは、倫理的価値の認識を含み、優れたガバナンスを促進するべきである。
⑧文化的気づきと表現	音楽、舞台芸術、文学、そして、視覚技術を含み、様々なメディアにおける考え、経験、感情の創造的表現のもつ重要性に関する理解。

出典：「生涯学習のためのキー・コンピテンシーに関する欧州議会・理事会勧告」2006年12月（大木政徳訳）をもとに作成。

その一方で、EUでは、政策のガイドラインや指標を定め、先進的な実践事例についての情報交換を図り、ピア・レビューにより学び合うといった裁量的政策調整（open method of coordination: OMC）が実施されている（澤野 2009）。キー・コンピテンシーについても、その先進事例や進捗状況についてのレポート（Gordon 2009, EU 2012）が出されており、EU諸国の間でキー・コンピテンシーに基づく教育改革が大きく進展していることがうかがえる。

まとめ

グローバル化やデジタル化の進展に伴い、知識が社会のあらゆる領域で重要な価値をもつ知識基盤社会が到来した。仕事や日常の生活においても高度な認知能力が要求されるようになるなかで、リテラシーの概念は、読み書きができるかどうかではなく、リテラシーの中身とその水準が問題にされるようになってきた。さらに、リテラシーの概念が高次の認知能力を内包するものへと拡張されるなかで、知識だけではなく、技能、さらには態度を含む人間の全体的な能力を定義するコンピテンシーの概念への展開がみられるようになったのである。

OECDのキー・コンピテンシーは、とくにPISA調査を通して諸外国の教育改革に大きな影響を及ぼすようになっている。また、EUのように、地域によっては、独自にキー・コンピテンシーを定義して、域内の教育改革に生かそうとする動きもみられるようになってきている。キー・コンピテンシーの概念は、今日的な教育のあり方に大きな転換を迫るものになっているといえる。

注

(1) 能力をさす用語として、competenceとcompetency（英語）、Kompetenz（ドイツ語）、compètence（フランス語）、kompetenssi（フィンランド語）などが使用されている。本書では、コンピテンシーの用語で統一して示すことにする。

引用・参考文献

国立教育政策研究所編『成人スキルの国際比較—OECD国際成人力調査（PIAAC）報告書』明石書店、2013年。

澤野由紀子「欧州連合（EU）—世界でもっとも競争力のある知識社会をめざして」佐藤学・澤野由紀子・北村友人編『揺れる世界の学力マップ』明石書店、2009年、24-49頁。

立田慶裕「読書活動の成人リテラシーへの影響に関する実証的考察」生涯学習・社会教育研究促進機構 (IPSLA)『生涯学習・社会教育研究ジャーナル第5号』2011年、115-141頁。

立田慶裕「第2章 国際成人力調査への経緯」国立教育政策研究所内国際成人力研究会編『成人力とは何か――OECD「国際成人力調査」の背景』明石書店、2012年、25-51頁。

立田慶裕『キー・コンピテンシーの実践』明石書店、2014年。

松下佳代「序章 〈新しい能力〉概念と教育――その背景と系譜」松下佳代編著『〈新しい能力〉は教育を変えるか――学力・リテラシー・コンピテンシー』ミネルヴァ書房、2010年、1-42頁。

ライチェン、D. S.・L. H. サルガニク（立田慶裕監訳）『キー・コンピテンシー――国際標準の学力をめざして』明石書店、2006年。

European Commission, Recommendation 2006/962/EC of the European Parliament and of the Council of 18 December 2006 on key competences for lifelong learning [Official Journal L 394 of 30.12.2006], 2006.

European Commission, *Developing Key Competences at School in Europe: Challenges and Opportunities for Policy*, 2012.

J. Gordon *et. al.*, *Key Competences in Europe: Opening Doors for Lifelong Learners Across the School Curriculum and Teacher Education*, CASE-Center for Social and Economic Research, 2009.

Kirsch & Jungeblut, Literacy: Profiles of America's Young Adults. Report No. 16-PL-02, *National Assessment of Educational Progress*, Educational Testing Service, 1986.

OECD & Statistics Canada. *Literacy, Economy, and Society: Results of the first International Adult Literacy Survey*, 1995.

OECD & Statistics Canada. *Learning a Living: First Results of the Adult Literacy and Life Skills Survey*, 2005.

1.2 デジタル社会の進展と21世紀型スキル

　今日的に求められる能力観については、教育の分野ではキー・コンピテンシーとともに、21世紀型スキル（21st century skills）という用語もよく使用されるようになってきている。21世紀型スキルという用語は、アメリカを中心に展開する21世紀型スキルパートナーシップ（21st century skills partnership: P21）、あるいは、国際研究プロジェクトである「21世紀型スキルの学びと評価（assessment & teaching of 21st century skills: ATC21S）」などを通して知られるようになったものである。グローバル化やデジタル化の進む21世紀の社会で求められる資質・能力を定義して、激しく変化する社会に適応できるように教育の抜本的な改革をめざす試みである。ICTを駆使して、21世紀に対応した教育のあり方への革新を提案しようとしているところにその特徴がある。

　1.2では、21世紀型スキルに焦点をあて、P21による教育改革運動、及び、ATC21Sと呼ばれる国際研究プロジェクトについて検討したい。

1. 加速するデジタル社会と21世紀型スキル

　グローバル化や技術革新の進展に伴い、仕事のやり方や私たちの生活は大きな変化を遂げている。ICTの急激な発展は、情報のアクセス、操作、生成、発信など情報処理のあり方を大きく変え、職場では歴史的な変化が起こっている。工業時代では、製品を開発し、販売し、消費するといった職種であったが、情報化時代に移行すると、情報を生産し、流通させ、消費するといった職種に取って代わられている。こうした産業の転換に伴い、図1-2-1にみられるように、労働力の構造もまた大きくシフトしている（グリフィン、マクゴー&ケア編 2014）。1960年以降、定式的な仕事や肉体労働を伴う仕事は両者ともに大きく減少している。一方で、めまぐるしく変化する不確実な社会のなかで、見通し

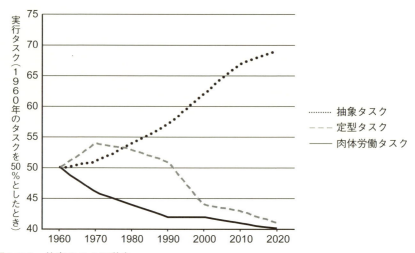

図1-2-1　仕事タスクの動向
出典：グリフィン、マクゴー＆ケア編 2014、4頁。

のきかない状況のまま問いを立て、情報スキルを活用して問題解決を試みるといった抽象的タスクを担う高次の知的労働が著しく増加しているのである。こうした情報を基盤とした職場では、複数の場所からデジタル機器を駆使してコミュニケーションをとりながら、プロジェクトチームで協働的に新しいサービスや製品を創造するといった知識労働を担う人材が求められている。

　一方、私たちの日常生活もまた、ICTを抜きにしては考えられなくなった。パソコン、タブレット端末、スマートフォンなどが浸透し、生活で必要な情報を検索したり、ネット上で情報交換したり、自ら情報を創造したり発信したりすることが日常茶飯事となった。また、技術革新に伴う情報通信機器の新製品の開発やバージョンアップが繰り返される中で、私たち自身も更新される情報を常に学ばざるを得ず、変化するデジタル生活様式に適応することが求められている。

　デジタル化が進む中で、新しい働き方、生活の仕方、学習の仕方などに対応して、ICTを思考の道具として使いこなし、情報を処理したり、コミュニケーションをとったりして、新しい知識を創造していくことに日々迫られているといえる。

　その一方で、学校教育の方はあまり変わっていない。未だに昔ながらのやり

方が主流で、新しいデジタル環境に対応した子どもの育成や教育改革は遅々として進んでいない。そのため、職場や社会が求めている21世紀型の学びの姿と今日の子どもたちが学校で経験している学びの姿の間にははかりしれないギャップがあるのである。

　このような問題意識に立ち、すべての子どもが効果的な市民、働き手、リーダーとして今日的なデジタル社会において成功できるように、21世紀型スキルを定義して、それをもとに学校教育の革新を生み出すことで、こうしたギャップの克服をめざそうという動きが生まれてきたのである。

2. 21世紀型スキルパートナーシップの 21世紀型スキル運動

　では、21世紀型スキルとは何であろうか。まず、アメリカで展開する21世紀型スキル運動とその特徴を検討してみたい。

(1) 資質・能力の定義と21世紀型スキル運動

　人の能力をどのように考えるかという問題をめぐっては長い考察の歴史があるが、コンピテンシーを把握しようとする試みは、1973年のマクラレンドによる職務コンピテンシー評価法に関する論文にまで遡ることができるという（松下 2010）。それは、従来の知識を問う外交官試験では就職後の就業能力（エンプロイヤビリティ）を十分に予測することができなかったため、アメリカ国務省からの新しいテスト開発の依頼があったことに端を発している。これに応じて提案されたものがコンピテンシーという概念である。ここにおいて、「何を知っているのか」から知識を活用して「何ができるか」への能力観の転換が始まることになる。

　実社会や職場で必要とされる今日的な資質・能力を定義する大規模な試みが始められるようになったのは、アメリカでは連邦労働省の諮問した委員会によるSCANS (Secretary's Commission on Achieving Necessary Skills) が最初である[1]。このプロジェクトは、50の職種の分析を通して、必要とされる一般的なエンプロイヤビリティを明らかにしようというもので、五つのコンピテンシー（資源、人間関係技能、情報、システム、テクノロジー）と三つの技能と個人的資質（基

礎的技能、思考技能、個人的特質）が抽出されている。

　SCANSプロジェクトを契機に、専門団体や個人によって今日的なコンピテンシーを定義する試みが全米で広がっていくことになる（Trilling & Fadel 2009, pp.21-41）。こうした取り組みには、例えば、①ISTE（International Society for Technology in Education）（1998）のスタンダード（基本的操作と概念、社会的・倫理的・人間的論点、テクノロジーに関する生産ツール、コミュニケーションツール、研究ツール、問題解決・意志決定ツール）、②AASL & AECT（1998）の情報リテラシースタンダード（情報リテラシー、独立した学習、社会的責任）、③Trilling & Hood（1999）の七つのCスキル（批判的思考と行動、創造性、協働、文化横断的理解、コミュニケーション、キャリアと学習）、④NCRTEL and the Metiri Group（2003）の21世紀型スキル（デジタル時代リテラシー、創造的思考、効果的コミュニケーション、高次の生産性）などがある。なお、④にあるように、ICTの文脈で、21世紀型スキルという用語はすでに使用されていた。

　このような流れのなかで、21世紀型スキルパートナーシップは、2002年に、教育、ビジネス、地域社会、政治のリーダーの協働的な関係づくりを通して、アメリカにおけるK－12教育（幼稚園から第12学年［日本の高校3年］）を中心に21世紀型レディネスを位置づける触媒となることを目的に設立されている。設立メンバーには、アメリカ教育省の他、マイクロソフトやシスコシステムなどのICT関連企業、教育諸団体や個人が含まれており、教育関係の機関だけではなくビジネスや政府と連携しながら教育改革を推進している点に特徴がある。21世紀型スキル運動は、アメリカ国内の教育システムの変革を促すことを焦点としているが、国際的な教育改革の動向にも大きな影響を与えている。

(2) 21世紀型スキルとは

　では、21世紀型スキルとは、具体的にはどのような概念なのだろうか。21世紀型学習の枠組みは、図1-2-2のように、大きくは虹の部分とプールの部分から構成される。虹の部分は、コア教科と学際的テーマ及び三つのコア・スキル（①学習とイノベーションスキル、②情報、メディア、テクノロジースキル、③生活とキャリアスキル）がある。プールの部分は、学習支援システム（スタンダードと評価、カリキュラムと指導、専門研修、学習環境）がある（Trilling & Fadel 2009）。

図1-2-2　21世紀型スキルの枠組み
出典：Trilling & Fadel 2009, p.119

①コア教科と学際的テーマ

21世紀型スキルは、コアの教科を重視している。コアとなる教科には、英語・読み・言語技術、外国語、芸術、数学、経済、科学、地理、歴史、政治と公民が設定されている。21世紀の教育は、教科のしっかりとした知識の基盤の上に立たなければならないとされる。ポイントは、子どもがたくさんの事実を記憶することにあるのではなく、知識を獲得するプロセスに参加し、深い理解に至らせることにある。

これらのコア教科に加え、学際的テーマが設けられている。それらは、グローバル意識、金融・経済・ビジネスと起業リテラシー、公民リテラシー、健康リテラシーである。今日的な課題を解決するためには、私たちは複数の領域からの知識を総合的に活用する必要がある。学際的な課題は知識の領域の重要な関係を捉え、別々の領域をよりうまく統合させるものとなる。教科の知識と実生活や実社会の間の関係を関連づけ、個人、市民、職業生活で効果的であるための柔軟な思考の育成をめざすのである。

②三つのコア・スキルとサポートシステム

コア・スキルには、表1-2-1に示すように、①学習とイノベーションスキル、

表1-2-1 21世紀型スキルの構成要素（三つのコア・スキル）

①学習とイノベーションスキル	○批判的思考と問題解決	・効果的に理由付けする。 ・判断や決定をする。 ・問題を解決する。
	○コミュニケーションと協働	・明確的に意思疎通をする。 ・協働する。
	○創造とイノベーション	・創造的に考える。 ・他者と創造的に活動する。 ・イノベーションを実施する。
②情報・メディア・テクノロジースキル	○情報リテラシースキル	・情報にアクセスし評価する。 ・情報を活用し管理する。
	○メディアリテラシースキル	・メディアを分析する。 ・メディアのプロダクトを創る。
	○ICTリテラシースキル	・テクノロジーを効果的に利用する。
③生活とキャリアスキル	○柔軟性と適応性	・変化することに適応する。 ・柔軟である。
	○進取と自己方向づけスキル	・目標と時間を管理する。 ・独立して活動する。 ・自己方向づける学習者
	○社会／文化横断的スキル	・他者と効果的に関わる。 ・多様なチームで効果的に活動する。
	○生産性／アカウンタビリティスキル	・プロジェクトを管理する。 ・結果を出す。
	○リーダーシップと責任スキル	・他者をガイドしリードする。 ・他者に戴せて責任をもつ。

出典：Trilling & Fadel 2009, pp.45-86.

②情報・メディア・テクノロジースキル、③生活とキャリアスキルの三つがある。

さらに、21世紀型スキルの育成を促すために、図1-2-2のプールの部分が示す学習支援システムとして、①スタンダードと評価、②カリキュラムと指導、③学習環境の三つが位置づけられている。具体的には、①従来の教育支援システムに代わり、内容の詳細なリストではなく、実社会のリアルな課題に焦点をあてながらスタンダードを設計するとともに、テスト中心でなく、指導や学習の改善に生かす形成的評価を重視する「スタンダードと評価」、②教師主導型ではなく、探究、協調学習、プロジェクトなど子どもが主体的に学ぶ「カリキュラムと指導」、③新しい学習のあり方を実践できる力量を育むための「専門研修」、④新しい学びに対応した学校の空間や時間、文化をデザインする「学習環境」が求められるという。

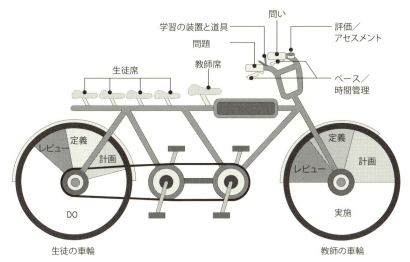

図1-2-3 プロジェクト学習自転車
出典：Trilling & Fadel 2009, p.100.

(3) プロジェクト学習自転車

　21世紀型スキルを育てるためにデザインされ運営されている一つの学習モデルのイメージとして、図1-2-3に示すようなプロジェクト学習自転車が提案されている（Trilling and Fadel 2009）。プロジェクトには四つの段階があり、定義→計画→実施→振り返りという学習及び指導のサイクルがある。児童生徒と教師の車輪は、これらの四つの段階を遂行する継続的なプロセスを示している。

　車輪と車輪をつなぐものとしてフレームがある。フレームは、教師と児童生徒が協力して、プロジェクト全体を調整していくことを表している。ハンドルは、問いや問題を提示し、プロジェクトを方向づけるものである。ギアはプロジェクトで使う道具を表すもので、コンピュータ、ウェブサイト、デジタルメディア、他のテクノロジーなどが含まれる。ペダルとブレーキは、プロジェクトのペースと時間を調整するものである。効果的なプロジェクトにするためには、このような教師と児童生徒の協働によるプロジェクトのデザインと運営が求められる。

(4) 21世紀型スキル運動の国際的な広がり

　21世紀型スキル運動は、3章の3.1で検討するように、アメリカ国内におい

て教育システムの変革を促すことを焦点としているが、そのメッセージは国際的にも波紋を広げており、諸外国の教育改革の動向に影響を与えている（Trilling & Fadel 2009）。例えば、APEC（Asia-Pacific Economic Cooperation）のフォーラムにおける地域の戦略的計画の構想、イギリスの21世紀型学習連盟における教育改革の課題の立案、また、フランス教育省の共通基礎（socle commun）の取組などにおいて、21世紀型スキルパートナーシップ（P21）が影響を与えているという。

3．ATC21S国際研究プロジェクトと評価研究

　21世紀型スキルパートナーシップとともに、21世紀型スキルを定義し、新しい教育を創造していこうという動きに「21世紀型スキルの学びと評価（ATC21S）」と呼ばれる国際プロジェクトがある。

(1) 21世紀型スキルの学びと評価（ATC21S）の展開

　ATC21Sという国際研究プロジェクトは、2009年のロンドンにおける「学習とテクノロジー世界フォーラム」で立ち上げられた（Griffin, Care & McGaw 2011）。このプロジェクトは、主要なテクノロジー企業であるシスコシステム、インテル、マイクロソフトによって財政的に支援され、国としては、オーストラリア、フィンランド、ポルトガル、シンガポール、イギリスが創設時に、アメリカは翌年2010年に参加している。アドバイスパネルは、OECD、IEA、UNESCO、世界銀行などの代表によって構成されている。このプロジェクトは21世紀型スキルパートナーシップ（P21）とは別のものであるが、多くの考え方を共有している。

　ATC21Sプロジェクトは、21世紀型スキルといった未知の領域を開拓し、その評価法を開発していくことで、旧態依然とした教育システムの変革を引き起こすことをめざしている。特に、これまで取り組まれてこなかったデジタルネットワークを通した学習及び協調的問題解決をめぐる評価と指導にターゲットを当てている。学問的には、オーストラリアのメルボルン大学との連携が図られ、同大学の評価研究センターに、研究開発の博士課程プログラムが位置づけられることになった。このプロジェクトは、2009年には、メルボルン大学

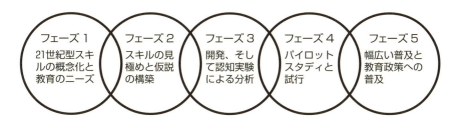

図1-2-4 ATC21Sプロジェクトのフェーズ
出典：グリフィン、マクゴー＆ケア編 2014、17頁。

教授で前OECD教育部長であったマクゴー（B. McGaw）を中心に、60を超える世界の教育研究者が参加して、五つのワーキンググループ（①21世紀型スキル、②研究方法の問題、③テクノロジーの問題、④学級環境と形成的評価、⑤新しい評価のための政策枠組み）の下に進められた。

(2) ATC21Sプロジェクトのプロセス

ATC21Sプロジェクトのプロセスは、図1-2-4のように、フェーズ1から5のようになっている。フェーズ1では、21世紀型スキルとして後述するKSAVEフレームワークが概念化され、前述のワーキンググループによる五つの白書が出されている。フェーズ2では、「協調的問題解決」と「デジタルネットワークを使った学習」に関する学びについての仮説が構築され、フェーズ3では、ドラフトのチェックと課題遂行の分析などをもとに評価タスクのプロトタイプの開発が行われた。フェーズ4では、評価の試行的研究と大規模な試行が、フェーズ5では、研究成果の普及が計画された。

(3) 21世紀型スキルの枠組み

2009年のフェーズ1は、21世紀型スキルを概念化し定義することに焦点をあてており、KSAVEモデルと五つの白書が作成された。21世紀型スキルのリストは、諸外国にあるプロジェクトや研究成果の知見から表1-2-2にある12の試みが選択され、それらの分析をもとに構成されている。

21世紀型スキルは、Knowledge、skill、attitude、value、ethicsの頭文字をとって、KSAVEフレームワークと呼ばれている。KSAVEモデルは、四つのカテゴリー（思考の方法、働く方法、働くためのツール、世界の中で生きる）と10

表1-2-2　21世紀型スキルに関する関係資料の出典

国・地域	文書名
EU（欧州連合）	「生涯学習のキー・コンピテンシー―ヨーロッパ参照枠」（2004年11月） 欧州会議と欧州連合理事会による生涯学習のキー・コンピテンシーに関する提言（2006年12月18日）
OECD（経済協力開発機構）	New Millennium Leaners Project: 私たちのICTと学習に関する見方の変革
アメリカ（21世紀型スキルのためのパートナーシップ：P21）	P21フレームワークの定義 P21フレームワークの概説
日本	教育テスト研究センター（CRET）
オーストラリア	「オーストラリアの若年層の教育目標に関するメルボルン宣言」
スコットランド	世界トップクラスになるためのカリキュラム―四つの能力
イングランド	*The learning journey*
イングランド	「個人の学習と思考スキル―イギリスのナショナルカリキュラム」
北アイルランド	「クロスカリキュラムのスキルの計画」
国際教育工学協会	「児童生徒のための全米教育工学スタンダード（NET・S）」（第2版）、「デジタル時代のグローバルラーニング」
アメリカ（全米アカデミーズ、21世紀の科学）	「科学教育と21世紀型スキル育成との接点を探る」
アメリカ（労働省）	コンピテンシー・モデル： 「文献レビュー」「労働省雇用・訓練局（ETA）の役割」（Aichelle R. Ennis）

出典：グリフィン、マクゴー&ケア編 2014、44頁。

個のスキル（1. 創造性とイノベーション、2. 批判的思考、問題解決、意思決定、3. 学び方の学び、メタ認知、4. コミュニケーション、5. コラボレーション、6. 情報リテラシー、7. ICTリテラシー、8. 地域とグローバルでよい市民であること、9. 人生とキャリア発達、10. 個人の責任と社会的責任）から構成されている（表1-2-3）。

10個のスキルにはそれぞれ三つのカテゴリー（知識、技能、態度・価値・倫理）が設定されている。すなわち、知識は「10個のスキルそれぞれに要求される特定の知識や理解のために必要な内容」、技能は「児童生徒の能力・スキル・プロセス」、態度・価値・倫理は「21世紀型スキルの一つひとつに関係するような児童生徒の行動や適性」を含むものである。

例えば、KSAVEモデルの中で、思考の方法の「1. 創造力とイノベーション」は、三つのカテゴリーに従い、表1-2-4のように操作的に定義されている。な

お、その他のスキルについても同様の操作的定義が提示されている。

表1-2-3　KSAVEモデル

思考の方法	1. 創造性とイノベーション 2. 批判的思考、問題解決、意思決定 3. 学び方の学び、メタ認知
働く方法	4. コミュニケーション 5. コラボレーション（チームワーク）
働くためのツール	6. 情報リテラシー（ソース、証拠、バイアスに関する研究を含む） 7. ICTリテラシー
世界の中で生きる	8. 地域とグローバルでよい市民であること（シチズンシップ） 9. 人生とキャリア発達 10. 個人の責任と社会的責任（異文化理解と異文化適応能力を含む）

出典：グリフィン、マクゴー＆ケア編 2014、46頁。

表1-2-4　思考の方法－創造力とイノベーション－

知識	技能	態度・価値・倫理
他者と一緒に創造的に考えたり創造的に働いたりする ・いろいろなアイディア創造の技術を知ること（ブレインストーミングなど）。 ・自国内や自文化の中で過去になされた発明・創造性・イノベーションがあることを知っている。過去に国境を越え、異文化間でなされた発明・創造性・イノベーションがあることを知っている。 ・新しいアイディアを採用する際には現実的な制約があることを知る。また、より受け入れやすい形でアイディアを表現する方法について知る。 ・失敗に気付く方法を知ること。どうやっても克服できない失敗と、乗り越えることができる困難を区別する方法について知る。 イノベーションを実行する ・どこでどのようにイノベーションが影響を与えるのか、どの分野でイノベーションが起きるのかを意識して理解している。 ・イノベーションや創造性に対する歴史的、文化的な障壁に気付く。	創造的に考える ・新しく、価値のあるアイディアを創造する（漸進的なアイディアと急進的なアイディアの両方）。 ・創造的な活動を改善して最大限に高めるために、自分自身のアイディアを詳しく説明し、洗練し、分析し、評価できるようになる。 他者と創造的に働く ・他者に対して効果的に、新しいアイディアを作ったり、実行したり、伝えたりする。 ・イノベーションと創造性に対する歴史的、文化的な障壁に敏感になる。 イノベーションを実行する ・インパクトがあって採用されるような、革新的で創造的なアイディアを作る。	創造的に考える ・新しく、価値のあるアイディアに対して、偏見をもたないでいる（漸進的なアイディアと急進的なアイディアの両方）。 他者と創造的に働く ・新しい見方・考え方や多様な見方・考え方に対して柔軟かつ敏感であること。グループで学んだこととフィードバックを自分たちの取り組みに取り入れること。 ・失敗を学習の機会と見なすこと。創造性とイノベーションは小さな成功と頻繁な失敗が長期にわたって繰り返されるプロセスであると理解すること。 イノベーションを実行すること ・新しいアイディアを粘り強く提示したり推進したりすること。

出典：グリフィン、マクゴー＆ケア編 2014、49頁。

(4) 協調的問題解決とデジタルネットワークを使った学習

　ATC21S プロジェクトでは、評価法の開発が教育の変革につながると考えられているため、21世紀型スキルとは何かを検討するとともに、そのような能力を評価するあり方を提案することを課題としている。具体的には、現在の社会や教育の変化で注目されている二つの幅広いスキル領域として、「協調的問題解決」と「デジタルネットワークを使った学習」が同定され、それらの概念を構築することを通して、評価のあり方が検討されている。

　協調的問題解決の五つの構成要素は、①グループ内の他の人の考え方を理解できる力、②メンバーの1人として、建設的な方法でメンバーの知識・経験・技能を豊かにすることに貢献するように参加できる力、③貢献に必要なことやどのように貢献すればよいかを認識できる力、④問題解決のために問題の構造や解決の手続きを見いだす力、⑤協調的なグループのメンバーとして、新しい

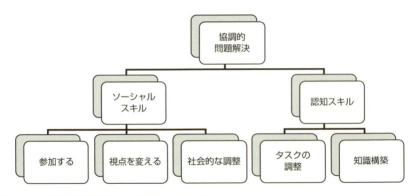

図1-2-5　協調的問題解決の概念フレームワーク
出典：グリフィン、マクゴー＆ケア編 2014、10頁。

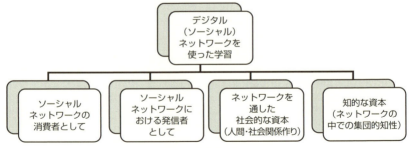

図1-2-6　デジタルネットワークを使った学習の概念フレームワーク
出典：グリフィン、マクゴー＆ケア編 2014、10頁。

知識や理解を積み上げ、つくり出す力である（グリフィン、マクゴー＆ケア編 2014、17 頁）。一方、デジタルネットワークを使った学習は、①情報の消費者としての学習、②情報の発信者としての学習、③社会的な資本（人間関係、社会関係等の構築）を開発する中での学習、④知的な資本（知識）を開発する中での学習である（グリフィン、マクゴー＆ケア編 2014、18 頁）。

「協調的問題解決」と「デジタルネットワークを使った学習」は、以上のように概念化され、フェーズに従って研究が進められることになる。

(5) 国際的な影響

ATC21S は、企業、国際機関、研究者が参加した大規模な国際研究プロジェクトである。国レベルでもオーストラリア、フィンランド、ポルトガル、シンガポール、イギリス、アメリカなどの国が参加している。例えば、オーストラリアでは、NAP と呼ばれる連邦の全国評価プログラムに、ATC21S プロジェクトの成果が取り入れられている。また、OECD の PISA2015 調査のコンピュータを活用した協調的問題解決の問題には、ATC21S の研究成果の一部が取り入れられているという。21 世紀型スキルを定義し、評価しようという ATC21S の試みは世界的にも大きな影響を与えているのである。

まとめ

グローバリゼーションが加速し、テクノロジーの革新がめまぐるしく進むデジタル社会が到来する中で、仕事のやり方や私たちの生活は大きな変化を遂げている。職場では歴史的な変化が起こっており、情報へのアクセス、保存、処理、生産などで ICT を駆使して、プロジェクトチームを組み協働的に新しいサービスや製品を創造するといった知識労働が求められている。また、ICT は私たちの日常生活の一部となっており、毎日の生活の中でも ICT を道具として使いこなすデジタル生活様式への対応に迫られている。

一方、学校教育では未だに昔ながらのやり方が主流で、改革は遅々として進んでいない状況にある。21 世紀に求められる学びの姿と今日の子どもたちが学校で経験している学びの姿の間にははかりしれないギャップがある。

このような背景から、21 世紀型スキルパートナーシップ（P21）は、アメリカ

において 21 世紀型スキル運動を展開してきた。また、ATC21S は、ICT 企業、国、研究者を巻き込みながら国際研究プロジェクトを進め、21 世紀型スキルの評価のあり方を追究してきている。21 世紀型スキルを定義し、教育の革新をめざしていこうというこれらの試みは、諸外国の教育改革に大きなインパクトを与えているのである。

注
(1) SCANS は、いずれの業種にもあてはまるような一般的な就業可能性を定義しようとする試みという意味で重要である。SCANS の五つのコンピテンシーは、以下の通りである。①資源：資源を見つけ、組織し、配分する。(時間、金、物資と施設、人的資源)②情報：情報を獲得し活用する。③人間関係技能：他者とともに働く。④システム：複雑な相互関係を理解する。⑤テクノロジー：さまざまなテクノロジーとともに働く。
(2) 各スタンダードについては、以下を参照。
① ISTE (International Society for Technology in Education), Technology Foundation Standards for Students, 1998 (http://www.iste.org/Libraries/PDFs/NETS_for_Students_1998_Standards.sflb.ashx).
② American Association of School Librarians, Association for Educational Communications and Technology, Information Power: Building Partnerships for Learning, ALA Editions, 1998, pp.8-9.
③ Trilling & Hood, The Future, 1999 (http://mennta.hi.is/starfsfolk/solrunb/Word/The%20Future.doc).
④ NCRTEL and the Metiri Group, enGauge 21st Century Skills for 21st Century Learners, 2003 (http://www.unctv.org/education/teachers_childcare/nco/documents/skillsbrochure.pdf).
この他、例えばC. Dede (2010) は、21 世紀型スキルを捉える試みとして、①The partnership for 21st century skills (2006) に加え、②NCRTEL and the Metiri Group (2003)、③OECD key conpetencies (2005)、④LEAP (2007) を挙げ、内容の比較検討を行っている。C. Dede, Comparing Frameworks for 21st Century Skills, In J. Bellanca & R. Brandt (ed.), *21st Century Skills: Rethinking How Students Learn*, Solution Tree Press, 2010, pp.51-75.

引用・参考文献
グリフィン、P.・B. マクゴー＆E. ケア編 (三宅ほなみ監訳)『21 世紀型スキル──学びと評価の新たなかたち』北大路書房、2014 年。
松下佳代編著『〈新しい能力〉は教育を変えるか──学力・リテラシー・コンピテンシー』ミネルヴァ書房、2010 年。
Griffin, P., E. Care & B. McGaw, *Assessment and Teaching of 21st Century Skills*, Springer, 2011.
Trilling, B. & C. Fadel, *21st Century Skills: Learning for Life in Our Times*, Jossey-Bass, 2009.

第2章
域内でキー・コンピテンシーの育成をめざすEU諸国の教育改革

　EU諸国では、OECDのデセコ（DeSeCo）プロジェクトを参考にして、キー・コンピテンシーが独自に定義され、域内の教育政策を方向づけている。イギリスのキー・スキル、ドイツのコンピテンシー、フランスの共通基礎、フィンランドのコンピテンシーのように、国により名称の違いは見られるものの、今日的な社会で生きて働く資質・能力の育成をめざした教育改革が展開している。

　第2章では、OECDのキー・コンピテンシーからの影響を受けるEU諸国として、2.1 イギリス、2.2 ドイツ、2.3 フランス、2.4 フィンランドの教育改革について検討する。

2.1 イギリス
── キー・スキルをめぐる論争

　イギリス（グレートブリテン及び北アイルランド連合王国）は、ヨーロッパ大陸の北に位置する島国で、イングランド、ウェールズ、スコットランド、北アイルランドの四つの「国（country）」から構成されている。気候は、メキシコ湾流と偏西風のため、高緯度の割には比較的温暖である。面積は、24.3万平方キロメートルで日本の3分の2ほどの大きさである。人口は、6,324万人（2012年）で、その構成は、ゲルマン系のアングロサクソン人、ケルト系、アフリカやインドなど旧植民地からの移住者などからなる。教育政策については、それぞれの国で異なるが、とくにスコットランドの独自性が高い。イギリスとは、以下、人口が多く首都ロンドンを有するイングランドを対象とする。
　イギリスでは1980年代から職業教育の分野でその資格の枠組みに汎用的スキルの育成が取り込まれるようになり、2000年のナショナル・カリキュラムからはすべての児童生徒にキー・スキルの育成がめざされることになった。それが、2010年の保守党・自由民主党への政権交代に伴い実施されたナショナル・カリキュラムの改訂の中で、それまでのキー・スキルの重視から教科の知識に焦点化するアプローチへと力点が移行している。2.1では、イギリスのナショナル・カリキュラムにおけるキー・スキルの育成をめぐるこうした展開を中心に検討したい。

1. 世界基準をめざして──政権交代による新たな展開

　2010年5月の総選挙で、それまでのブラウン労働党政権に代わり、キャメロン保守党・自由民主党連立政権が誕生した。新政権は、国際的な競争力を高めるために、世界標準をめざして、ナショナル・カリキュラムの全面的な見直しに着手した。

表2-1-1　国別ランキングにおけるイギリスの順位の変遷

	読解力	数学的リテラシー	科学的リテラシー
2000	7	8	4
2003	–	–	–
2006	17	24	14
2009	25	28	16
2012	23	26	21

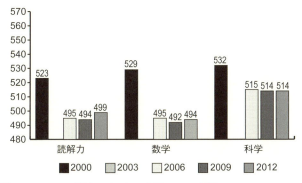

図2-1-1　PISA調査におけるイギリスの変遷

　現政権は、それまでの労働党政権の教育改革は必ずしもうまくいっていなかったと総括している。すなわち、16歳時に受けるGCSE試験（中等教育修了資格試験、General Certificate of Secondary Education）の得点は一貫して向上しているものの、PISAなどの国際学力調査では、成果は表れていないどころか、順位は低下傾向にある。表2-1-1にあるように、PISA2000とPISA2009を比較してみると、国際的な順位が、読解力（7→25位）、数学的リテラシー（8→28位）、科学的リテラシー（4→16位）のように大幅に悪化しており、OECD平均より少し上という状況に止まっていたのである（PISA2003は回答率が基準を満たせず対象国から除外された）。この傾向は政権交代後に発表されたPISA2012においても続いている。こうした理由には、諸外国はイギリス以上に学力が伸びているのではないか、あるいは、GCSEの採点に得点のインフレ（評定があまくなる）傾向があるのではないかといった解釈もある。しかし、いずれにしても、諸外国と比較すると、イギリスのPISA調査における相対的な順位が下降傾向にあることはまちがいなかった。

　連立政権のゴーブ教育大臣は、PISA2009の結果を受けて、労働党政権下で

進められた教育政策を批判した上で、国際学力調査で上位を占める国や地域の政策や実践から学ぶ必要があると述べている (Gove 2010)。そして2011年1月には、「ナショナル・カリキュラム検討専門委員会」が立ち上げられ、ケンブリッジ・アセスメントのオーツを座長に、新しいナショナル・カリキュラムの枠組みが検討されることになったのである。

2．イギリス教育改革の展開

　現行のイギリス教育政策の基本的枠組みの多くは、サッチャー保守党政権 (1979～1990年) による教育改革法 (1988年) にまでさかのぼることができる (大田 2010)。1970年代後半のイギリスは、不況、インフレ、高い失業率など、「英国病」と揶揄されたような経済的に停滞した状況にあり、産業の再建や経済の活性化が求められていた。そのような文脈のなかでサッチャー首相は登場し、教育の分野にも市場原理を導入して、新自由主義的な教育政策を強力に推し進めていったのである。その基本的な考え方は、1988年の教育改革法に具体化され、ナショナル・カリキュラムとナショナルテストの実施、学校の自主的運営の強化、親の学校選択の拡大など、アカウンタビリティを強化する一方で、自由と選択を促す政策が導入されていった。英語圏では先駆けとなったナショナル・カリキュラムは1989年より初等学校から順次実施され、その後1997年にはデアリング報告書の勧告により改訂され教育内容が精選された。

　保守党に代わり政権を奪取したブレア労働党政権 (1997～2007年) では、順調な経済成長をさらに持続発展させるために、21世紀の知識基盤社会におけるグローバルな経済で勝ち抜く人材の育成がめざされることになる。「重視する政策には三つある。それは教育、教育、そして教育である」といったブレアによる演説はよく知られているが、労働党政権では、1988年の教育改革法の施策を基本的に継承・強化しつつ、修正を加えながら教育政策が進められていったのであった。

　このような展開をみせてきたイギリス教育改革において、スキルの育成ということが重要な焦点の一つであった (新井・藤井 2013)。スキルをめぐる教育政策の系譜を振り返ってみると、まず、その契機は、サッチャー政権に先立つ労働党のキャラハン首相によるラスキンカレッジの演説 (1976年) にあった。経

済的に低迷していた当時、国際的な競争力を取り戻すために、「仕事のための道具（tools to job）」の育成が提言され、それ以後キャリア開発を志向したカリキュラム政策が注目されていくようになっていく。1983年の「青年職業訓練計画」では、就業能力に必要な力として「コア・スキル（core skills）」という用語が使用されるようになり、職業教育の分野では「一般全国職業資格」（GNVQ）の「コア・スキル」単位として導入された（柳田 2004）。

その後、コア・スキルは、「キー・スキル（key skills）」と名称を変えるが、職業教育や青年を対象とするだけではなく、義務教育段階のすべての子どもにそういったスキルを育成することが重要であるといった認識が広がっていく（新井・藤井 2013）。初等学校では、1998年からリテラシーの国家戦略が、1999年からはニューメラシーの国家戦略が進められた。さらに、2003年にはナショナルカリキュラムの包含する「全国初等教育水準向上策」が打ち出され、11歳児の85％が英語や数学でナショナルカリキュラムの8段階のレベル4に到達するということが目標として掲げられたりした。

これらの具体的な国家戦略と期を同じくして、1999年改訂のナショナル・カリキュラムでは、キー・スキル（①コミュニケーション、②数の応用、③他者との協力、④自分自身の学習と成績を改善する能力、⑤問題解決）が、義務教育段階のすべての年齢段階を通して育成がめざされることになる（DfEE 1999）。それに加え、キー・スキルを補完するものとして思考スキル（thinking skills）（情報処理スキル、推論のスキル、探求のスキル、創造的な思考のスキル、評価のスキル）が示され、「何を学ぶか」とともに「どのように学ぶか」、あるいは、「学び方を学ぶ」ことに焦点が置かれることになった。なお、2007年改訂のナショナル・カリキュラム（キーステージ3-4）では、機能的スキル（functional skills）という言葉が使用されている。

イギリスの教育改革では、以上のように、スキルの育成が重視され、キー・スキルと名づけられた汎用的能力が、ナショナル・カリキュラムで育成すべき目標として明確に位置づけられるようになっていったのである。このように積極的に推進されてきたスキル育成ではあるが、現政権では、その方向が行き過ぎていたとして、スキルよりは教科の知識を重視する方向でナショナル・カリキュラムの改訂作業が進められることになった。

3. 学校制度の概要

　ここで、イギリスの学校制度の概要をみておきたい（例えば、篠原 2010、2013）。就学前教育は、保育学校や初等学校付設の保育学級で実施される。

　義務教育年限は、5歳から16歳の11年である。なお、16歳以降の教育・訓練を奨励するため、2008年に教育・技能法が成立し、フルタイムかパートタイムの教育または訓練が18歳まで義務化されることになった。

　初等教育は、6年制の初等学校で通常行われる。初等学校は、5〜7歳児を対象とするキーステージ1（幼児部）、及び、7〜11歳児を対象とするキース

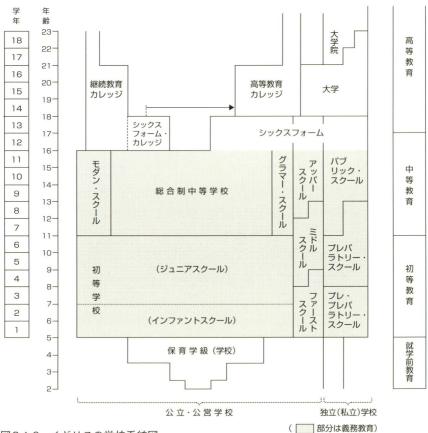

図2-1-2　イギリスの学校系統図
出典：篠原 2010、74頁。

テージ2（下級部）に分けられる。これらの幼児部と下級部の校舎は併設されているところが一般的であるが、別々に立地しているところもある。

中等教育は、11歳から通常開始される。およそ90%の生徒が総合制中等学校に進むが、地域によっては、選抜制のグラマースクールやモダンスクールが残るところもある。高校の修了資格として、16歳時に受ける外部試験のGCSE試験がある。

義務教育終了後の中等学校の課程には、大学進学に必要なGCE（General Certificate of Education）A（advanced）レベルの取得を目的としたプログラムがあり、中等学校に設置されているシックスフォームや独立した学校として設置されているシックスフォームカレッジにおいて実施される。

初等・中等学校には、この他、公費補助を受けない独立学校として、パブリックスクールやプレパラトリースクールなどもある。また、近年では、新しい政権の推進政策により、公費によって維持されている自律性の高いアカデミーやフリースクールと呼ばれる学校の増加が著しい。中等学校に至っては、アカデミーの学校数が地方当局の設置・維持している公立学校数を上回るようになっている。

高等教育には、大学及び高等教育カレッジがある。1993年以前にはポリテクニックがあったが、すべてが大学となった。また、義務教育後の多様な教育を指す継続教育には、継続教育カレッジと呼ばれる職業教育を中心とする多様な課程がある。

4．資質・能力目標と教育課程の編成

（1）育成しようとしている資質・能力
①めざされる資質・能力としてのキー・スキル

イギリスでは、資質・能力をめぐりどのような議論があり、いかなる資質・能力目標を掲げているのだろうか。

イギリスでは、前述のように、1980年代という早い時期から産業界の要請により資質・能力の育成をめぐる議論が始まっていた。当初は、今日的な社会で必要とされる就業能力に焦点があてられ、職業教育において育成が求められるコア・スキルとして提起されていた。その後、汎用的なスキルは、職業教育

だけではなくすべての児童生徒に必要であるという認識が形成され、その名称もキー・スキルに変えられて1999年改訂のナショナル・カリキュラムの中に取り入れられることになる。

　すべてのキーステージで子どもたちは広範囲なスキルを学ぶが、あるものは教科に特有であり、あるものはいくつかの教科に共通する。その中で、キー・スキルはとくに鍵となる汎用的なもので、「学校、仕事、生活において自分自身の学習やパフォーマンスを向上させるのに役立つ」スキルをいう（DfEE 1999）。このキー・スキルが、ナショナル・カリキュラムに埋め込まれる形で、導入されることになったのである。1999年改訂のナショナル・カリキュラムで採用されることになったキー・スキル、及び、それを補完するものとして設定された思考スキルの構成要素は、以下の通りである。

表2-1-2　キー・スキル及び思考スキル

キー・スキル	①コミュニケーション ②数の応用 ③他者との協力 ④自分自身の学習と成績を改善する能力 ⑤問題解決
思考スキル	情報処理スキル、推論のスキル、探求のスキル、創造的な思考のスキル、評価のスキル

　なお、中等学校を対象とした2007年改訂のナショナル・カリキュラムでは、「機能的スキル」という用語が使われている。

②教科内容と汎用的スキル

　スキルの育成が推進されてきたイギリス教育改革であったが、2010年の政権交代に伴い、教科の知識が重視されるようになった。ゴーブ教育大臣は、ナショナル・カリキュラム専門委員会が検討する留意事項として、「ナショナル・カリキュラムはすべての子どもが身につけるべき本質的な知識（essential knowledge）――事実、概念、原理、基礎的な運用――に限定して定め」、「主要教科の学問における核となる知識（core of knowledge）を身に付ける機会が確実に与えられるようにすること」などと述べている（DfE 2011）。現政権においては、ナショナル・カリキュラムの作成にあたって、各教科の知識構造の中核的な概念を中心に学習する方向性が示されたのである。

では、知識とスキルとの関係はどのように考えられているのだろうか。例えば、ナショナル・カリキュラム専門家委員会の報告書では、転移可能な知識やスキルを過度に強調するカリキュラムを推進しようという近年の動きを批判している。「この最近の動きについて、われわれは転移可能なスキルだけを教えることで十分であるという考え方には同意しないということをはっきりと述べておきたい、……すべての学習はスキルを含む内容を有しており、その内容は通常、確かに特定の具体的なものである。汎用的なスキルや能力は重要ではあるけれども、そのまま単独で教えることはできない。こうしたスキルや能力は内容を伴う文脈で教えなければならない」とある（DfE 2011）。スキルの育成のみが重視されている状況に警鐘を鳴らす一方で、スキルについては、各教科の中で明確化して、具体的な文脈において指導すべきものと考えられている。

　各教科の知識が大幅に削減され、教科横断的に育成するスキルについて詳細に規定している2007年版のナショナル・カリキュラムに対して、大きな批判が投げかけられている。専門家委員会の座長であるオーツによれば（Oates 2010）、2007年度改訂のナショナル・カリキュラムは、（1）教科横断が強調され、（2）カリキュラムを常に現代に合った内容に変えることに注意が払われ、（3）モチベーションをかき立てるカリキュラムにすることがめざされているが、これは国際比較の知見からすると非常に問題が多いという。すなわち、（1）については教師の教え方を強く制約しており、（2）については教科の必須の内容の軽視につながっており、（3）については動機づけは教師や学校の役割であり、内容と文脈とは明確に区別すべきであるとして、ナショナル・カリキュラムは教科の本質的な知識に限定して示すことを主張している。

　ゴーブ教育大臣やオーツの発言にあるように、今回のナショナル・カリキュラム改訂にあたっては、汎用的スキルの重要性を否定するものではないが、各教科に本質的な知識を明確に示すことが強調されている。汎用的スキルの育成については、地域や学校のニーズに応じて学校レベルで判断し、学校カリキュラムにおいて対応することが期待されていると思われる。

（2）ナショナル・カリキュラムの改訂の方向性

　では、ナショナル・カリキュラムは、どのように編成されているのだろうか。現政権は、国際学力調査で上位を占める国や地域から学ぶ方針を立てている。

表2-1-3　新しいナショナル・カリキュラムの構造

	キーステージ1	キーステージ2	キーステージ3	キーステージ4
年齢	5～7	7～11	11～14	14～16
学年	1～2	3～6	7～9	10～11
中核教科				
英語	✓	✓	✓	✓
算数／数学	✓	✓	✓	✓
理科	✓	✓	✓	✓
その他の基礎教科				
美術とデザイン	✓	✓	✓	
シティズンシップ			✓	✓
コンピュータ	✓	✓	✓	✓
デザインと技術	✓	✓	✓	
外国語／近代外国語		✓	✓	
地理	✓	✓	✓	
歴史	✓	✓	✓	
音楽	✓	✓	✓	
体育	✓	✓	✓	✓

出典：Department for Education 2013, p.7.

　ナショナル・カリキュラムの改訂にあたっては、シンガポール、香港、カナダのアルバータ州、アメリカ合衆国のマサチューセッツ州などのカリキュラムの分析が進められ、それらの知見に基づいた改訂作業が実施された（DfE 2011）。

　新しいナショナル・カリキュラムの概要は、以下の通りである（DfE 2013, 新井・藤井 2013）。教科の枠組みについては、表2-1-3にあるように、ナショナル・カリキュラムには、全国テストによって評価が行われる「中核教科」と学校で教師が評価する「基礎教科」がある。中核教科としては、英語、算数／数学、理科が、その他の基礎教科として、美術とデザイン、シティズンシップ、コンピュータ、デザインと技術、外国語／近代外国語、地理、歴史、音楽、体育などが設定されている。これらに加え、その他の必修として、宗教教育、性教育、キャリア教育、労働体験学習（中等教育）が別に規定されている。また、準必修にあたるものとしてスキルの育成を重視するPSHE（Personal, Social, Health and Economic Education）教育がある。

　改訂の方向性をみてみると、ナショナル・カリキュラムは、全体的な傾向と

しては、学習の目的や目標を明確化するとともに簡素化や焦点化を図っている。その一方で、中核教科（英語、算数／数学、理科）については初等レベルで1～2年ごとに内容が示され、改訂前の倍以上の頁数がさかれている。これらの内容については、学習プログラムの中に、知識、スキル、理解の項目ごとに記述がある。

　新しい動向としては、まず、会話言語の重視が挙げられる。会話言語については、これまでの研究成果から、読み書きとともに、話すことが学力向上に大きく関わっていることが明らかになってきているという。そのため、とくに年少の時期を中心に、教科横断的にコミュニケーションのスキルを高めることが重視されている。

　また、情報通信技術（ICT）からコンピュータへと教科名の変更がされている。その背景には、ビデオゲームや特撮産業などかつて強かった分野の国際競争力を回復することを意図していることがある。現行のICTでは、オフィス作業の情報機器を活用するといった内容にとどまっていたという反省がなされ、アルゴリズムやプログラム言語などを含むより高度なコンピュータ科学の学習を中心に進めることが提案されているのである。

　その他、ナショナル・カリキュラムをめぐって次の2点が指摘できる。まず1点目は、ナショナル・カリキュラムと学校カリキュラムの関係である。すなわち、国で定めるカリキュラムは学校で編成するカリキュラムの50％程度にとどめることが示されている。教育現場の裁量である学校カリキュラムの割合を数値として設定することで、各学校や教師の創意工夫を促している。

　2点目は、学校はカリキュラムの内容をホームページで公開することが求められている。イギリスの学校ではこれまで、伝統的に学校で創意工夫を生かしたカリキュラムがつくられている一方で、外から見えにくいため「秘密の花園」と称されていた。それが、学校カリキュラムの教育内容の詳細をホームページで公開することが義務化され、だれもが閲覧できる「オープンガーデン」への転換が図られることになったのである。学校と教師とに自由と自律性が与えられる一方で、より厳しいアカウンタビリティが問われるようになったといえる。

　なお、全面的な見直しが進められたナショナル・カリキュラムは、キーステージ3まで（5～14歳）は2014年9月より実施し、キーステージ4（15～16歳）については2015年9月より実施することになっている。

（3）教育評価

では、イギリスでは、ナショナル・カリキュラムが効果を上げているかどうかをどのように評価しようとしているのだろうか。

①ナショナルテスト（11歳）、GCSE試験（16歳）

ナショナル・カリキュラムが効果を上げているかどうかを把握する手だてとして、ナショナルテスト（11歳）やGCSE試験（16歳）などがある。イギリスでは、各キーステージの修了時のテストは徐々に教師による評価に変えられ、現在において残っている全国レベルのテストには11歳で初等教育の修了時に行われるナショナルテスト、及び、16歳児の中等教育修了時に実施されるGCSE試験がある。これらの国レベルのテスト結果の状況をもとに、ナショナル・カリキュラムに基づく現行の教育の成果や課題が分析されている。

なお、今回の政権交代に伴う評価制度の改革により、新たに全国レベルの評価システムが再構成されることになった（新井 2014）。キーステージ（KS）に入る前のベースラインテスト、KS1では第1学年でフォニックス（読み方と発音）検査、第2学年での教員によるテスト（英数理）と全国テスト（算数、読解、文法、語法、スペリング）、KS2の第6学年で全国テスト（算数、読解、文法、語法、スペリング）、抽出テスト（理科）、教員による評価（英語、算数、理科）、KS3の第11学年にGCSE試験となっている。また、評価にあたっては、これまで学年によらないレベル（8段階）によって評価していたものが廃止され、キーステージ修了時ごとの学年で期待されているものを規準とした換算点によって示される模様である。さらに、GCSE試験についてはコースワークが廃止されること

イギリスの小学校

になり、ペーパーテストのみとなった。

②教育水準局（OFSTED）

　カリキュラムの評価に関わって、教育水準局（OFSTED）の査察がある（OFSTED 2013）。第三者評価機関であるOFSTEDでは、5年に一度程度ごとに学校監査が行われる。評価結果が4段階のうちの3であれば、2年後に再度監査が実施される。

　OFSTEDの評価項目には、学校における子どもたちの達成度、学校における教授の質、学校における子どもたちの行動と安全、学校におけるリーダーシップとマネジメントの質がある。それ以外に、子どもたちの「スピリチュアル的・道徳的・社会的・文化的発達」を促しているかどうか、あるいは、子どもたちのニーズに対応しているかどうかも評価される。OFSTEDの評価結果は学校の社会的な評価にもつながるため、これらの評価基準は重要な意味をもっており、学校のカリキュラム開発や管理運営を方向づけるものとなっている。OFSTEDでは、学校監査の結果が包括的に分析され、成果と課題が主要な項目ごとに整理されており、ナショナル・カリキュラムの実施状況についての年次報告書が作成されている（OFSTED 2013）。

（4）教育実践の革新をめざした支援や方策

　イギリスでは、資質・能力を育成する教育実践を進めるためにいかなる支援や方策をとっているのだろうか。

①教員の資質・能力の向上

　イギリスでは、教員の資質・能力を向上させるための戦略的な取組がみられる。1998年緑書「変化に挑戦する教師」では、新しい専門性を備えた教職の近代化が提唱された（米川 2005）。個別に指導することを主に行ってきた従来の教員の役割に加え、これらの教員は、人的・技術的資源を活用する「学びのマネージャー」としての役割が求められるようになるとし、この新しい専門性の概念に沿った政策が進められていった。

　教員の採用については、教員不足の解消とともに、質の高い学生を引きつけることを目的に、教職課程学生への奨学金や新任教員に対する特別手当などの

財政支援などが拡充され、市場調査に基づく広報キャンペーンが展開された（McKinsey 2007）。その努力は実を結び、5年間のうちに教職が大学生や大学院生の間で最も人気のある職業になったという。教員の養成では、大学や学校現場における多様な養成ルートの下で質の向上がめざされ、1990年代半ば以降、教員養成課程の共通基準が導入されたり、正教員資格（qualified teacher status: QTS）取得の要件として基本技能テスト（数的処理、読み書き、情報技術）が課せられたりした（米川 2005）。教員の評価と研修については、パフォーマンスに基づいた教員評価が導入され、その結果が昇給や処遇に生かされる仕組みがつくられたり、リーダーシップを改善するために、全国校長資格が導入されるとともに、全国校長研修機関が設立されたりした（米川 2005）。以上のように、教員の採用、養成、研修をめぐって、教員の質の向上と質保証に向けた政策が進められていったのである。

②教員への支援

イギリスでは、教育水準向上のための条件整備の一環として、教員を支援する職としての学校職員が拡充されている。植田（2013）をもとにみてみると、2003年の教育技能省、校長会、教員組合などの間で結ばれた「協約」以降、学校職員の拡充が推進されている。1997年は13万4,000人であったものが、2009年には34万6,000人へと大きく増加している。協約では、教員がしなくてもよい業務（25項目）や授業の準備時間の導入、リーダーシップと経営のための時間、教員を支援するための学校職員の拡充整備などが提示されている。

学校職員の種類には、機能的に分類すると、①教室で生徒の学習を支援する「学習支援」、②学校全体の支援活動を行う「事務」、③休息時間、ランチタイム、学校外の時間など教室外での生徒の支援を行う「福祉及び児童生徒支援」、④教授学習の資源の運用に関する支援を行う「Specialist and Technical Staff」、⑤学校の環境を整理整頓し、安全にする、給食を準備する「Site Staff」がある。なお、学校職員には、職務内容に応じて必要な資格や資質・能力が国の定める職業水準と連動する形で、NOS for STL (the national occupational standards for supporting teaching and learning) として整備されている。

学校職員の拡充整備の成果として、教員の事務作業の軽減、教授活動への時間の増加、ストレスの軽減、仕事への満足度の向上などがみられたという。

<table>
<tr><td colspan="2" align="center">教師がしなくてもよい業務</td></tr>
<tr><td>
・集金
・欠席確認
・教員の補充業務
・大量の印刷
・標準的な通信文の作成
・学校のリストの作成
・記録とファイリング
・教室の掲示物の掲示
・出欠状況の分析
・試験結果の分析
・児童生徒のレポートの整理
</td><td>
・コンピュータなどのトラブル対応及び修繕
・物品の注文
・物品の在庫管理
・物品の分類、準備、配布、管理
・会議の議事録などの作成
・入札のコーディネートと文書提出
・個別のアドバイスの提供
・児童生徒データの管理
・児童生徒データに入力
・職業体験学習の運営業務
・試験の運営業務
</td></tr>
</table>

5．日本への示唆

　イギリスでは、保守党・自由民主党の連立による政権交代に伴い、ナショナル・カリキュラムの全面的な見直しが行われ、スキルよりは教科内容を重視したものへと転換が図られることになった。日本に示唆される点には、例えば以下のものがある。

- ナショナル・カリキュラム改訂にあたって、スキル重視から知識重視へと力点が移行され、領域固有性をめぐる議論が展開した。汎用的なスキルを育成するにも、教科で培われるスキルとの関係を考慮する必要があるとする視点は重要である。
- ナショナル・カリキュラムと学校カリキュラムに分けられ、それぞれが50％程度にあたることが示されている。ナショナル・カリキュラムは最低基準であり、学校や教員がカリキュラム編成の主体であるという考え方がよく表れている。
- ナショナル・カリキュラムの評価は、ナショナルテストやGCSE試験等の結果を通して判断されている。また、第三者評価機関であるOFSTEDの学校評価等を通して、ナショナル・カリキュラムの実施状況がモニターされている。
- スキルを育成するためには授業を変えていくことが必要であるが、イギリスでは教員の質を保証するために、力量形成に向けた政策が一貫して進められてきており、教師の支援として学校職員の拡充等が進められている。

> コラム　**Wroxham school の実践**

　Creating Learning Without Limits（Swann, Peacock, Hart and Drummond 2012）と題する単行本の舞台となったのがロンドンから電車で 1 時間ほどの Hertfordshire にある Wroxham school である。スタンダードを引き上げ、テストの成績を上げるといった「能力に基づく教育（ability-based pedagogy）」が支配的な教育界で、アリソン校長は別のやり方があるということを示したかったという。彼女は、あえて OFSTED の学校監査で改善命令の出される special measure であった Wroxham school に赴任する。そして、能力には限りがないという信念に基づき、児童や教師の可能性を信じて教育実践をいっしょに創っていく。その結果、数年後には OFSTED の評価で最高の outstanding を得るまでに成功したのである。

　アリソン校長が赴任した 2003 年 1 月以前は、Wroxham school では、生徒の大部分が学力に課題をもっていたため、英語、算数、理科などの授業に多くの時間がさかれ、テスト準備教育がはびこっていた。そのようなカリキュラムの下で、ある教師の言葉によれば、「クラスは教えることができない（unteachable）」状況にあったという。

　校長としての最初の日、アリソンは、全校集会において、布の袋を肩に背負って登場し椅子に座り、『心配事の大きな袋』という一冊の本をもとに生徒に語りかける。「新しい学校で迷子になったらどうしよう」「何をしたらよいかわからなくなったりしたら心配だ」など、袋にはいろいろなメッセージの書かれたカードが入っている。アリソンは、一人ひとり子どもたちを呼び、袋からカードを取り出して大きな声で読ませ、それをどう解決したらよいかアドバイスを聞いていく。それをカードがなくなるまで続けた後、アリソンは、学校のことがとてもよくわかり、不安だった気持ちがいかに晴れたかを子どもたちに伝えたのだった。

　アリソン校長はこの全校集会において、Wroxham school での第一歩を踏み出した。アリソン自身が児童やスタッフに示したメッセージは、彼女のアプローチはあらかじめ決められた Wroxham school 改革の青写真に従ってリードしていくのではなく、すべての関係者のアイデアを大切にし、子どもを含めみんながいっしょに協力し合いボトムアップの形で学校コミュニティを創り上げていくというものであった。

　Wroxham school を特徴づける実践として、サークルグループミーティング、学習の振り返りミーティング、教職員集団によるカリキュラム開発のパートナーシップなどがある。

　まず一つ目に、新しい副校長の発案で始まったサークルグループミーティング

がある。これは、毎週火曜日の朝15分、児童（平均が5歳から11歳の26人）やスタッフ（教師、補助教員、理事、ボランティア）が集まり、床に輪になって座って話し合いを行うというものである。当初は毎週の話題が準備されたりもしたが、次第に各グループが独自に話し合いを進めるようになる。学習や指導についても話題にのぼるようになり、その中から学校ラジオ局を立ち上げる企画なども実現していった。第6学年の子どもは、議論のノートをとったり話し合いの間の決定に責任をもったりと、リーダーシップの役割を期待されている。記録したノートは活用され、だれもが他のグループで何が話されているのかを知ることができた。このミーティングでは年齢にかかわりなく子どもでも大人でも意見を言うことが尊重され、上下の関係のない民主的な基盤が培われていった。教員にとっても、子どもの話を聞き、子どもを理解する重要な場となっていった。

　二つ目に、第5学年と第6学年を対象とした学習の振り返りミーティングがある。このミーティングは年に2回、秋と春に行われ、子ども、親、クラス担任、校長がそれぞれの子どもの学習の進捗状況、進歩、将来への希望などについて話し合う機会として設定されているものである。子どもは評価されるだけの受動的な存在ではなく、積極的な参加者となる。自分の学びについてどう自己評価しているのか、何が課題なのか、これからどうしていくのかなどをめぐり、真剣な話し合いが進められる。教師には、保護者とパートナーシップを組むことがいかに大切か、あるいは、子どもがいかに自分の学びを的確にとらえているのかを知る機会となっている。

　三つ目に、教職員集団によるカリキュラム開発のパートナーシップが挙げられる。経験のある教員、補助教員、理事がともに、1学期に3回、放課後2時間、カリキュラム開発についての会議を開催する。スタッフは、人文分野、創造分野、シティズンシップ分野の三つの主要な領域から一つを選択する。専門性を分かち合い、学校内外の子どもの作品を収集し、アイデアを出し合い、スタッフルームの掲示板で日ごろから情報の交換をしながら、新しい実践を創り出していく。学び続けるのがすべての教員の責任であり、担当分野について子どもたちに質の高い経験や機会を与えること、子どもの学習の質をモニターすること、自分自身の学習を維持しながら協働的に取り組んでいくことなどに対して共通の責任を担うことになる。

　Wroxham schoolでは、これらの取り組みにみられるように、アリソン校長のリーダーシップの下で、教師と子どもが行動共に変革していくco-agency、すべての構成員の利益をもとに意思決定が行われるeverybody、子ども一人ひとりの学びの無限可能性を信じるtrustの三つの信念をもとに教育が創造されている。

Wroxham school の事例は、限界をつくらない学びをめざし、一人ひとりが学校づくりに参画していくことで、ボトムアップに主体的で協働的な新しい学びの文化が創造されていくことを物語っている。

イギリスのまとめ

	資質・能力をめぐる取組の概要
資質・能力の名称及び構成要素	・キー・スキル、思考スキル、機能的スキル ・キー・スキル（①コミュニケーション、②数の応用、③他者との協力、④自分自身の学習と成績を改善する能力、⑤問題解決） ・思考スキル（情報処理スキル、推論のスキル、探求のスキル、創造的な思考のスキル、評価のスキル）
能力に基づく教育課程への展開	・1999年版ナショナル・カリキュラム ・2007年版（キーステージ3〜4）機能的スキルの呼称
教育課程の編成	・キー・スキルと思考スキルについてカリキュラム全体を通して育成 ・ナショナル・カリキュラムと学校カリキュラムがそれぞれ50％程度
対象となる教科・領域	・英語、算数／数学、科学、美術とデザイン、シティズンシップ、コンピュータ、デザインと技術、外国語／近代外国語、地理、歴史、音楽、体育
教育評価	・11歳時の全国テスト（英語と数学）、中等学校の16歳時のGCSE試験 ・各キーステージの終わりに教師による評価 ・教育水準局（OFSTED）の学校監査：5年に1度
その他特徴のある取り組み	・新しい専門性の概念に沿って、教員の質を保証するために、力量形成に向けた政策が一環して進められている。 ・教育水準向上のための条件整備の一環として、教員を支援する職としての学校職員が拡充されている。

引用・参考文献
新井浅浩・藤井泰「イギリスの教育課程」国立教育政策研究所『諸外国の教育課程と資質・能力—重視する資質・能力に焦点を当てて』2013年、15-26頁。
新井浅浩「イギリス」（配布資料）国立教育政策研究所・国際研究成果報告会「教育課程の編成に関する基礎的研究」国際研究班（2014年6月11日、文部科学省）。
植田みどり「イギリスにおける学校職員」国立教育政策研究所『Co-teaching スタッフや外部人材を生かした学校組織開発と教職員組織の在り方に関する総合的研究（外国研究班）』2013年。

大田直子『現代イギリス「品質保証国家」の教育改革』世織書房、2010年。

篠原康正「イギリス」文部科学省生涯学習政策局調査企画課『諸外国の教育改革の動向―6か国における21世紀の新たな潮流を読む』ぎょうせい、2010年、71-133頁。

篠原康正「イギリス」文部科学省『諸外国の教育行財政―7か国と日本の比較』2013年、81-136頁。

藤井泰「イギリスにおける連立政権によるナショナルカリキュラムの見直しの動き―「ナショナルカリキュラムの枠組み」(2011年)を中心に」『松山大学論集』第24巻第6号、2013年、61-86頁。

柳田雅明『イギリスにおける「資格制度」の研究』多賀出版、2004年。

米川秀樹「イギリスの教員養成」日本教育大学協会編『世界の教員養成 II 欧米オセアニア編』学文社、2005年、23-48頁。

DfE(department for education), *The Framework for the National Curriculum-A report by the Expert Panel for the National Curriculum review*, December 2011. pp.11-12 および p.15.

DfE(department for education), *Review of the National Curriculum in England: Report on Subject Breadth in International Jurisdictions*, 2011.

DfE(department for education), *The National Curriculum in England Framework document for consultation*, February 2013.

DfCSF(department for children, schooks and familires) & QCA(qualifications and curriculum authority), *The National Curriculum: Statutory Requirements for Key Stage 3 and 4*, 2007.

DfEE(department for education and employment), *The National Curriculum: Handbook for Primary Teachers in England*, 1999.

DfES(department for education and skills), *The National Curriculum: Handbook for Secondary Teachers in England*, 2004.

Gove, M., *Major international study shows England's 15-year-olds performing poorly in mathematics, science and reading*, Department for Education, 7 December 2010.

McKinsey & Company, *How the World's Best-performing School Systems Come Out On Top*, 2007.

Oates, T., *Could do better: Using international comparisons to refine the National Curriculum in England,* Cambridge: University of Cambridge, 2010.

OFSTED, Ofsted Annual Report 2012/13: Schools, 2013.

OFSTED, The Framework for School Inspection, April 2014

Swann, M., A. Peacock, S. Hart and M. J., *Drummond Creating Learning Without Limits*, Open University Press, 2012.〔新井浅浩・藤森裕治・藤森千尋訳『英国を変える学校―限界なき学びの創造』大修館書店、2015年。〕

2.2 ドイツ
── PISAショックを契機に

　ドイツ連邦共和国は、35.8万平方キロメートル（日本の約94％）の面積を有し、16州から構成されている。北部は北ドイツ平原、中部は森林の丘陵、南部はアルプスの高原とシュバルツバルト（黒い森）や山地が広がっている。1990年のドイツ統一を経て、人口は8,193万人（2012年）となった。ドイツは、ゲルマン系のドイツ民族を中心とするが、60年代からのトルコ系移民に加え、近年新たな大量の移民の流入が続いており、在留外国人約670万人を抱えている。

　教育の権限が州にあるドイツでは（州の文化高権）、PISAショックを契機に、各州の教育大臣によって組織されているKMK（常設各州教育大臣会議）のイニシアチブにより、全国共通の教育スタンダードに基づいた教育課程改革を進めている。2.2では、教育スタンダードを設定して、質保証を進める連邦レベルの学力向上政策を中心に検討したい。

1．PISAショックのインパクトと教育改革

　ドイツは、近代的な教育制度を創出してきた（Tucker & Brown 2011）。世界に先駆けて、公教育を無償で提供する教育システムが形成され、フンボルト大学など近代的な研究型大学やその準備教育を行うギムナジウムという中等学校のモデルを創出した。また、職業訓練を通して職業を実践的に学びながら同時に、職業学校において専門的な知識や理論を学ぶデュアル・システムを構築した。さらに、ドイツの教育は、第二次大戦後の奇跡的な復興を支え、経済大国としての発展の礎となった。その他、ノーベル賞受賞者も多数輩出してきた。これらの事実から、国民の間にはドイツ教育のレベルの高さには大きな自負があったと思われる。

　それだけに、TIMSSショック（1995年）とPISAショック（2000年）のインパ

クトは大きかった（原田 2007）。1998年の第 3 回「国際数学・理科教育動向調査（TIMSS ）」では、ドイツの子どもたちの間で理数系の学力はけっして高くはなくむしろ深刻な状況にあることが明らかになった。ただ、TIMSS で上位であった東アジアの諸国の高得点は詰め込み教育によるものとした考えもあり、この時点ではマスコミに大きく取り上げられることはなかった。

ベルリンの基礎学校

　それが、実社会で必要とされるコンピテンシーを義務教育修了段階で測定しようとする第 1 回「生徒の学習到達度調査（PISA）」（2000 年）においても、参加した 32 か国中、数学的リテラシーが 20 位、科学的リテラシーが 21 位、読解力が 21 位という平均にも及ばない惨憺たる結果であった。この結果は、マスコミで大々的に取り上げられ、社会で生きて働く学力についても国際的に低調であることが明らかになり大きな反響を呼ぶことになった。TIMSS ショック及び PISA ショックは、ドイツにおいて、国際的な水準からみて学力が低迷していることを明らかにするとともに、生徒間、地域間、社会階層間に学力の大きな格差があることを浮き彫りにしたのである。

　これらの学力向上と格差是正の課題に応えてドイツでは、抜本的な教育改革に踏み出すことになる。ニューパブリックマネジメント（NPM）理論に基づき、行政の近代化を図る目標−成果管理のシステム（武田 2000）が、教育政策にも本格的に導入された。すなわち、KMK は、到達目標として教育スタンダードを設定し、その達成状況を学力テストによって明らかにする新しい教育システムの構築を進めていった。このようにして、PISA ショックのインパクトを背景に、教育の権限が州にあるドイツにとって、かつてない規模で連邦レベルの教育改革が推進されていくことになったのである。

　こうしたドイツで進められてきた学力向上に向けた教育改革は、着実に成果を挙げている（坂野 2014）。図 2-2-1 と表 2-2-1 をもとに、PISA2000 以降の調査結果の推移を見てみると、読解力、数学的リテラシー、科学的リテラシーともに、得点と順位において総じて上昇傾向にあることがわかる。では、こうした

表2-2-1　国別ランキングにおけるドイツの順位の変遷

	読解力	数学的リテラシー	科学的リテラシー
2000	21	20	20
2003	21	19	18
2006	18	20	13
2009	20	16	13
2012	20	16	12

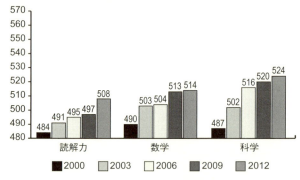

図2-2-1　PISA調査におけるドイツの変遷

成果はどのようにして可能になってきたのだろうか。ドイツで展開するコンピテンシーに基づく教育改革を検討していくことにしよう。

2．ドイツ教育改革の展開

　ドイツでは、1960年代には、伝統的な分岐型の学校制度に対する批判に応え、総合制学校が一部設置されたり、キャリア決定に向けたオリエンテーション段階が導入されたりする構造改革が進められた。1980年代になると、学校の改革へと焦点が移り、教科中心の教育課程に対し、教科横断的授業や教科統合的授業などが議論されたり、学校の自律性を高める教育行政や経営のあり方が検討されたりした。一方で、好調なドイツ経済のもとで、教育システムへの大きな批判はなく、抜本的な教育改革が実施されることはなかった。

　1990年代には、ドイツ統一（1990年）に伴って、東西ドイツの格差是正が重要課題となるとともに、ドイツ経済は慢性的な不況を経験することになった（髙谷 2010）。教育制度では、旧東ドイツはそれまでの10年の一貫した初等中

等教育制度に代わり、旧西ドイツに対応させた複線型の学校制度を導入するなど、「東ドイツの西ドイツ化」が進んだりした。この時期、旧東ドイツ地域への財政支援が集中的に実施されたが、ドイツ経済は低迷し失業率の高い状態が長期化し、旧東ドイツでは、将来的な不安から出生率の激減や旧西ドイツへの人口流出などの現象が生じたという。

ドイツ国内を席巻したTIMSSショック（1995年）及びPISAショック（2000年）はこのような社会的文脈で起こり、これらが引き金となって学力向上をめざした抜本的な教育改革が動き出すことになる（久田2013）。その中心的な役割を果たしたのが、州の間の情報交換や州の合意としての政策を打ち出す常設各州文部大臣会議（KMK）である。連邦教育省は、初等中等教育に対してはほとんど権限をもっておらず、KMKが各州の合意を取り付ける形で全国的な教育改革を断行していったのである。

TIMSS（1995年）の深刻な結果を受け、1997年10月にKMK第280回定例会議において「コンスタンツ決議」が採択された。この決議は、①学校教育の質の確保を図ること、②国際比較調査に継続的に参加することに合意したもので、その後の学力向上政策の起点となった。

さらに、PISA2000の結果公開の直後、KMKは2001年12月に第296回定例会議を開き、「七つの行動分野」を決議した。これは、PISA2000の結果を受けて、以下のような優先的に取り組むべき七つの課題を示すものであった（髙谷2010、190頁）。

七つの課題

○就学前教育における言語能力向上に向けた措置
○早期就学を目的とした就学前教育と初等教育との接続改善に向けた措置
○読解力及び数学・理科関連の基礎的理解力の全般的な向上に向けた基礎学校の改善処置
○教育的に不利な状況にある子ども、とりわけ移民家族の子ども及び青少年に対する効果的な支援措置
○拘束力のあるスタンダード並びに成果主義評価に基づく、授業及び学校の質の向上及び保証に向けた措置
○体系的に学校を発展させるための診断能力や教授能力を特に考慮した、教職活動の専門性の改善措置
○教育支援を必要とする生徒や特別な才能をもつ児童・生徒を特に対象とした、教育及び支援の機会拡大を目標とする、学校内外の全日制教育の拡大措置

七つの課題の一つに、教育スタンダードの設定があり、その後の教育改革の柱の一つとなっていった。ドイツではそれまで、教育課程の基準については、全国共通なものとしては、ギムナジウム修了資格であるアビトゥアに関する「アビトゥア試験における統一要求水準」が定められているにすぎなかった。それが、TIMSS（1995年）及びPISA（2000年）ショックを契機に、それまでの各州にまかされていた教育課程の基準を、州間の合意として設定できるかどうかが検討されることになったのである。

　そして、KMKは2002年5月、教育スタンダードの開発を決定するとともに、それに対応した学力テストを定期的に実施することを決議した。教育スタンダードは、それぞれの学校段階の修了時までに習得することが期待される教育目標として設定されることになった。教育スタンダードはまた、各教科において育てたいコンピテンシーの評価が可能な形で記述され、その達成状況が学力テストを通して把握できるように設計されることになったのである。

　2003年から2004年にかけて、基礎学校（第4学年）修了時のドイツ語と算数、ハウプトシューレ（第9学年）修了時のドイツ語、数学、外国語、実科学校（第10学年）修了時のドイツ語が、数学、外国語（英語・仏語）、理科（物理、化学、生物）についてそれぞれ教育スタンダードが開発され、2004年及び2005年度よりすべての州の授業の基準として反映されることになった。また、2007年10月には、ギムナジウム上級段階の各学年についても、教育スタンダードを開発することを決定した。

各学校段階での教育スタンダード

基礎学校（第4学年）修了時	ドイツ語と算数
ハウプトシューレ（第9学年）修了時	ドイツ語、数学、外国語
実科学校（第10学年）修了時	ドイツ語、数学、外国語（英語・仏語）、理科（物理、化学、生物）
ギムナジウム修了段階	ドイツ語、数学、第一外国語（英語またはフランス語）

　ドイツの教育スタンダードをめぐる改革は、主要教科の到達目標を全国で統一して設定し、その達成状況を学力テストによって把握する一方で、学校の自由裁量を拡大するもので、インプット管理型からアウトプット管理型への制度設計へと大きな転換が図られたものといえる。

3. 学校制度の概要

ここで、ドイツの学校制度の概要をみておきたい（例えば、髙谷2010、2013）。就学前教育には、3歳から6歳までを対象とした幼稚園がある。それより幼い子どもは乳児保育所が受け入れている。

義務教育は9年で、義務教育修了後に就職し、職業訓練を受ける者は、3年間、週に1～2日、職業学校に通うことが義務づけられている。

初等教育には、4年間の基礎学校がある。半日制であった学校は、特に移民の子供たちの教育機会を拡大するという目的で、終日制学校への移行が進められている。

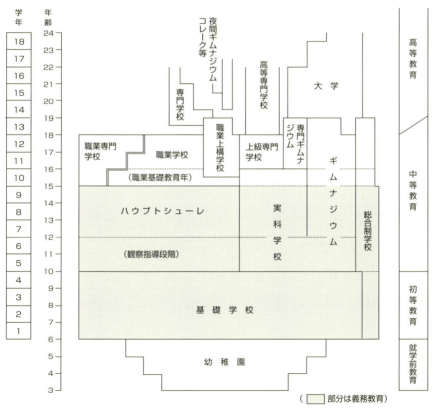

図2-2-2　ドイツの学校系統図
出典：髙谷 2010、176頁。

前期中等教育段階の学校は、生徒の能力・適性に応じて三つに分岐している。それらは、卒業後に職業訓練を行うものが主に通う「ハウプトシューレ」（5年制）、卒業後に職業教育学校に進んだり、中級の職に就いたりする生徒が主に進む「実科学校」（6年制）、大学進学希望者が主に進む「ギムナジウム」（6年制）である。その他、州によっては、単線型の教育システムをつくることを目的に設立された総合制学校がある。なお、中等学校修了資格であり大学入学資格でもあるアビトゥアに合格すると、定員が空いていれば、どこの大学にも進学できるようになっている。

　後期中等教育の段階には、ギムナジウムに加え、「職業学校」（週に1～2日の定時制の通常3年）、「職業基礎教育年」（全日1年制）、「職業専門学校」（全日1～2年制）、修了すると実科学校修了証が授与される「職業上構学校」（全日制は1年以上、定時制は通常3年）、実科学校修了を入学要件とし、修了者に高等専門学校入学資格が授与される「上級専門学校」（全日2年制）、実科学校修了を入学要件とし、修了者に大学入学資格が授与される「専門ギムナジウム」（全日3年制）など、さまざまな職業教育学校が設けられている。

　高等教育は、大学（総合大学、教育大学、神学大学、芸術大学など）と高等専門学校がある。修了年限は、大学で4年半、高等専門学校で4年以下とされるが、これを越えて在学する学生が多い。なお、欧州各国の高等教育に共通の枠組みを構築するための1998年の「ボローニア宣言」を受けて、ドイツの高等教育においても、学士、修士といった学位への調整が進んでいる。

4．資質・能力の育成と教育課程

（1）育成しようとしている資質・能力

　ドイツでは、資質・能力をめぐりどのような議論があり、いかなる資質・能力目標を掲げているのだろうか。

　ドイツでは、前述のように、教育スタンダードが導入されているが、そこで育成する資質・能力として想定されているのがコンピテンシーである（原田2007）。コンピテンシーの概念については、国として合意された枠組みはないが、現代社会に求められる学力は、四つのコンピテンシーファクター（①事象コンピテンシー、②方法コンピテンシー、③自己コンピテンシー、④社会コンピテン

シー）によって構成されると考えられている。このモデルでは、知識（実質陶冶）と学習技能（形式陶冶）を縦軸、自己（自己実現）と社会（責任・連帯）を横軸にした図を描き、バランスのとれた学力の育成がめざされている。

> 事象コンピテンシー
> 方法コンピテンシー
> 自己コンピテンシー
> 社会コンピテンシー

　KMKによる教育スタンダードは、ドイツ全体に適用される統一的な試験要件であり、また、各学校段階の修了時までに獲得されるべき能力であるコンピテンシーが基準として示されている。各州は、策定された教育スタンダードを履行して用いる義務を負っているため、レアプランの作成、学校開発、教員の養成や研修などを通して、コンピテンシーの導入が全独で進むことになった。これは、「学習目標に基づく教育課程」から「コンピテンシーに基づく教育課程」に向けた教育課程へと転換する試みといえる。

（2）教育スタンダードの導入と教育課程

　では、教育スタンダードは、どのように編成されているのだろうか。

　教育スタンダードは、カリキュラムの基準として目標レベルを示すものであり、その成果を判断する基準でもある。一方で、目標を達成するプロセスを記述したり、構造化したり、あるいは、学習時間の配分や人的資源の扱いなどを規定したりするものではない。別の言い方をすれば、教育スタンダードは、カリキュラムの入口と出口を規定するもので、それらの間をつなぐプロセスについては、各州のレアプランなどに任されているのである。

　すなわち、KMKは基礎学校（第4学年）修了時のドイツ語と算数、ハウプトシューレ（第9学年）修了時のドイツ語、数学、外国語、第10学年（実科学校）修了時のドイツ語、数学、外国語（英語・仏語）、理科（物理、化学、生物）を作成している。さらに、ギムナジウム修了時についても、ドイツ語、数学、第一外国語（英語またはフランス語）の教育スタンダードを完成させている。

デュッセルドルフのギムナジウム

```
連邦 (Bund) レベル ― 常設文部科学大臣会議；KMK (Kultusministerkonferenz)
  │  教育スタンダーズ (Bildungsstandards) ― 国家基準：目標レベル
  │   ―基礎学校修了：ドイツ語、数学 (2004.10.15)                質的開発研究
  │   ―基幹学校第9学年：ドイツ語、数学、第一外国語：英仏 (2004.10.15)  所による点検
  │   ―中等学校第10学年：ドイツ語、数学、第一外国語：英仏 (2003.12.4)  規準の開発
  ↓         生物、物理、化学 (2004.12.16)                    到達調査

州 (Land) レベル ― 文部科学省；例) NRW州文科省
  │  コアカリキュラム (Kernlehrplan) ― 州規準：州独自の改編
  │   ―基礎学校の指導要領 (Richtlinien) とレアプラン (Lehrplan) (2008.6.16)   州によるスタ
  │   ―ドイツ語、数学、英語（基幹学校、総合制学校、実科学校、ギムナジウム）     ンダード保証
  │    (2004.9.27)                                          の取り組み
  │   ―生物、物理、科学（8年制ギムナジウム）(2008.5.20)          独自の調査
  │   ―コンピテンシーを獲得するための課題例の例示              修了試験
  ↓
  学校独自の実践 (Schulprogram)
```

図2-2-3　国家基準と州の基準
出典：高橋 2008、200頁。

　教育スタンダードは、KMKで各州の決議を経ているため拘束力をもっており、その基準に基づいて各州は学習指導要領を作成していくことになる。一方で、教育スタンダードに示された身につけるべきコンピテンシーは共通するが、それらをいかに育成していくかの方法については各州の判断に任せられることになっている。

　ノルトライン―ヴェストファーレン（NRW）州を例にとると、図2-2-3のように、教育スタンダードに基づいてコアカリキュラムが編成されている（高橋2008）。コアカリキュラムの特徴としては、以下が挙げられている（201頁）。

　　――期待される学習成果が教育スタンダードとして義務付けられたスタンダード志向のものである
　　――教科と関連づけられたコンピテンシーが、第5学年から10学年までの授業でどのような段階で達成されるのかを、第6・8・10学年の修了時に期待されるコンピテンシーを挙げる形で指摘する
　　――その際、本質的な知識と能力と、それらを結びつけられる内容とテーマに限定する
　　――学習成果及び学校の達成評価・学習状況調査、修了試験での達成状況点

検のための基点を定める
――定義された要求水準を個々の学校と州で保障するための前提を形成する

NRW州では、教育スタンダードを踏まえてコアカリキュラムが作成され、上述のような特徴をもつものとなっている。このコアカリキュラムに基づいて、学校では独自に教育課程が編成されることになるのである。

(3) 教育評価
①教育スタンダードの評価

では、ドイツでは、教育スタンダードの効果や児童生徒の成績をどのように評価しようとしているのだろうか。

教育スタンダードの達成状況を把握する重要な機関として、フンボルト大学内に「教育制度における質的開発のための研究所」(IQB) が2004年6月に設置された（樋口 2013）。IQBでは、表2-2-2に示す通り、「教育モニターのための総合的戦略」の枠組みの下に、①国際的な学校成績調査（PISA、TIMSS、PIRLS/IGLU）、②教育スタンダードの達成の州間比較、③州単位での学習状況調査といった、国際レベル、国レベル、州レベルの各種学力調査が実施されている。このうち②州間比較は、州の教育システムの改善に活かす目的で、教育スタン

表2-2-2 各種テストの役割

	国際的な学校成績調査(PISA等)	国の学校成績調査(KMKのLändervergleich)	学校状況調査(VERA3/VERA8)
デザイン	抽出調査	抽出調査	学年段階のすべての生徒
頻度	3～5年	5年ごと（初等）、6年ごと（中等）	毎年
主要目的	システムモニター	システムモニター	授業／学校改善
評価レベル	国	州	学校、学習グループ、クラス
実施者	外部のテスト部局長	外部のテスト部局長	原則的に教員
評価者	中央	中央	教師ならびに州の機関
成果フィードバック	およそ3年	およそ1年	データ入力のために即座にフィードバック／多様な数値比較を伴ったフィードバックは数週間後

出典：樋口 2013、68頁。

ダードの達成状況を5年（初等）6年（中等）ごとに調査するもので、IQBによってテストが開発され実施されている。また、③学習状況調査は、カリキュラムや授業の改善に活かす目的で第3学年及び第8学年を対象に毎年実施されるもので、実施後数週間後には多様な数値を比較したフィードバック情報が学校に提供される。

②児童生徒の評価

　ドイツの教育評価は、6段階の絶対評価が基本である。評価は厳しく行われ、原級留置や飛び級などにも使われる（坂野2007）。また、ドイツでは入学試験や入社試験によって進路が決まるのではなく、通信簿の成績によって進学や就職先が決まるため、その評価の社会的意味は大きい。

　近年の動向として、各教科の成績だけではなく、授業への参加や社会的態度など、「態度に関する評点」の再導入という動向が注目される（卜部2006）。経済界からの要請により、従来の教科の枠を越えた問題の解決や幅広い応用のきく「鍵的資質」の育成が求められるようになったという背景がある。例えば、ニューザクセン州の通知簿では、態度に関する評点の項目として学習態度と社会的態度が評価される。学習態度には、授業への積極的な参加、目標達成志向、協調性、自主性、注意力、忍耐力、信頼性が、社会的態度には、反省能力、コンフリクトに対する体制、規則の遵守、公平性、他人に対する配慮、責任感、共同生活に向けた協力がある。評定は、A～Eまでの5段階がある。学級担任が提案する形で学級会議に提出し、最終的な評点は学級会議の決議によって確定するといった手続きがとられている。

（4）教育実践の革新をめざした支援や方策

　ドイツでは、コンピテンシーを育成する教育実践を進めるためにいかなる支援をしているのだろうか。

①教員養成スタンダード

　1996年のTIMSSショックをきっかけに、KMKを通して、教員の資質・能力を高める政策が進められていった（髙谷2010）。1990年代末には、教員養成の在り方を検討する専門家委員会が設置され、1999年に最終報告書「ドイツに

表2-2-3　教員養成スタンダード

コンピテンシー分野：授業する　教員は教育の専門家である
・教師は、授業を専門的かつ客観的なことに即して計画し、専門的かつ客観的に正しく実施する。 ・教員は、学習状況を形成することによって、児童・生徒の学校をサポートする。また、児童・生徒を動機づけ、彼らが文脈を立てて習得したことを使えるようにする。 ・教員は、生徒の能力を樹種的な学習や活動に向けて促進する。
コンピテンシー分野：教える　教員は自らの教育的課題を果たす
・教員は、児童・生徒の社会的・文化的な学習条件を認知し、学校の枠内で個々人の発達に対して影響力を行使する。 ・教員は、価値と規範を教え、児童・生徒の自主的な判断と行為をサポートする。 ・教員は、学校や授業での困難さやコンフリクトに対して、解決のきっかけを見出す。
コンピテンシー分野：判断する　教員は自らの判断する役目を公正に、かつ責任感をもって遂行する。
・教員は、児童・生徒の学習条件や学習プロセスを診断する：児童・生徒を目的に向けて促進し、学習者やその両親に助言を行う。 ・教員は、児童・生徒の成績を透明性のある判断基準に基づいて把握する。
コンピテンシー分野：刷新する　教員は自らの能力を絶えず向上させ続ける
・教員は、教職の特別なニーズを意識する。自らの職を特別な責任と義務のある公職と理解する。 ・教員は、自らの職を絶えざる使命と理解する。 ・教員は、学校のプロジェクトや計画の立案や実施に関わる。

出典：髙谷2010、220頁。

おける教員養成の展望」が出されている。2000年10月には、同報告書に基づき、KMKは教員組合、ドイツ労働組合、公務員組合とともに共同声明「今日の教育の課題−学習の専門家」を発表した。

さらに、PISAショックを契機に、七つの優先課題の一つに教職の専門性の向上を掲げており、KMKは2004年12月には「教員養成のための規準：教育諸科学」を策定することになった。この教員養成スタンダードは、理論的養成と実践的養成からなり、11領域22項目で構成されている。これらの規準では、理論的養成は学部レベル、実践的養成は試補教育レベルで養成することが求められている。

②終日制学校への拡充

PISAショックを契機に、学力向上が教育課題となる中で、それまで一般的であった半日制の学校に代わり、終日制の学校の導入が進められている（布川

2013、吉田 2013)。

　KMK は、七つの優先課題の一つに、従来の半日制から終日制学校への拡大措置を盛り込んでいた。終日制学校への移行の背景として、学力不振の原因には、社会的に弱い立場にある家庭、特に移民家庭の子どもの学習環境が課題とされたのである。こうした子どもたちに対して授業時間を延長して、補習や課外活動の教育プログラムを提供することで、とくに移民家庭の子どもの間のドイツ語能力を改善するために有効な施策として開始されたのである。

　終日制学校の形態は多様で、全員に参加を義務づける義務型から、参加は自由とされる自由型まである。義務型では午後の時間に正規の授業が行われる一方、自由型では、プロジェクト、宿題の支援、自由時間などの多様な活動が提供されている。

コラム　学習状況調査とコンピテンシー

　コンピテンシーとしての学力形成をどのように捉えていけばよいのだろうか。ここでは、コンピテンシーの形成状況を把握するためのテストの工夫について、バイエルン州の学習状況調査の事例をもとに検討したい。前述のように、学習状況調査は、教員が子どもの学習についてのフィードバックを得ることを目的に、毎春、普通学校の第 3 学年（VERA3）および第 8 学年（VERA8）の生徒たちを対象に実施されている。テスト開発を行っているのは、教育制度における質的開発のための研究所（IQB）である。

　後述するテスト問題例は、2011 年に実施された学習状況調査 VERA8 のドイツ語（「読む」の領域）の課題である。ドイツ語の四つのコンピテンシー領域には、「言語と言語使用を研究する」「話す、聞く」「書く」「読む」がある。さらに、「読む」（テクストやメディアを理解し、利用する、文学に関する知識を獲得する）の領域には、「さまざまな読みのストラテジーを知っている、使える」「テクストを理解し、利用する」「メディアを理解し、利用する」に分けられており、それぞれに詳細なコンピテンシーが示されている。

　学習状況調査は、これらのコンピテンシーと結び付けて課題が作成されている。以下に示すテストの課題 1、2、4、5 は「目的に合わせて情報を読み取る」、課題 3 は「実際のテキスト、利用すべきテキストから結論を導き出す」、課題 6 は「目的に合わせて情報を読み取る」「意図や効果を認識する」、課題 7 は「目的にあわせて情報を読み取る」「実際のテキスト、利用すべきテキストから結論を導き

出す」と結び付けられている。

　解答例には、教育スタンダードとの関連が示されるとともに、該当するコンピテンシーを育むためにどのような指導をすればよいかについて「教授学的コメント」がある。

　コンピテンシーを教科の枠内だけで取り扱うかどうかについては、議論のあるところであろうが、ドイツで実施されている学習状況調査では、設定したコンピテンシーの形成の状況を、学力テストを工夫して設計することを通して把握しようとしている。このような形でコンピテンシーの評価と育成が可能であるかどうか、今後の進展を注目したい。

落　雷　死

DIE ZEIT に、読者からのこんな質問に対する回答が掲載されている。
本当？
水中での落雷死
雷のときは落雷に遭う危険があるため、海で泳ぐべきではありません。しかし、(8歳の) 私の娘は、カモや魚には何も起こらないと反論します。雷のときに海で泳ぐことは危険なのでしょうか。

ラルフ・J・ラドリンスキ、ベルリン

雷の時に海に入るべきではないという注意は十分に根拠があります。海面で一人ぼっちでいるスイマーが最も高い位置にいれば、ご存知のとおり雷はそこに落ちます。
あなたの娘さんが疑問に思っているような動物についてはどうでしょうか？小さければ小さいほど、危険性は下がります。雷は、人間に対するようにカモに落ちることはありません。小さい体に対しては、大きい体に対してのような高い電流が発生しないのです。それでは、魚についてはどうでしょうか。水のなかであれば、人であっても水面よりもはるかに安全です。なぜなら、水のなかであれば雷の格好の目標とはならないからです。そして、水はとてもすぐれた導体であるため、雷のエネルギーがあらゆる方向に分散してしまうからです。だから、ダイバーなどは、雷からどのくらいの深さにいるのかを心配します。深ければ深いほど、安全なのです。
だから、雷雨のときに1000匹もの魚が死ぬわけはなく、万一そういうことがあったとすれば、水面の近くを泳いでいたか、落雷の近くを泳いでいたかと判断される珍しい事例です。

クリストフ・ドレッサー

> 課題1：雑誌にメッセージを書いたのは誰ですか。
> 　　□娘　　■ラルフ・J・ラドリンスキ　　□クリストフ・ドレッサー
> 　　□DIE ZEIT
> 課題2：雷は人に対するのと同じようにカモに落ちることはありません、なぜならカモは…
> 　　□雷の時、水中に潜るから。　　■かなり小さいから。
> 　　□素早く岸まで泳ぐから。　　□水の表面にいるから。
> 課題3：スイマーは、雷雨の間、水のなかにいる。岸から距離があるとき、雷を避けるためにどのように行動しなければならないか。
> 　　潜る／体をできる限り水につけなければならない。
> 課題4：なぜ、海の中での落雷の際に雷のエネルギーはあらゆる方向に分散されるのか。
> 　　□海には電流が通じているから。　　□カモが雷を逸らすから。
> 　　□水の上や水のなかには多くの動物がいるから。
> 　　■水が電気をよくとおすから。
> 課題5：雷雨の後、ときどき、海上で魚が数匹死んでいる。なぜこの魚が雷雨の間に死んだのかについて、テキストに基づいて二つの理由を書きなさい。
> 　　1．水面の近くにいた。　　2．落雷の近くにいた。
> 課題6：著者は回答のなかで、質問者に一度直接呼びかけています。該当箇所を書きなさい。
> 　　「あなたの娘さんが疑問に思っているような」
> 課題7：なぜ海に入っている人間に雷にあう危険があるのでしょうか。
> 　　雷は高いところに落ちるから。（もしくは）
> 　　人間が水のなかで最も高い場所になるから。

5．日本への示唆

　ドイツでは、PISAショックを契機に、連邦レベルでスタンダードに基づく教育改革が進められている。日本に示唆される点には、例えば以下のものがある。
- ニューパブリックマネジメントの手法が導入され、目標－成果管理のシステム構築を通して教育制度の近代化が図られている。具体的には、各学校段階の修了時におけるコンピテンシーが教育スタンダードとして設定され、その

達成状況が学力テストによって測定できるような制度設計が進められた。
- フンボルト大学にテストの開発、実施、分析を一手に行う専門機関として「教育制度における質的開発のための研究所」(IQB) を設立して、教育スタンダードに基づく精度の高い評価システムが構築されている。
- 教職の専門性の向上を意図して、教員養成スタンダードが設定され、教員養成プログラムの整備が進んでいる。
- 学力問題を解決する一つの方策として、これまで一般的であった半日制の学校を、終日制の学校へと拡充させるなど、とくに課題をもつ移民の子ども等を対象にした対策が推進されている。

ドイツのまとめ

	資質・能力をめぐる取組の概要
能力の名称	・コンピテンシー
下位の能力	・①対象コンピテンシー、②方法コンピテンシー、③自己コンピテンシー、④社会コンピテンシーなど
能力に基づく教育課程への展開	・2002年KMK決議（基礎学校、基幹学校、前期中等学校）の教育スタンダード策定決定。2003年前期中等学校、2004年基礎学校、基幹学校、2012年ギムナジウムの教育スタンダード決議
教育課程の編成	・教科で育成すべきコンピテンシーをもとに、測定可能な形でスタンダードを開発
対象となる教科・領域	・基礎学校（第4学年）修了時：ドイツ語と算数、ハウプトシューレ（第9学年）修了時：ドイツ語、数学、外国語 ・実科学校（第10学年）修了時：ドイツ語、数学、外国語（英語・仏語）、理科（物理、化学、生物） ・ギムナジウム修了時：ドイツ語、数学、第一外国語（英語またはフランス語）
教育評価	・全国学力調査の実施（教育制度における質的開発のための研究所［IQB］）3、8年次（悉皆調査）、9年次（サンプリング調査）、10年次（中等前期修了試験）、12または13年次（アビトゥア）
その他特徴のある取り組み	・学力の向上に向けて、教員養成スタンダードの開発を通した教員養成プログラムの充実 ・すべての子どもの学習環境改善のための終日制学校の拡充

引用・参考文献

卜部匡司「ドイツにおける通信簿記載事項の変容—『態度に関する評点』の再導入をめぐって」日本比較教育学会編『比較教育学研究』第47号、2006年、86-103頁。
卜部匡司「ドイツの教育課程」国立教育政策研究所『諸外国の教育課程と資質・能力—重視する資質・能力に焦点を当てて』2013年、27-35頁。
卜部匡司「CHAPTER1『半日制』の伝統をもつ学校—ドイツ」二宮皓編『新版 世界の学校教育制度から日常の学校風景まで』学事出版、2014年、14-24頁。
大野亜由未「発言することを学ぶ学校 ドイツ」二宮皓編著『世界の学校—教育制度から日常の学校風景まで』学事出版、2006年、32-43頁。
坂野慎二「ドイツにおける教育評価」辰野千壽他監修『教育評価辞典』図書文化、2007年、499頁。
坂野慎二「学力回復に向けたドイツの教育政策」時事通信社『内外教育』第6328号、2014年4月18日、12-14頁。
髙谷亜由子「ドイツ」文部科学省生涯学習政策局調査企画課『諸外国の教育改革の動向—6か国における21世紀の新たな潮流を読む』ぎょうせい、2010年、175-231頁。
髙谷亜由子「ドイツ」文部科学省『諸外国の教育行財政—7か国と日本の比較』2013年、174-214、367頁。
高橋英児「教育課程の国家基準の開発に関する一考察—ドイツにおける教育スタンダーズの開発から」『山梨大学教育人間科学部紀要』第10号、2008年、195-205頁。
武田公子「ドイツ自治体の行政改革—『新制御モデル』をめぐって」『福祉社会研究』第1号、2000年、36-47頁。
原田信之「ドイツの教育改革と学力モデル」原田信之編著『確かな学力と豊かな学力』ミネルヴァ書房、2007年、77-103頁。
樋口裕介「第2章 『スタンダード化』する教育におけるテストの役割と課題」久田敏彦監修、ドイツ教授学研究会編『PISA後の教育をどうとらえるか—ドイツをとおしてみる』八千代出版、2013年、63-82頁。
久田敏彦監修、ドイツ教授学研究会編『PISA後の教育をどうとらえるか—ドイツをとおしてみる』八千代出版、2013年。
布川あゆみ「ドイツにおける学校の役割変容—『全員参加義務づけ型』の終日学校の展開に着目して」日本比較教育学会編『比較教育学研究』第47号、2013年、160-179頁。
森田英嗣・石原陽子「ドイツにみる学力政策の転換と公正の確保」志水宏吉・鈴木勇編著『学力政策の比較社会学国際編 PISAは各国に何をもたらしたか』明石書店、2012年、99-125頁。
吉田成章「第4章 学校の終日制化で変わる子どもの学習と生活」久田敏彦監修、ドイツ教授学研究会編『PISA後の教育をどうとらえるか—ドイツをとおしてみる』八千代出版、2013年、111-133頁。
Tucker & Brown（立花有希訳）「第9章 ドイツ：国際的な劣位の経験から国を挙げた強力な改革の推進」経済協力開発機構（OECD）編（渡辺良監訳）『PISAから見る、できる国・頑張る国—トップを目指す教育』明石書店、2011年、125-149頁。

2.3 フランス
── すべての子どもに「共通基礎」を

　フランスは、西ヨーロッパに位置する共和制の国家で、面積はおよそ55.2万平方キロメートル（日本の1.5倍）あり、全土に平地かなだらかな丘陵地が多様なモザイク模様を形づくっている。9割はフランス人であるが、5世代を遡ると3割は外国人に祖先をもっていると言われており、他にバスク人、ブルトン人、プロヴァンス人がいる。宗教はカトリックがおよそ9割と多数を占めているが、その他プロテスタント、ユダヤ教、イスラム教などが信仰の対象となっている。公用語は、フランス語であるが、バスク語、ブルトン語、コルシカ語などの少数言語が数多くある。

　階級社会フランスでは、近年、平等を求めてすべての子どもの学力の保障をめざす教育改革が進められている。2.3では、とくに、義務教育段階で身に付けることが期待される「共通基礎（socle comun）」を中心に、その育成に向けた教育システムの改革について検討したい。

1．「平等」を求めた教育改革──量から質へ

　「2005年学校基本計画法」が、2005年3月に国会で成立した。フランスでは特に重要な法律については制定時の所管大臣の通称を用いる慣習があり、同法も国民教育大臣の名からその俗称を「フィヨン法」と呼ぶ。フィヨン法では、義務教育期間中に児童生徒が習得すべき知識およびコンピテンシーが明記されることになった。第9条では、以下のように定められている（文部科学省 2007）。

> 義務教育は、就学を成功裏に達成し、教育を継続し、人格及び職業に関わる将来を構築し以て社会生活に成功するために習得が不可欠な知識技能全体から成る共通基礎知識技能の獲得に必要な手段を、児童生徒に最低限保障しなければならない。共通基礎知識技能には、次に挙げる事項を含む。

> 一　フランス語の習得。
> 二　数学の基礎原理の習得。
> 三　市民権を自由に行使できるようにする人文的科学的教養。
> 四　一以上の現代外国語の実用。
> 五　情報通信に関する日常的な技術の習得。

　フランスの教育改革では、社会階層による格差が大きい社会にあって、エリート中心の複線型の教育システムに代わって、より平等な教育制度へと変革していくことが長い間の懸案となってきた。すなわち、フランスでは、落第を課す厳格な課程主義や進路指導を通して、リセに進学できる一部のエリートが選抜される一方で、下層階級出身者は社会的上昇の機会から排除されるといった選別装置として教育制度が機能していたのである。

　社会階層間の不平等を再生産してきたというこうした批判に応え、1975年には複線型教育制度は改められ、単線型の「統一コレージュ」が実現した。これは、すべての者に教育機会を実現するいわば量的な改革であった。この改革は、学力的に多様な生徒に門戸を開く試みであったが、他方で授業についていけず、厳しい課程主義が残るなかで落第していく多数の「学業失敗」の子どもたちを生み出すことにもなった。

　2005年のフィヨン法は、政策課題となった「学業失敗」を克服して、一人ひとりの児童生徒に学力を保障しようという質的な教育改革といえる。すべての子どもが義務教育で習得すべき知識やコンピテンシーを「共通基礎」として明確に設定し、その完全習得が小学校及びコレージュでめざされることになったのである。さらに、その習得が困難だと判断された児童生徒に対しては、保護者と協力して「教育成功個別プログラム（PPRE）」を行うといった支援措置なども制度化されたのである。

　では、こうした量から質へと展開していった平等を求めるフランスの教育改革を中心に以下検討していくことにしたい。

2．フランス教育改革の展開

　フランス人の学校への期待はきわめて高いことが知られている（レヴィ・アルヴァレス 2009）。フランスの教育制度が成立した歴史的な背景をみてみると、

> 1975 年　教育基本法（アビ法）
> 1989 年　教育に関する基本法（ジョスパン法）
> 2005 年　学校の未来のための基本計画法（フィヨン法）

「王政の打倒、国民国家の成立、『市民』の主権原理、政教分離など」があるという。「革命期に動員されたエネルギーは、近代国家形成の原動力になり、国民解放戦争に変貌し、また国内では、言語の統一、国家統合にまで発展」（5頁）していったのである。革命を契機として、フランスの教育制度は、「自由、平等、友愛」の理想のもとに、フランス国民の形成と表裏一体の形で構築されてきたといえる。

このような背景から、フランスの教育は中央集権的な色彩が強く、政府が主導して教育政策を担ってきた。平等の理念のもとに教育の民主化を掲げ、近年展開した教育改革は、一部のエリートを中心とした不平等な教育システムをより公正で平等なものへと変革していく過程として捉えることができる。前述の2005 年学校基本計画法（フィヨン法）は、1975 年教育基本法（アビ法）と 1989 年教育基本法（ジョスパン法）によって進められてきた初等中等教育改革を推進することを目的に制定されたものであり、ここでは三つの教育法規の展開からフランス教育改革を簡潔に検討したい（例えば、上原 2009）。

まず、複線型のエリート教育から単線型の一般大衆の教育へと制度改革を断行したアビ改革がある。これは、1975 年にアビ国民教育大臣のもとで成立した「教育基本法（アビ法）」に従って推進された教育改革をいう。この改革では、前期中等教育におけるそれまでのコース制が廃止され、4 年制のコレージュが「統一コレージュ」として一本化された。複線型の教育制度が改められたことにより、教育の機会均等が大きく進むことになった。一方で、能力の格差が顕在化することになり、授業についていけない学業失敗していく多くの生徒を生むといった大きな課題を残すことになった。

次に、「学習期」を導入したジョスパン改革がある。これは、1989 年にジョスパン国民教育大臣のもとで成立した「教育基本法（ジョスパン法）」に従って推進された教育改革をいう。この教育法に先立ち、1982 年には「教育優先地域（ZEP）政策」の指定制度が導入され、学業不振の集中する地区を指定して地域間格差を是正するための補償的措置がとられた。1985 年には、グローバル経

済に適応できる教育水準の向上をめざしてバカロレア水準の到達率を80％にする目標が提唱されたりなどした。また、すべての者が、職業資格を取得するという目標が掲げられた。ジョスパン法では、バカロレア水準の到達率80％の目標を継続するとともに、就学前教育の拡大、初等中等教育への「学習期」の導入、教員養成の改善が進められた。学習期の導入は、厳格な課程主義のために生じる落第を抑制することが意図されていた。

そして、だれもが習得すべき「共通基礎」を設けて、学力向上という質的な展開を図ったフィヨン改革がある。これは、2005年にフィヨン国民教育大臣のもとで成立した「学校基本計画法（フィヨン法）」に従って推進された教育改革をいう。学力不振などの問題が解決していないとして、2003年には「国民討論委員会」が設置され、最終報告書『すべての生徒の成功のために』が公表された。それを受け、2005年にフィヨン法が成立することになる。フィヨン法では、後述するように、義務教育期間中に児童生徒が身につけるべき知識とコンピテンシーとしての「共通基礎」が明記され、これを基準として、習得していない児童生徒への個別支援策、その習得状況をコレージュ修了段階で厳格に評価する前期中等教育修了資格の見直し、教員の資質向上策などが実施された。すべての子どもにいかに「共通基礎」を保障していくのかが追求されることになったのである。

なお、2012年に社会党オランド政権が誕生し、2013年にはフィヨン法に代わる「学校教育基本法（共和国の学校の作り直しのための基本計画法）」が成立した（藤井2014、38-39頁）。この法律は、フィヨン法を基本的に踏襲したもので、学力水準の向上や個に応じた質の高い教育をめざした7領域（①新しい教員養成・継続教育の確立、②初等学校改革、③デジタル時代への適応、④教育内容の革新、⑤幼稚園からコレージュまでの学習の漸次性、⑥中等教育改革、⑦学校と地域の連携、評価の推進）にわたり25の重点方策が打ち出されている。

3．学校制度の概要

ここで、フランスの学校制度の概要をみておきたい（例えば 上原 2010、藤井2014）。就学前教育は、幼稚園及び小学校付設の幼児学級で2〜5歳児を対象として行われる。フランスは、就学前教育の就園率が高いことで知られている

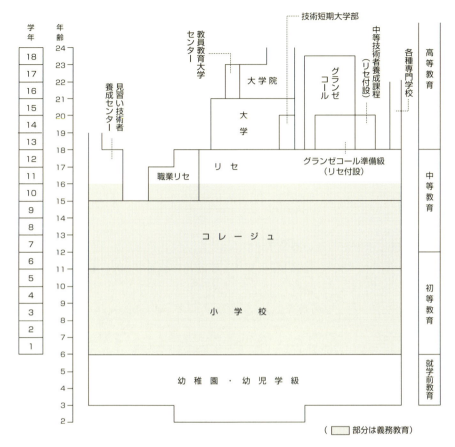

図2-3-1 フランスの学校系統図
出典：上原 2010、136頁。

が、3〜5歳児の在籍率はほぼ100％である。

義務教育は、6〜16歳の10年となっている。初等教育は、小学校の5年間である。小学校は、2008年より学校週4日制（月、火、木、金）に統一されていたが、1日の授業時間が長くなり学習効果が上がらないといった問題が指摘され、2013年度からは週5日制（水曜日は午前中）が復活することになった。また、フランス教育の特徴として、小学校から原級留置が行われる厳格な課程主義を採用している。

前期中等教育は、コレージュの4年間である。高校入試はなく、コレージュ

での観察・進路指導に基づいて、後期中等教育の諸学校に進学する。後期中等教育は、3年間のリセ、2～3年間の職業リセなどで行われる。

高等教育は、3年間の学士課程、2年間の技術短期大学部などをもつ国立大学、年限も多様な私立大学、3～5年間の各種のグランドゼコール、2年間のリセ付設のグランドゼコール準備級、中級技術者養成課程などで行われる。高等教育に進学するには、国家資格であるバカロレアを取得する必要がある。グランドゼコールについては、通常、バカロレア資格を取得した上で、グランドゼコール準備級に進み、各高等教育機関の入学試験に合格することが求められる。

4．資質・能力の育成と教育課程

（1）育成しようとしている資質・能力

フランスでは、資質・能力をめぐりどのような議論があり、いかなる資質・能力目標を掲げているのだろうか。

コンピテンシーという概念の展開をみてみると（細尾 2012）、フランスではその言葉は1980年代頃から職務遂行に必要な能力として人材の採用や配置といった企業の人材管理において使われるようになり、それに伴って職業教育の分野でもコンピテンシーに基づく評価が進められるようになった。1990年代になると、コンピテンシーの用語は、普通教育でも使われるようになり、1991年の学習指導要領憲章においては、「学習指導要領は、教育内容を、獲得すべき知識（connaissance）とコンピテンシーという言葉で表記する」（細尾 2012、30頁）と定められているという。また、前述したEUのキー・コンピテンシーから大きな影響を受けており、2005年の共通基礎は、「生涯を通じた学習と教育のキー・コンピテンシー」に関するヨーロッパ議会・EU理事会の勧告・提案を参考にしており、また、国際学力調査であるPISAプログラムの考え方を適用している。

2005年の学校基本計画法（フィヨン法）では、義務教育段階での基礎学力の向上が重点課題となった（藤井 2010）。教育において共通教養を保障するという課題は、1947年のランジュバン・ワロン改革案以降、何度となく議論されてきた課題であった。それが、フィヨン法において遂に実現し、義務教育期間中に児童生徒が身につけるべき知識およびコンピテンシーとして、共通基礎を明記

表2-3-1 共通基礎

1. フランス語の習得	知識：語彙（正確な意味理解）。文法（句読法、構文、接続詞、動詞活用、時制、法）。綴り。 能力：読解（音読、解釈など）。筆記（書写、作文など）。口頭表現。辞書などの道具の使用。 態度：言語表現の正確さの重視。語彙拡大への意欲。読書への関心。会話や討論への積極性。
2. 一つの現代外国語の運用	知識：日常的なメッセージの理解・伝達に必要な言語規則（語彙、文法、発音、綴り）の習得。 能力：日常的な状況における意思疎通（短文の聞き取りと読解、口頭・筆記による伝達など）。 態度：文化の多様性に対する感受性（外国語使用への意欲と別の思考行動様式への理解）。
3. 数学の基礎原理及び科学的技術的教養	A．数学の基礎原理 知識：暗算、証明、推論の習得。数、計算、データ、関数、幾何及び測量に関わる概念の理解。 能力：小数・分数計算、作図・作表、データ分析などによる数学原理の日常生活への応用。 態度：論理的法則の存在の理解。厳密さと正確さ。合理的事実の尊重。推論への関心。 B．科学的技術的教養 知識：宇宙、地球、物質、生物、エネルギー、人体などに関わる概念の理解。 能力：観察、実験などによる知的な推論。科学と技術の関係の理解。危険回避への知識の活用。 態度：自然現象の原因への興味と批判的な精神。科学と技術の進歩や環境問題などへの関心。
4. 情報通信に関する日常的な技術の習得	知識：基礎的技術。情報のコード化に関する理解。知的所有権や人権を守るための規則の理解。 能力：データの作成、処理、検索。参考資料の収集。意思伝達と交流。 態度：情報の収集と交換の際の責任ある態度（情報の批判的検討と責任ある情報発信）。
5. 人文的教養	知識：地理的・歴史的な基準の獲得。欧州文化の共有。世界の宗教や政治などの理解。 能力：様々な図表の利用。様々な事象の歴史的・地理的な位置づけ。 態度：文化的な生活への意欲。芸術作品や外国への興味。人間経験に普遍性があるという意識。
6. 社会的公民的能力	A．社会で生きる 知識：集団規則、行動規範、礼儀の理解。性、健康、安全に関する教育。応急手当の知識。 能力：学校規則の遵守。集団作業。行動の結果の評価。応急手当資格の取得。交通規則の遵守。 態度：自己、他者、異性、私生活の尊重。争いの平和的解決。他者の重要性に対する意識。 B．公民生活を準備する 知識：「人権宣言」、「児童の権利条約」、共和国の象徴、民主主義などに関する理解。 能力：偏見への批判。合理性と権威性の区別。情報やメディアの検討。自己の意見の確立。 態度：権利と義務の意識。公共生活への関心。投票の重要性の認識。市民活動への参加の意思。
7. 自律性及び自発性	A．自律性 知識：学習過程や自己の長所・短所の理解。企業、職種、資格など経済環境の理解。 能力：学習方法の習得。論理的に推論する力。自己評価。進学先の選択。忍耐力。身体の制御。 態度：学習動機。自信。成功と進歩への意欲。 B．自発的精神 知識：個人的集団的な計画を実行するのに役立つ他の共通基礎知識技能の内容すべて。 能力：計画、協力者の発見、リスクに配慮した決定、会議開催、作業の優先順位付けなどの力。 態度：好奇心と創造性。目標達成のための動機と決断力。

出典：上原 2010、61頁をもとに作成。

することになったのである。

　共通基礎は、七つのコンピテンシーの柱である五つの内容（①フランス語の習得、②一つの現代外国語の運用、③数学の基礎原理及び科学的技術的教養、④情報通信に関する日常的な技術の習得、⑤人文的教養）と二つの分野（⑥社会的公民的能力、⑦自律性及び自発性）から構成されている。また、それぞれの内容は、知識、能力、態度の項目に従って記述されている。詳細は、表 2-3-1 の通りである（上原 2010）。

表2-3-2 共通基礎知識技能「⑥社会的・公民的能力（A「社会で生きる」）」の内容

	知識 (connaissances)	能力 (capacities)	態度 (attitudes)
社会で生きる	・集団生活での諸規則を知り、あらゆる人間的組織が行動規範や尊厳が不可欠となるしきたりに基づいていることを理解する。 ・禁止されていること、許可されていることを知る。 ・職業上の領域、公的領域、私的領域の区別を知る。 ・性と健康と安全について。 ・応急措置の仕方を知る。	・諸規則の尊重、特に校内規則を遵守できる。 ・コミュニケーションをとり、集団で学習できる、観点を主張する、交渉する、意見をまとめる、集団内で決められた規則に従って役割を成し遂げる。 ・自分の行動を評価できる。 ・手を差し伸べることができる。 ・安全に関する諸規則、特に交通ルールを守る。	・自尊心、他者に対する尊厳、偏見や型にはまったことを拒む。 ・異性の尊重。 ・私生活の尊重。 ・争いを平和に解決する意思。 ・他者の存在によって成しえる意識（共同社会において各々が貢献しようとする意識、他者に対する責任の意味、連帯の必要性など）。

出典：藤井 2014、35頁をもとに作成。

例えば、共通基礎「6．社会的公民的能力（A「社会で生きる」）」の内容は表2-3-2のようになっている（藤井 2014）。

なお、2012年の政権交代に伴い、2013年6月にフィヨン法に代わる新たな「学校教育基本法」が成立した（田﨑 2013）。それに伴い「共通基礎」は、「知識、コンピテンシーおよび教養からなる共通の基礎」と改訂され、新たに「教養」が加わっている。新法では、新たに設立された「教育課程高等審議会」において共通基礎の再定義、および、それに基づく教育課程などが議論され、2015年秋の新年度から適用する予定になっている。

（2）共通基礎と学習指導要領

では、フランスでは、学習指導要領はどのように編成されているのだろうか。

①学習期と学習指導要領

フランスでは、授業時数表と学習指導要領からなる教育課程の基準は国が設定している。

学習指導要領は、各学習期において獲得されるべき知識及びコンピテンシーを定めたものである。ここで、学習期とは、「基礎学習期」（小学校第1、2学年）、「深化学習期」（第3～5学年）、「適応期」（中学校第1学年）、「中間期」（第2、3学年）、「進路指導期」（第4学年）、「進路決定期」（高等学校第1学年）、「最後期」（第2、3学年）からなる。義務教育段階の教育課程の基準は、その修了時点ですべての

表2-3-3　基礎学習期（第1、2学年）

教科領域	年間授業時間	週当たり授業数
フランス語	360	10
算数	180	5
体育・スポーツ	108	9*
外国語	54	
芸術活動・芸術史	81	
世界の発見	81	
計	864	24

表2-3-4　深化学習期（第3～5学年）

教科領域	年間授業時間	週当たり授業数
フランス語	288	8
算数	180	5
体育・スポーツ	108	11*
外国語	54	
実験科学・技術	78	
人文教養 ・芸術活動・芸術史**	78	
・歴史、地理、公民、道徳教育	78	
計	864	24

出典：藤井 2014、28頁。
*この部分の週当たりの授業時数の配当は、各教科領域の年間授業時数を考慮した上で、教員の教育計画に応じて行われる。
**芸術史の年間授業時数は20時間であり、教科領域の全体に関連する。

児童生徒に習得させるべき7項目の「共通基礎」に基づいて設定されている。

教科などの構成をみてみると、小学校低学年（第1、2学年）では、フランス語、算数、体育・スポーツ、外国語、芸術活動と芸術史、世界の発見、小学校高学年（第3～5学年）では、フランス語、算数、体育・スポーツ、外国語、実験科学・技術、人文教養（芸術活動と芸術史、歴史・地理・公民、道徳教育）を履修することになっている。

中学校では、必修教科として、フランス語、数学、第一外国語、第二外国語、歴史地理公民、生物地学、物理化学、技術、美術、音楽、体育、個別学習指導、発見学習があり、自由選択科目として、ラテン語、ギリシャ語、地域語、職業体験などがある。発見学習は、生徒が課題を設定してグループで調査活動を行う時間である。また、職業体験は、進路選択を支援するための職業現場活動などの時間となっている。

なお、高校では、第1学年のみ全生徒の教育課程基準が定められており、第2、3学年については取得を目指すバカロレアに応じて異なったコースがある。

②教科の枠を超えた領域

フランスでは主知主義の伝統の下で、知識の教授が中心に行われてきたが、断片的な知識の伝達ではなく、生徒が主体的に取り組む学習のあり方が模索されてきている。その興味深い試みに、例えば、基礎学習期の「世界の発見」、

コレージュの「発見学習」、リセの「個別課題研究」などがある（藤井 2014）。

基礎学習期の「世界の発見」とは、地理、歴史、理科などの内容を含んだ総合学習の教科である。身の回りの環境への気づきから始まり、世界の認識にまで至ることがめざされている。内容は、空間と時間の二つの軸からなり、空間では、身近な環境と遠方の環境との対比、気候や天気、地域や暮らし、産業などの国、地方、民族を通した理解がめざされる。他方、時間では、日、週、月、年、四季、歳時記などを扱い時間について学び、遺産とその保存、世代、歴史的事件などを取り上げ、自分の位置を理解させることを目的とする。

また、コレージュでは、「発見学習 (itineraires de decouverte)」が、第2、3学年に週2時間配当されている。「自然と人間の体」「芸術と人間性」「言語と文明」「創造と技術」の四つのテーマから一つを選んで研究を進める。教科で得た知識を相互に関連付けることが意図されており、既存の教科と関連させて探究することが求められている。

さらに、リセにおいては、1999年度から「個別課題研究」の時間が新設されている。第2、3学年で週2時間配当となっている。教科の枠を超えた教科横断的な学習として初めてリセの教育課程に位置付けられたものである。国が設定したテーマから生徒が選択して研究を進め、第2学年では2本、第3学年では1本のレポートを作成する。2002年以降は、リセ修了時に受験するバカロレアの選択科目に加えられている。

（3）評価システム

では、フランスでは、学習指導要領の効果や児童生徒の成績をどのように評

フランスの小学校

価しようとしているのだろうか。

①全国学力調査

　全国学力調査が、1989年から、小学校第3学年とコレージュ第1学年の児童生徒を対象に、フランス語と算数・数学の教科で実施されている（上原2010）。この調査は、私立学校を含む児童生徒全員が受験するもので、とくに小学校深化学習期およびコレージュの学習への基礎ができているかの全国的な学力状況を把握することを目的としている。設問の3～5割は、その後の学習内容を理解するための最低限必要な能力を測定することになっており、これらの問題が回答できない子どもたちには、補習を行うことが推奨されている。

　調査にあたっては、各担任教員が実施し、採点と入力を行う。結果は、児童生徒、教員、保護者に通知され、学習や指導の改善に生かされる。学校の公私立別、性別、年齢別、保護者の職業別などをもとに分析が行われ、速報はインターネットで公表されるとともに、全体傾向は小冊子として出版される。

②共通基礎の評価

　共通基礎の評価については、国民教育省において評価の基準や手続きが詳細に決められている（細尾2012）。コンピテンシーが習得できているかどうかは、三つの学習期の修了時（小学校2年生末、5年生末、義務教育修了時）に評価され、その結果は「コンピテンシー個人簿」に記録される。表2-3-5は、第三期のコンピテンシー3（数学の基本原理及び科学的技術的教養）の個人簿の形式である。第三期のコンピテンシー3の評価に関しては、国民教育省が4種類の教師手引書を発行している。それらは、①共通基礎の評価・認証の全般的な解説、②コンピテンシーの各項目の評価基準表、③コンピテンシーの各項目に関する学校ごとの発達表、④評価課題・援助の解説・事例集といった内容になっている。

　各領域・項目のコンピテンシーの評価については、担任教師が児童生徒一人ひとりについて日常の授業の中で行う。まず、教師は、該当するコンピテンシーが使われる現実的な状況における複雑な課題を児童生徒に提示する。児童生徒が課題を解けない場合には、困難さの状況に応じて援助が与えられる。課題の遂行状況は、全国統一の評価基準に基づいて評価が行われる。児童生徒が教師の援助なしに課題が解決できると、課題で対象とされているコンピテンシーが習得されたと判断される。コンピテンシーの習得の可否については、学

表2-3-5 コンピテンシー個人簿の全国モデル（第三学習期コンピテンシー3）

領域	科学的・技術的解法を実践し、問題を解決する	日付
項目	有用な情報を探し、抽出し、構成する	
	指示を遂行し、操作し、測定し、計算し、適用する	
	実験的解法または技術的解法を推論し、論証し、実践し、証明する	
	辿った解法や得られた結果を提示し、適切な言語で伝える	
領域	数学の知識とコンピテンシーを利用できる	
項目	データの構成と処理：比例の状況を識別し、％や表、グラフを利用する。統計的データを活用し、確率の単純な状況に取り組む	
	数と計算：整数と小数、分数を知り利用する。計算を適切に行う：暗算で、手を使って、計算機で、パソコンで	
	幾何：幾何図形と空間物体を知り表わす。その性質を利用する	
	大きさと測定：様々な単位を用いて、測定を実施し（長さ、期間など）、値（体積、早さなど）を計算する	
領域	様々な科学領域の知識を利用できる	
項目	宇宙と地球：宇宙の構造、地球の地質学上の構成と年月を経た変化、物理現象	
	物質：特徴的な原則、形態と変化、物質と素材の物理的・科学的特性、電子の動き、光との相互作用	
	生物：組織の統一性と多様性、生物の機能、種の進化、人体の組織と機能	
	エネルギー：エネルギーの様々な形態（特に電気エネルギー）、エネルギーのある形態から他の形態への変化	
	技術用品：分析と概念、実現。機能と使用条件	
領域	環境と持続的発展	
項目	環境と持続的発展に関連する問題を理解するために自分の知識を動員する	
	コンピテンシー3を認証した	

出典：細尾 2012、32頁。
期末に教師集団の話し合いで最終的に決定される。

（4）教育実践の革新をめざした支援や方策

フランスでは、資質・能力を育成する教育実践を進めるためにいかなる支援をしているのだろうか。

①教員の資質向上

フランスの学校は公立学校が中心で、公立学校の教員はすべて国家公務員であるが、教員の資質能力の向上を意図して教員の基礎資格を修士号にする改革が進められている。初等中等教育の教員の養成を担う大学附設教員養成部

(IUFM) は 1990 年に設置された (田﨑 2005)。IUFM は、フランス本土及び海外県・領土に 31 校あるが、2005 年のフィヨン法により大学に統合され、大学の内部の機関となった。IUFM の受験資格として学士号またはそれと同等の資格が必要であり、以前は 1 年目は学生の身分で講義や実習を受け、1 年目の終わりに実施される採用試験に合格した者が 2 年目に進み、研修国家公務員の身分で給与をもらいながら講義、実習を受け、教職専門論文を執筆していた。

それが、2010 年度より教員資格を修士号に引き上げる改革が進められ、2 年間の IUFM は修士課程に格上げとなった (藤井 2014)。それに伴い、IUFM は、2006 年に教員養成の全国大綱基準「教師に求められる職能」の 10 項目にある「知識」「能力」「態度」の最低基準を習得させることが修了の目安となり、アカデミックな教育が重視されるようになった。IUFM の 1 年終了次に実施されていた採用試験は、2 年次に行われるようになり、2 年次の研修教員の身分はなくなった。実践的な力量形成については、採用試験の合格後、1 年間の有給研修教員の身分として初任者研修を受けることを通して行うことになった。

②教育優先地域 (ZEP) 政策

1982 年に、イギリスをモデルに、学業失敗の多い地域を「教育優先地域 (ZEP)」として同定し、学校に優先的に人的・財政的支援を提供する積極的な是正施策を導入した (上原 2010)。初年度は、全国で 362 か所が制定され、幼稚園・小学校の 6.1％、コレージュの 10.2％、職業リセの 8.0％、リセの 1.0％が支援を受けることになった。

ZEP 政策は、1989 年のジャスパン法においても一層の充実が求められた。1999 年には拠点校を中心に、指定校のネットワークを組織し、人材、教材・教具、施設・設備を共有する「優先教育ネットワーク」の制度が導入された。

2005 年のフィヨン法においても、ZEP 政策は支持されており、特に困難な学校を指定する「成功希望ネットワーク」の施策が導入された。これは、コレージュの 1 校と複数の幼稚園・小学校がネットワークをつくるもので、2006 年度には、コレージュの 4.8％の 249 校、幼稚園・小学校の 3.4％の 1,715 校が指定されている。こうして、幼稚園、小学校とコレージュの間の連携や困難な子どものフォローアップなどが強化された。

コラム　個に応じた学習支援

　フィヨン法では、すべての生徒が習得すべき「共通基礎」を設定し、その習得が困難な場合の支援措置が制度化されている。この法律では、習得が困難であると判断される児童生徒に対して、学校が保護者と協力して「教育成功個別プログラム（PPRE）」を実施することが定められている。飯田（2010）をもとにみていくことにする。

　第6学年級を例にすると、PPRE の対象となる生徒の選抜は、①学年初めの診断テスト、②小学校・コレージュ連絡会からの情報、小学校の成績、③コレージュによる生徒の観察をもとに、学習指導陣の協議によって行われる。原級留置になった生徒は原則として全員が対象となり、進級する生徒については共通基礎の修得が困難な生徒が対象となる。

　目標の設定は、当該の生徒にとって到達可能で、優先すべき学習目標が設定される。対象となる教科は原則として基本教科のフランス語と数学、現代外国・地域語で、目標は教科ごとに設定される。また、生徒が受講する授業を担当する教員全体が役割分担し、学習支援に関与する。

　第6学年級では、主なものとして、監督付き実習、個人学習援助、チューター制度や読書時間など、さまざまな学習困難対策が実施されてきたが、PPRE はこれらを再編成し効果的に活用することが求められている。

　資料1は、ポワチエ大学区のサイトから閲覧できる書類である。この資料からは、PPRE の実施期間は3週間から7週間に設定されていること、プログラム実施中に伸ばすべき共通基礎の知識、技能、態度を記入する欄があること、各教科の担当教員の役割を示す欄があり、生徒指導専門員、図書館司書を含むすべての教員が関与することなどがわかる。

　資料2は、「授業外の特別な時間で実施される活動」である。資料からは、PPRE は補習にとどまらず、生徒の学校内外の生活を総合的に考え、多様な支援を提供するプログラムであること、「保護者が行う活動」欄があり、保護者の協力のもとに進められることなどがわかる。

　資料3は、ピテアス・コレージュ（エックス・マルセイユ大学区）で2007〜2008年に使用されていた教職員用の書類である。左の欄をみると、学習目標は「学習指導陣で、そして家庭とともに決定すること」「定められた学習目標は現実的で、生徒により達成可能なものでなければならない」「学習目標は教科に関するもの（フランス語、数学、英語）、生活態度に関するもの（コレージュでの生活、授業中の態度、生徒としての務め…）でありうる」とある。一方、右の欄には、コレー

資料1 PPREプログラム書式例（出典：飯田 2010、112頁）

教育達成のための個人プログラム（PPRE）〔表〕
（名字　名前　年級）に提案
期間：（3〜7週間）／時期：（xxxx年xx月xx日からxxxx年xx月xx日まで）
本プログラムは当該生徒の以下の知識、技能、もしくは態度を伸ばすことを目指す
・（例：共通基礎の中で生徒がすでにはっきりと発達させた態度） ・（例：共通基礎の他の柱で、発達させるべき技能もしくは知識） ・（例：共通基礎の他の柱で、発達させるべき技能もしくは知識）

教室内、日常生活で、学習指導陣によって行われた活動

教員：	学習への援助活動／障害を取り除くための援助活動
美術	
体育	
音楽	
フランス語	
地理-歴史	
現用語	
数学	
生物・地学	
物理	
技術	
司書整員	
生徒指導専門員	
その他	

資料2　PPREプログラムの活動と評価書式例（出典：飯田 2010、113頁）

授業時間外の特別な時間帯に行われた活動

活動の性質	担当者
（例：フランス語の補習）	
（例：フランス担任との面談—説明、追跡調査、動機づけ）	
その他（例：放課後活動など）	

生徒が行う特別な活動

・ ・

保護者が行う活動

・

プログラム紹介日（年月日）
生徒署名　　　　　親署名　　　　　担任署名　　　　　校長署名

教育達成のための個人プログラムの評価

プログラムはどのような知識、技能、あるいは態度をのばすことができたか？

・ ・ ・

このプログラムをどのように継続すべきか？

・

評価実施日（年月日）
生徒署名　　　　　親署名　　　　　担任署名　　　　　校長署名

ジュでの支援活動がリストアップされている。この資料からは、具体的な学習目標と支援活動が家庭との連携をしながら進められていることがわかる。

PPREのプログラムは、担任教員が中心となり、生徒指導補助員なども活用しつつ、家族の協力も得て、全教員が共同で実施するものである。支援が必要な一人ひとりの子どものニーズに応じて、個別の指導計画を立て、すべての子どもに共通基礎を保障していこうという取り組みは注目に値する。

資料3　PPREプログラムの教職員書式例（出典：飯田2010、113頁）

ビテアス・コレージュ
第6年級進行表
教育成功のための個人プログラム
教職員用用紙

姓：＿＿＿＿＿＿＿＿＿　名：＿＿＿＿＿＿＿＿＿　組：＿＿＿＿＿＿

学習目標	支援活動
学習指導陣で、そして家庭とで決定すること。 ―教科に関するもの（フランス語、数学、英語） ―生活態度に関するもの（コレージュでの生活、授業中の態度、生徒としての務め…） でありうる。	活動の数は継続可能なものでなければならない。 ☐ フランス語のリメディアル教育 ☐ 数学のリメディアル教育 ☐ チューター制度 ☐ クラス全体、あるいは原級留置生徒を対象にした2名の教員による授業児の個別指導 ☐ クラス担当の教育補助員による〔学習状況の〕個別検査 ☐ 学校の授業外での活動（放課後の学習指導、地域のアソシアシオンによる宿題への援助、言語障害治療…）

PPREの実施期間：＿＿＿＿＿＿＿＿＿＿＿＿＿＿
日付：＿＿＿＿＿＿＿＿＿＿
両親署名　　　　　　　生徒署名　　　　　　　教員署名

5. 日本への示唆

フランスでは、2005年にフィヨン法が成立し、共通基礎の育成をめざした教育改革が進められている。日本に示唆される点については、例えば以下のものがある。

・前期中等教育で習得すべき知識とコンピテンシーから構成される共通基礎が、すべての児童生徒に保障すべき教育内容の基準として示され、それをもとに教育課程が編成されている。

・教科の枠を横断した領域として、小学校では、地理、歴史、理科などの内容を含んだ総合学習の教科である「世界の発見」、コレージュでは、生徒が課

題を設定してグループで調査活動を行う時間である「発見学習」、リセにおいては国の設定したテーマから生徒が選択して研究を進める「個別課題研究」などがある。
- 共通基礎が習得されたかどうかの評価については、国民教育省から詳細な評価の基準や方法が示されており、各領域・項目ごとの評価課題をもとに明確な手続きに従って評価が実施されている。
- 共通基礎を習得することが困難だと判断される場合には、すべての子どもの学力保障をめざして、PPRE教育成功個別プログラムが作成され、個に応じた支援措置が取られている。
- 学力に課題のある地域を指定して、積極的に人的財政的な支援を行う教育優先政策を実施している。

フランスのまとめ

	資質・能力をめぐる取組の概要
能力の名称	・共通基礎
下位の能力	・五つの内容（①フランス語の習得、②一つの現代外国語の運用、③数学の基礎原理及び科学的技術的教養、④情報通信に関する日常的な技術の習得、⑤人文的教養）と二つの分野（⑥社会的公民的技能、⑦自律性及び自発性）で構成
能力に基づく教育課程への展開	・2006年学校基本法（フィヨン法の成立）、共通基礎の導入 ・2008年　初等学校及び中学校の学習指導要領改訂
教育課程の編成	・教育課程の基準として、義務教育段階ですべての生徒に完全習得させるべき共通基礎の内容を列記。7項目からなる共通基礎の設定。各教科に具体化されている。
対象となる教科・領域	・小学校低学年（第1、2学年）：フランス語、算数、体育・スポーツ、外国語、芸術活動と芸術史、世界の発見 ・小学校高学年（第3〜5学年）：フランス語、算数、体育・スポーツ、外国語、実験科学・技術、人文的教養（芸術活動と芸術史、歴史・地理・公民、道徳教育） ・中学校：必修教科：フランス語、数学、第一外国語、第二外国語、歴史地理公民、生物地学、物理化学、技術、美術、音楽、体育、個別学習指導、発見学習 　自由選択科目：ラテン語、ギリシャ語、地域語、職業体験

教育評価	・個人記録簿の導入 (2008年初等学校、2010年中学校)。小学校2年生、5年生、中学校4年生の終了時に評価、習得証明が「能力の個人記録簿」に記載
その他特徴のある取り組み	・「共通基礎」の習得が困難であると考える場合、教育成功個別プログラムを作成し個に応じた支援措置を提供 ・困難な地域を教育優先政策として指定し、予算を重点配分

引用・参考文献

赤星まゆみ「フランスの教育改革と学力モデル」原田信之編著『確かな学力と豊かな学力』ミネルヴァ書房、2007年、105-128頁。

飯田伸二「教育成功のための個人プログラム (PPRE) ―その理念とコレージュにおける実践」『フランス教育学会紀要』第22号、2010年、101-114頁。

上原秀一「第1部第6章 近年の教育改革―ジョスパン改革からフィヨン改革へ」フランス教育学会編『フランス教育の伝統と革新』大学教育出版、2009年、72-80頁。

上原秀一「フランス」文部科学省生涯学習政策局調査企画課『諸外国の教育改革の動向―6か国における21世紀の新たな潮流を読む』ぎょうせい、2010年、135-174頁。

大前敦巳「フランスの学力向上策と個人化された学習支援の多様性」志水宏吉・鈴木勇編著『学力政策の比較社会学国際編 PISAは各国に何をもたらしたか』明石書店、2012年、79-98頁。

フランス教育学会編『フランス教育の伝統と革新』大学教育出版、2009年。

田﨑徳友「3 フランスの教員養成」日本教育大学協会編『世界の教員養成Ⅱ―欧米オセアニア編』学文社、2005年、49-73頁。

田﨑徳友「世界の教育事情 PISA調査の結果で世界はどう動いたか⑧―フランス編(下)―PISAを教育改革の契機に」『週刊教育資料』No.1276、2013年、22-23頁。

田﨑徳友・金井裕美子「フランスの教育課程」国立教育政策研究所『諸外国の教育課程と資質・能力―重視する資質・能力に焦点を当てて』2013年、37-48頁。

藤井佐知子「CHAPTER2 親と一緒に登校する学校―フランス」二宮皓編『新版 世界の学校教育制度から日常の学校風景まで』学事出版、2014年、26-39頁。

藤井穂高「フランスの義務教育改革をめぐる論点」比較教育学会編『比較教育学研究』第41号、2010年、3-17頁。

古沢常雄「第3部第4章 フランスの教員養成はどうなっているのか」三石初雄・川手圭一編『高度実践型の教員養成へ―日本と欧米の教師教育と教職大学院』東京学芸大学出版会、2010年、205-219頁。

細尾萌子「フランスの新しい学力観―competenceは技能や能力とどのように異なるか」『フランス教育学会紀要』第24号、2012年、29-38頁。

文部科学省『フランスの教育基本法―「2005年学校基本計画法」と「教育法典」』国立印刷局、2007年。

レヴィ・アルヴァレス・クロード「第1部特別寄稿 フランス人の気質と教育への変奏曲」フランス教育学会編『フランス教育の伝統と革新』大学教育出版、2009年、1-15頁。

2.4 フィンランド
── 揺らぐ世界一の学力

　フィンランドは、北欧のスカンジナビア半島の付け根に位置し、日本からもっとも近いヨーロッパの国である。33.7万平方キロメートルの面積（日本の約87％）に540万人の人が住んでいる。国土の70％ほどを森林が占め、多くの湖が点在するため「森と湖の国」と称される。公用語は、フィンランド語とスウェーデン語の二言語で、スウェーデン語を母語とするのは全体の5.5％ほどである。北部のラップランド地方には先住民であるサーミ人が居住しているが、1999年の憲法改正によりかれらの言葉は準公用語となっている。

　フィンランドは、PISA調査によって「世界一の学力」をもつ国として有名になったが、国際学力調査で成績の上位を占めるようになったのは比較的近年のことである。2.4では、短い期間のうちに世界トップクラスの学力を可能にした教育改革を中心に検討するとともに、PISA2012の国際学力調査で明らかになった直面する課題についても触れたい。

1．世界一の学力とPISA2012の衝撃

　フィンランドは、今日でこそ、教育水準の高い国として知られているが、これは、近年の教育改革の成功によるものである。図2-4-1は、フィンランドの教育

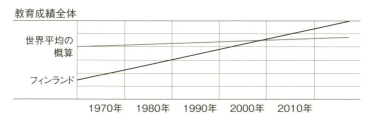

図2-4-1　世界平均の概算と比べたフィンランドの教育改革

改革を在学率、公平性、効率性、学業成績の点から数値化して、世界平均と比べたグラフである（Sahlverg 2012）。

　図2-4-1 からわかるように、フィンランドの教育改革の数値は、1970年代には世界平均に遠く及ばなかった。それが、70年代以降は一貫して改善傾向にあり、1990年代の終わりごろに世界平均に追い付き、2000年以降にはそれを大きく超えながら漸次向上していることがわかる。

　こうした飛躍的な成果が、他のOECD諸国と比べて相対的に短い授業時数と平均的な予算で達成されたことは注目に値する（Sahlverg 2012）。OECDの調査によれば、7歳から14歳の総標準授業時数はOECD加盟国のなかで最短であり、また、公財政に占める教育支出の割合は加盟国のおおむね平均であった。授業時数をかけず平均的な財政支出で成し遂げられた世界一の学力水準は、フィンランドが極めて効率的な教育システムを構築していることの証左であろう。

　この成功は、「フィンランド式教育改革」と呼ばれるという（Sahlverg 2012, pp.144-145）。それは、他のOECD加盟国の多くがとってきた、競争、選択の自由、外部審査、標準テスト、学校のガバナンス（チャータースクールなど）に

表2-4-1　国別ランキングにおけるフィンランドの順位の変遷

	読解力	数学的リテラシー	科学的リテラシー
2000	1	4	3
2003	1	2	1
2006	2	2	1
2009	3	6	2
2012	6	12	5

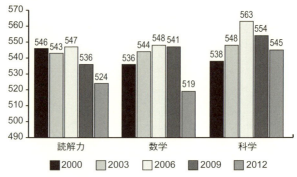

図2-4-2　PISA調査におけるフィンランドの変遷
出典：Sahlverg, 2012, p.129.

重点を置いたものではない。専門家としての教員の育成、学校や教員への信頼の形成、個に応じた指導のあり方、創造性や体験などを重視したものであるところに特徴があるという。

理想として語られるフィンランドの教育であったが、2013年12月に公表されたPISA2012調査の結果は、大きな衝撃をもって受け止められることになる（渡邊2014b, 2014c）。メディアが「上位陥落」と伝えたように、フィンランドの順位は、読解力6位、数学的リテラシー12位、科学リテラシー5位といずれも下落しており、それぞれの得点もまた軒並み大きく低下しているのである。こうした学力低下の原因は何なのか、世界一の学力に陰りが見え始めたフィンランドでは、どのように対処しようとしているのだろうか。

2. フィンランド教育改革の展開

フィンランドはソビエト連邦から1917年に独立した。小さな国が独立国として生き延びるためには、一人ひとりの国民の能力が高いことが求められるとして、フィンランドでは国民の間で教育の重要性についてはコンセンサスがあった。

しかしながら、フィンランドは、PISA2000の調査結果で世界の注目を集める以前には、それほど他に抜きんでた特徴をもつ国ではなかった（Sahlverg 2012）。1970年までには、成人の14％しか高等学校を卒業しておらず、1990年代の初めには、金融危機のために経済的に破綻しかかっていた。それが、1990年代以降、ノキアの成長にみられるように、知識経済に対応した産業構造への転換を成功させている。それを可能にしたのが、国家戦略としての産業政策であり、それを支えた世界のトップクラスに上り詰めた教育水準の高さにあったといえる。

フィンランドでは、教育の機会均等を重視した政策が長期にわたり一貫してとられてきた。1970年代初めには、複線型から単線型への教育制度の改革が実現し、基礎学校制度（ペルスコウル）が新しく策定された。これは、中等学校、市民学校、小学校を、地方自治体による9年制の総合学校に統合するという大きな制度改革であった。それまでの社会階層に対応した普通教育と職業教育とに分化する複線型の学校制度から、すべての子どもに機会が開かれた9年間の単一の総合制への移行は、困難に直面しながらもゆっくりと段階的に進められ

ていった。

　フィンランドは、教員の質の高さでも知られているが、教員養成もまた1970年代の後半から改革が進んでいった（Schwart & Mehat 2011）。1970年代半ばまでは、小学校教員は教員養成大学で、中学と高校の教員は総合大学の教科専門に対応する学部で養成されていた。それが、1970年代の終わりまでには、すべての教員養成課程が総合大学に置かれるようになり、科学的知識に支えられ、教育研究の方法論を重視したものへと変化していった。また、早い時期から、教員免許の条件として修士号の取得を課していた。

　1990年代になると、国による規制緩和が進み、地方や学校の裁量が大幅に認められるようになる（渡邊 2009、2014a）。教育課程に関しても、教科書検定制度の廃止、授業時数配分の弾力化、カリキュラムの大綱化などが推進されていった。このように、学校や教師の自律性が大きくなる一方で、教育の効果を評価する仕組みが導入されていくことになる。教育課程の実施状況を把握するために抽出による全国学力調査が始められ、学校による自己点検のための評価が制度化されていった。この時期、大学入学資格試験、及び、基礎学校の９年生（日本の中学３年生に相当）が受ける全国学力調査の経年的な変化として学力低下が指摘されたことから、教育省（現教育文化省）では学力向上の具体的な施策を進めた。1996～2002年には理科教育の推進を掲げるLUMAプログラムが、2001～2004年には読解力向上を掲げるLUKU-SUOMIプログラムが実施されていった。最初のPISA2000の調査結果が公表されたのはこの時期で、フィンランドは、下位層が他国に比べ少なく、学校間および学校内の格差が小さく、また、子どもの家庭環境や社会経済的背景にあまり左右されないといった高い評価を得ることになるのである。

　そして、国別ランキングで大きく下落したPISA2012の結果が発表された。学力低下については、フィンランド国内で定期的に実施されている全国学力調査の結果などからすでに予想されていた（Hailinen & Arja-Sisko 2013）。原因の一つとして、教育環境の悪化が考えられるという（渡邊 2014b、2014c）。急激な分権化が進むなかで、1996年には予算の配分が総額裁量性となり教育費の使い方が地方にゆだねられ、2010年には一般補助金としての配分方式になり教育費の予算額までが地方の裁量となった。一方で、リーマンショックを契機とした経済不況を背景に厳しい財政運営を迫られる中で、教育費が削減される自

治体も多く、教員の一時帰休や学級規模の拡大などが広がった。こうした教育環境の悪化が、学力低下に帰結する原因の一つと考えられるのである。

PISA2012への対応として、フィンランドでは2014年2月に基礎教育改革を視野に入れ、学力低下の原因を探ることを主たる目的に二つのワーキンググループ（WG）とそれらを統括する運営委員会が立ち上げられている（渡邊2014b）。学力の向上と学力格差を扱う「社会における学力と学習WG」、学力向上に資する学習環境、授業改善、教育方法を検討する「動機付けと教育WG」及び運営委員会での議論を通して、平等な基礎教育を取り戻すことがめざされているのである。

3. 学校制度の概要

ここで、フィンランドの学校制度の概要をみておきたい（例えば、渡邊2014e）。幼児教育は、自治体保育サービス、民間保育サービスなどで行われる。就学前教育は、6歳児を対象に週日4時間、おもに自治体保育所において無料で提供される。

義務教育は、概ね7歳から始まるが、発達に応じて1年早めたり遅らせたりといった措置がとられることもある。

初等教育と前期中等教育は、基礎学校で行われる。1998年の基礎学校法改正（1999年施行）により、初等教育（第1〜6学年）と前期中等教育（第7〜9学年）の区分が外され、9年一貫制となった。新設校は、小中併設の9年一貫校として設立されているが、小中校独立型、中高併設型、小中校併設型などもまだ残っている。

後期中等教育は、普通教育を行う上級中等学校（ルキオ）と職業教育を行う職業学校（アンマッティコウル）がある。職業教育では、天然資源、科学技術と運輸、ビジネスと旅行、観光・ケータリング・家政学、保健・社会サービス、文化、余暇・体育教育の七つのセクターの教育が提供されており、52種の職業資格が取得できるようになっている。高等教育に進学する場合は、大学入学資格試験を受験する。

高等教育は、大学と専門大学（AMK）がある。大学はすべて国立で、総合大学10校、工科大学3校、経済大学3校、芸術系大学4校となっている。AMK

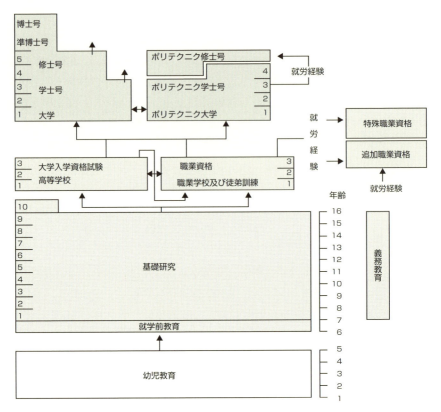

図2-4-3　フィンランドの教育システム
出典：Sahlverg 2012, p.128.

は、1990年代に多様な中等後教育機関を再編統合してできた高等教育機関で、その設立を契機に高等教育進学率が飛躍的に伸びることになった。AMKは職業を志向するもので、地方自治体や法人によって運営されている。

4．資質・能力の育成と教育課程

(1) 育成しようとしている資質・能力

　フィンランドでは、資質・能力をめぐりどのような議論があり、いかなる資質・能力目標を掲げているのだろうか。
　フィンランドでは、1970年に最初の国レベルの教育課程基準が作られて以

表2-4-1　コンピテンシー・モデル

人として・社会の一員としての成長	生きるために必要な知識とスキル	教育の平等などの推進と生涯学習の基礎づくり
・健全な自尊心を備え、バランスのとれた人間になること ・生命、自然、人権の尊重 ・学習、自己及び他者の仕事を尊重すること ・身体的・精神的・社会的な検討と福祉の促進 ・良識あるマナー ・協力するための責任と能力 ・人、文化、集団に対する涵養と信頼 ・積極的な社会参加 ・民主的で平等な社会で行動する能力 ・持続可能な開発の推進	・人間らしい感情と要求、宗教、生活観、歴史、文化、文学、自然と健康、経済と科学技術についての認識 ・実践的スキルと創造性、体育の技能 ・思考力とコミュニケーション・スキルの発達（母語、第二公用語、その他の言語） ・数学的思考とその応用 ・情報通信技術における専門的知識 ・母語以外を教授言語とする場合の当該言語と文化に関する特殊な知識と技能	・個人として、またグループの一員として成長すること、学ぶこと ・情報を自主的かつ批判的に収集すること、協力するうえで幅広く対応できる能力 ・継続的学習および生涯学習に対するレディネスと願望 ・肯定的なセルフ・イメージ ・習得した知識と技能を分析し、活用する能力

出典：渡邊 2013a、52頁。

来、1985年、1994年、2004年とおおむね10年ごとに改訂が行われてきたが、コンピテンシーを基盤とした教育への転換は、1994年版の国家教育課程基準からである（国立教育政策研究所 2014）。1994年版により、詳細に記述されていた教育内容は大幅に大綱化が進み、知識の習得から日常生活における知識の応用へと学力観の転換が図られた。また、「基本スキル」「コア・スキル」「キー・スキル」などの表現があり、OECDのキー・コンピテンシーと共有する能力観を反映するものとなっている。

2004年版の全国基礎教育課程基準におけるコンピテンシーの根拠は、基礎教育の原理原則を定めた『基礎教育法』（1998年）にある（FNBE 2004）。同法2条に、基礎教育の国家目標として、「人として、社会の一員としての成長」「生きるために必要な知識と技能」「教育の機会均等の推進と生涯学習の基礎づくり」の三つが規定されている。この規定を受けて、「基礎教育における国家目標と授業時数配分に関する政令」（2001年）では、それらの詳細が定められているが、3項目に従って箇条書きに整理すると表2-4-1のようになる。

(2) 全国教育課程基準

では、全国教育課程基準は、どのように編成されているのだろうか。

①現行の全国教育課程基準

　フィンランドでは、国の教育課程の基準として、国家教育委員会が全国教育課程基準を作成している（FNBE 2004）。2004年版の全国教育課程基準では、1992年版の基本的な能力観は引き継ぎつつ、裁量が大きくなり混乱を招いたとの反省から、1〜2年といった学年区分で教育の目標や内容が記述されるようになった。また、国家教育委員会が1999年に期待される成果としての「基礎教育評価基準」を示すようになったが、2004年版の国家教育課程基準からは、その中で到達目標としての評価基準が盛り込まれるようになった。

　教科などの構成をみてみると、基礎学校において、母語、第二公用語、外国語、算数、環境・自然科学（第1〜4学年）、生物、物理・化学、地理学、宗教または倫理、歴史（第5〜9学年）、健康教育、現代社会、音楽、美術、手工、体育、家庭科（7〜9学年）を学習する。

　フィンランドの教育課程の特徴として、一つは言語教育が重視されていることが挙げられる。母語については、フィンランド語かスウェーデン語のいずれかの言語を学ぶことが求められる。第二公用語は、フィンランド語話者はスウェーデン語、スウェーデン語話者はフィンランド語となる。

　特徴の二つ目としては、音楽、美術、手工といった芸術系教科の授業時数に、より多くの時間が割かれていることが挙げられる。手工とは、木工と織物を主な内容とするものづくりに関わるものである。フィンランドの学校を訪問すると、芸術系のものづくりの施設・設備の充実ぶりに感心させられる。こうした芸術系教科は、次期の全国教育課程基準においても重視されることになっている。

　三つ目の特徴として、教科横断的テーマが設定されていることが挙げられる。これは、1994年の国家教育課程基準から取り入れられ、改訂のたびに修正が加えられている。2004年版では、「人間としての成長」「文化的アイデンティティと国際化」「メディアリテラシーとコミュニケーション」「参加的市民性と起業家精神」「環境・

エスポー市の基礎学校

表2-4-2 現行の教育課程基準における授業時数配分

	1	2	3	4	5	6	7	8	9	合計
母語	14			14			14			42
A言語			………		8			8		16
B言語			………………………………………						6	6
算数・数学	6			12			14			32
環境	9									31
生物・地理					3		7			
物理・化学					2		7			
健康教育							3			
宗教／倫理			6				5			11
歴史・社会			………………………		3		7			10
音楽	26			4-			3-			56
美術				4-	30		4-			
手工				4-			7-			
体育				8-			10-			
家庭科			………………………………………					3		3
進路指導（キャリア教育）			………………………………………				2			2
選択科目					(13)					13
最小授業時数	19	19	23	23	24	24	30	30	30	222
自由選択（A言語）			………………		(6)		(6)			(12)

※ 数字の横の－はその数字が最小限のものであることを示している。
※ A言語及びB言語は、母語以外の言語教育に関する科目であり、いずれかに第二公用語を含むことが規定されている。
出典：渡邊 2013a、50頁。

福祉・持続可能な未来への責任」「安全と交通」「科学技術と人間」の七つの領域が設定されており、詳細は表2-4-3の通りである（FNBE 2004）。これを前述した三つのコンピテンシーの内容と比較してみると、それらを対応させて教科横断的テーマの内容が設定されているのがわかる。教科横断的テーマの実施にあたっては、国レベルの基準として、授業時間が設定されているわけではないが、地方や学校レベルの自由裁量で実施しているところもある。

エスポー市の高校

表2-4-3　教科横断的テーマの学習内容

テーマ	学習内容
人間としての成長	・身体的・精神的・社会的成長に影響を与える要因、感情の認識とコントロール、精神力や創造力に影響する要因 ・公正と平等 ・美しいものを認識すること、美しいことがらを解釈すること ・学習スキルと長期的かつ、目的意識を持った自己開発 ・他者への配慮、集団における権利・義務・責任、様々な協力の方法
文化的アイデンティティと国際主義	・自身の文化、出身地域の文化、フィンランド人・北欧人・ヨーロッパ人であること ・他国の文化と多文化主義 ・人権及び人種間の信頼・相互尊重・協力を成功に導く要件 ・生活の様々な側面における国際性及び国際的に活躍できるスキル ・マナー文化の重要性
メディアスキルとコミュニケーション	・自身の意見や感情の表現、多様な表現方法や様々な場面におけるそれらの活用 ・メッセージの内容や手段の分析と解釈、コミュニケーション環境の変化、マルチメディア・コミュニケーション ・メディアの役割と社会に与える影響、メディアの描く世界と現実の関係 ・メディアとの連携 ・情報源の信頼性、情報の安全性、言論の自由 ・情報通信技術のツール、その多様な活用法、インターネット倫理
参加的市民性と起業家精神	・学校コミュニティや公共セクター、産業界や各種団体の活動や役割についての基礎知識 ・社会や地域社会における民主主義の意義 ・市民として社会に参加し、影響を与える方法 ・自身の福利及び社会の福利を促進するためのネットワーク化 ・学校や地域の活動への参加と影響及び自らの行動のインパクトについての評価 ・起業家精神とそれらの社会にとっての意義、職業としての起業についての基礎知識、働くことについての手ほどき
環境・福祉・持続可能な未来への責任	・学校や地域社会において、環境にやさしく、経済的で、文化的、社会的に持続可能な開発 ・人間の福利や生活環境に対する個人と社会の責任 ・環境的な価値と持続可能な生活習慣 ・製造や社会、日常生活における環境効率及び製品ライフサイクル ・消費行動、世帯ごとの管理、消費者としての影響を与える方法 ・望ましい未来とそのために求められる選択・行動
安全と交通	・日々の生活において事故・薬物・犯罪から身を守ること ・職場と環境における安全性 ・健康・安全・非暴力・平和を促進する行動モデル ・地域や社会における暴力の影響 ・主な交通規則や多様な交通環境 ・交通に関する慎重な行動、交通環境の安全性や安全装備 ・近隣の環境における危険な場所の把握と安全性の向上 ・安全性を高めるサービス ・安全性を高める家庭と学校間の連携
科学技術と人間	・日常生活・社会・地域の生産における技術 ・科学技術の発展、様々な時代・様々な文化・様々な生活の側面において科学技術の発展に影響を与える要因 ・科学技術的なアイデアの発展・形成・評価、製品ライフサイクル ・情報通信技術と情報ネットワークの活用 ・科学技術に関する倫理・道徳・福祉・平等性の問題 ・未来の社会と科学技術

出典：国立教育政策研究所 2014、113頁。

② 2016年版の国家教育課程基準

次期の国家教育課程基準に向けて、その基盤となる「基礎教育法に基づく国家目標と授業時数に関する政令」が2012年6月に国会において承認され、基礎教育課程基準の改訂に向けた動きが具体化している。

新たな教育課程基準は、2016年8月1日より導入される予定であるが、全国教育課程基準（ドラフト）では、七つの汎用的コンピテンシーが新たに設定されている（渡邊 2014d）。汎用的なコンピテンシーは、資質・能力目標として設定されているのみならず、各教科の内容の記述に対応させて、七つのうちいずれのコンピテンシーの育成をめざすのかが示されている。

> （1）思考力、「学び方の学び」（learning-to-learn）
> （2）文化的コンピテンシー、相互作用、表現力
> （3）自立心、生きるための技能／自己管理・日常活動の管理・安全性
> （4）マルチリテラシー（多元的読解力）
> （5）ICTコンピテンシー
> （6）職業において求められるスキルと起業家精神
> （7）参加・影響・持続可能な未来の構築

（3）教育評価

では、フィンランドでは、国家教育課程基準の効果や児童生徒の成績をどのように評価しているのだろうか。

①質の保証と学力テスト

フィンランドでは、質保証の政策として、悉皆の学力調査や学校の査察（inspection）などを実施していない（Schwart & Mehat 2011）。査察については、1990年代初頭にその制度が廃止されている。トップダウンの形でコントロールするのではなく、情報を提供して、学校や教師自身による自己評価を推進することを重視している。

国家教育課程基準の実施状況を把握するにあたっては、1998年より抽出による全国学力調査は実施されている（渡邊 2011）。この調査は、国家教育課程基準の目標の到達度を測定するものとして設計されたもので、第6学年または第9学年における母語及び算数・数学で実施されるが、必要に応じて外国語など

の科目を含めたり、他の学年を対象に実施されたりすることもある。また、教科のテストとともに、校長、教師、児童・生徒への質問紙調査も併せて実施される。結果は、国レベルでは教育政策を決定していく際の基礎資料として、学校レベルでは学校改善のためのデータとして活用される。

フィンランドでは、これまであった評価機関を統合して、第三者評価機関として教育評価センターを2014年に設置することにしている。対象は、就学前教育から大学までのすべての教育分野をカバーするものである。センターでは、学習の成果をモニターするために、国際的及び国内的な評価活動を実施することになっている。

②到達目標の評価

教育課程の大綱化により、自治体や学校の自律性が高まったことを背景に、質を保証する仕組みの必要から、2004年版の国家教育課程基準において到達目標が示されるようになった（渡邊 2011）。教科及び学年区分ごとの到達目標としての「期待される成果」が設定されている。これらの基準は、全国的に用いられている4～10の7段階評価に対応する形で設定されている。すなわち、到達目標は、4（不合格）、5（及第）、6（まあまあ）、7（普通）、8（良い）、9（非常に良い）、10（優秀）のうち、8（良い）のレベルで設定されることになっているのである。

保護者には、学年末あるいは途中に、成績が通知表の形で連絡される。通知表に記される成績評価についても、4～10の7段階で行うことになっている。課程を修了するには、5以上の成績をとることが求められており、複数の教科で不合格になると原級留置となる可能性がある。なお、普通高校（ルキオ）への進学は、評定の平均が7.0以上であることが求められている。

（4）教育実践の革新をめざした支援や方策

フィンランドでは、資質・能力を育成する教育実践を進めるためにいかなる支援をしているのだろうか。

①個別のニーズの把握ときめの細かい指導、特別支援教育の充実

児童生徒の個別のニーズの把握とそれに応えたきめの細かい指導が重視され

ることがフィンランドの特徴として挙げられる（堀家・山本 2012）。教師志望の学生は、教員養成課程において、特別な教育ニーズをもつ児童生徒に関しての基礎知識と指導スキルを学ぶことになっている。そして、教師になると、アセスメントを通して、子どもの学力の状況を把握し、補習授業として別室での授業や早朝の補習授業などを行うなど、早期の対応に力が注がれている。また、フィンラドでは特別支援教育が充実しており、通常学級と特別支援の垣根は低く出入りが容易で、課題を克服した生徒が通常学級にもどることも頻繁にみられるという。

　また、基礎学校での9年間の学習の後、内容がうまく習得できなかったり、進学が希望通りにいかなかったりした場合に、1年間の「補習教育」あるいは「10年生プログラム」が準備されている。このプログラムは再履修により、基礎学校での教育内容を習得することを目的として、国によってカリキュラムが作成されている。このプログラムを通して成績を上げることもでき、2～3%の程度の生徒がこの学習プログラムを選択している。

②教員の質の高さ

　フィンランドの教育の成功は、教員の質が高いことによるところが大きい（Schwart & Mehat 2011）。教職は魅力的な職業として認知されており、優秀な学生が入学してくる。2010年には八つの教員を養成する大学における小学校の教員養成プログラムの660の定員に対し、6,600人の応募があったという。

　フィンランドでは、教員になる要件として早い時期から修士号が求められていた。教員養成プログラムは、教育学と専門教科の両方の専門性が重視され充実している。小学校教員は教育学を主専攻とするが、少なくとも3教科を副専攻とすることが求められる。中学校以上の教員は、将来教える教科を主専攻とするが教育学の学習も十分に行う。

　フィンランドの教員養成の特質として、ⅰ．教師が自らの教育実践を探究していけるように研究ベースであること、ⅱ．教科に具体的な教育内容の教授法を重視すること、ⅲ．学習困難な生徒を診断し、学習ニーズに合わせた指導の訓練を受けていること、ⅳ．問題解決を重視した1年間の教育実習が充実していることが挙げられるという（pp64-95）。

コラム　学び方の学びに関する研究

　フィンランドは、1990年代より、「学び方の学び (learning to learn)」といった能力を測定しようという研究が進められている (Hautamaki 2014)。学び方の学びは、EUのキー・コンピテンシーの八つのうちの一つとして取り入れられているもので、また、2016年版の全国教育課程基準（ドラフト）では、七つの汎用的コンピテンシーのうちの一つとして「思考力、「学び方の学び」(learning-to-learn)」が位置づけられている。

　フィンランド国家教育委員会は、教育の効果を評価するための戦略として、それまでの教科に焦点をあてたものではなく、生涯生活者として必要な資質・能力を評価する方法の必要性を検討していた。そこで、国家教育委員会では、1995年に、学び方を学ぶコンピテンシーと生涯学習のための動機づけをめぐる最初の

表2-4-4　ヘルシンキ大学教育評価センターによるLearning-to-learnの例題

コンピテンシー	例題
読解力	
マクロ処理	次の文のうち、あなたが読んだ文章を最も上手く描写しているのはどれですか。
リテラシー	読んだ内容を踏まえて、次の意見が正しいか、間違っているかを答えてください。
数学的思考	
公式に基づく方程式の解	$X<Y$の場合 X lag $Y=X+Y$であるが、$X≥Y$の場合 X lag $Y=X-Y$である時、 4 lag 7はいくつですか？
記号や公式による推論	2#1=3 この計算では#は：　　　　□lag　　□sev
推論スキル	
演繹的推論	全ての素粒子は赤い。 全ての赤い物質は太陽の下で溶ける。 結果として：　　　　　　　　　　　□はい　　□いいえ 1. 素粒子は太陽で溶ける 2. 全ての赤い物質は太陽の下で溶ける 3. 太陽の下で溶ける全ての物質は素粒子である
必要な情報の識別	シナモンロールは近所の店で1個1ユーロで売られています。 リーサは5ユーロでいくつシナモンロールを買えますか？ 　A. 問題は解けない。なぜなら与えられた情報が十分ではないから。 　　B. 問題は解ける。情報も適切である。 　　C. 問題は解ける。しかし、明らかに不要な情報がある。
変数の効果の推論	ドライバーはライコネン、車はフェラーリ、タイヤはミシュラン、コースはモナコ。これに相当する追跡者を考えるとどのような組み合わせが必要ですか？

出典：国立教育政策研究所 2014、117頁。

枠組みを作成し、学び方の学びに焦点をあてた一つのプロジェクトを立ち上げることになる。学び方の学びは、教科のどの領域にも属さないもので、むしろすべての学校の教科に共通する教育学的な目標として捉えるものである。折しもEUやOECDでの議論の中で、学び方の学びが生涯学習の先駆けとして教科横断的なコンピテンシーにおいて中心的な位置をもち始めていた時期であった。

国家教育委員会は、1996年にヘルシンキ大学の研究グループに、学び方の学びの枠組みとその評価のツールを開発する課題を依頼することになるが、これが同大学教育評価センターの設立につながっている。評価センターでは、2002年に『学び方の学びの枠組み』を出版している (Hautamaki 2002) が、そこでは、学び方の学びは、「新たなタスクに適応する能力・意欲、積極的に思考しようとすること、希望の視点（技能や能力の活用や、与えられたタスクに対するそれらの効果に影響を与える情動的な力や動機づけの力を高めたり、抑制したりするバランス）」と定義されている。学び方の学びは、基本的な知識と（思考）スキルのような認知的要素及びこれらの能力の活用を方向付ける情意的要素から構成される。

こうした概念枠組みをもとに開発されたテストは、教科横断的な学習コンピテンシー（論理的思考力、数的思考力、読解力）を測定するものとしてデザインされており、同調査は、主として基礎学校の最終年度（第9学年）を中心に実施されている。調査では、同一校、同一サンプルで調査を行い、経年的な変化の分析を行っているが、2013年11月、2012年春に実施した調査の結果が公表され、2001年と比較して大幅に低下している状況が明らかとなった。こうした結果は、メディアでも大きく扱われるなど、世論の注目度も高まっているという（国立教育政策研究所 2014、116頁）。

5. 日本への示唆

フィンランドでは、1994年の国家教育課程基準におけるコンピテンシー型の教育への転換、2001年のコンピテンシー・モデルの提示を経て、コンピテンシーの育成をめざした教育改革が進展している。日本に示唆される点は、例えば以下が挙げられる。

- 1990年代の半ばという早い時期からコンピテンシーに基づく教育が取り入れられており、「基礎教育法」(1998年)→「基礎教育における国家目標と授業時数配分に関する政令」(2001年)→国家教育課程基準のような経過を経て、コンピテンシーが教育目標として法的に位置付けられるようになった。

- 今日的なコンピテンシーとして重視されているものに創造性があるが、フィンランドでは、創造性の育成のために、ものづくりを中心とした芸術系教科の重要性に着目して多くの時間を割いている。
- 教員の質の高さが重要であることが明らかになってきているが、早い時期より修士号を教員資格の条件としており、また、初等中等学校の教員ともに、教育学と専門教科の両方の専門性の向上が重視されている。
- 児童生徒のニーズの把握と個に応じた指導が充実しており、きめの細かな学力保障に向けた指導が重視されているため、学校間や個人間の学力格差が小さいものと推察される。
- 国家教育委員会では、コンピテンシーの中核として「学び方の学び」を位置付け、1990年の半ばからヘルシンキ大学評価研究センターに委託して評価方法の研究が進められており、その成果が教育実践に活かされている。

フィンランドのまとめ

	資質・能力をめぐる取組の概要
資質・能力の名称および構成要素	・コンピテンシー ・人として・社会の一員としての成長、生きるために必要な知識とスキル、教育の平等の推進と生涯学習の基礎づくり 　(1) 思考力、「学び方の学び」(learning-to-learn) 　(2) 文化的コンピテンシー、相互作用、表現力 　(3) 自立心、生きるための技能／自己管理・日常活動の管理・安全性 　(4) マルチリテラシー（多元的読解力） 　(5) ICTコンピテンシー 　(6) 職業において求められるスキルと起業家精神 　(7) 参加・影響・持続可能な未来の構築（2016年版国家教育課程基準［草案］）
能力に基づく教育課程への展開	・1994年国家教育課程基準からコンピテンシー型へ転換 ・2001年コンピテンシー・モデルの提示 ・2016年版国家教育課程基準（草案）七つのコンピテンシーの教育課程への埋め込み
教育課程の編成	・コンピテンシーを基礎教育の国家目標として明示 ・各教科の内容に埋め込まれるとともに、科目横断的テーマを設定。 ・期待される成果として評価基準を各教科及び学年区分ごとに明示

対象となる教科・領域	• 母語、A言語、B言語、算数、数学、環境、生物・地理、物理・化学、健康教育、宗教／倫理、歴史・社会、音楽、美術、手工、体育、家庭科、進路指導、選択科目 教科横断的テーマ：人間としての成長、文化的アイデンティティと国際主義、メディアスキルとコミュニケーション、参加的市民性と起業家精神、環境・福祉・持続可能な未来への責任、安全と交通、科学技術と人間
教育評価	• 1998年より全国学力調査の実施、5～10％抽出、母語、数学、外国語 　対象　3、5、6、9、高校生
その他特徴のある取り組み	• 教科専門の内容と教育学の双方を十分に学ぶ専門性の高い効果的な教員養成プログラムの実施 • 学力格差を小さくしている個別のニーズの把握ときめの細かい指導、及び、特別支援教育の充実

引用・参考文献

国立教育政策研究所「資質や能力の包括的育成に向けた教育課程の基準の原理」『教育課程の編成に関する基礎的研究　報告書7』（研究代表者勝野頼彦2011～2015年度国研プロジェクト研究）、2014年。

福田誠治『フィンランドはもう「学力」の先を行っている』亜紀書房、2012年。

堀家由妃代・山本房代「フィンランドの教育—PISAの成功から学びうること」志水宏吉・鈴木勇編著『学力政策の比較社会学［国際編］　PISAは各国に何をもたらしたか』明石書店、2012年、126-160頁。

松本真理子、ソイリ・ケスキネン編著『フィンランドの子どもを支える学校環境と心の健康』明石書店、2013年。

渡邊あや「フィンランドの教育改革と学力モデル」原田信之編著『確かな学力と豊かな学力』ミネルヴァ書房、2007年、129-150頁。

渡邊あや「生涯にわたる学びのビジョン—世界の学力論議をリード　フィンランド」佐藤学・澤野由紀子・北村友人編著『揺れる世界の学力マップ』明石書店、2009年、79-99頁。

渡邊あや「フィンランド」国立教育政策研究所『諸外国における教育課程の基準』2011年、77-89頁。

渡邊あや「フィンランドの教育課程」国立教育政策研究所『諸外国の教育課程と資質・能力—重視する資質・能力に焦点を当てて』2013a年、49-56頁。

渡邊あや「フィンランド」文部科学省『諸外国の教育行財政—7か国と日本の比較』2013b年、215-235頁。

渡邊あや「世界の教育事情　PISA調査の結果で世界はどう動いたか⑮—フィンランド編㊤—PISAが守った平等志向の教育制度」『週刊教育資料』No.1291、2014a年、22-23頁。

渡邊あや「世界の教育事情　PISA調査の結果で世界はどう動いたか⑯—フィンランド編㊦—新たな課題—顕在化する格差」『週刊教育資料』No.1293、2014b年、22-23頁。

渡邊あや「格差の拡大と学力低下『PISAの優等生』フィンランドが直面する課題」時事通信社『内外教育』第6330号、2014c年4月25日、10-12頁。

渡邊あや「フィンランドの動向——2016年版(草案)を中心に」(配布資料)国立教育政策研究所・国際研究成果報告会「教育課程の編成に関する基礎的研究」国際研究班(2014d年6月11日、文部科学省)。

渡邊あや「CHAPTER3　高い学力と平等性を誇る学校——フィンランド」二宮皓編『新版　世界の学校　教育制度から日常の学校風景まで』学事出版、2014e年、40-47頁。

Pasi Sahlverg（大塚尚子・裵岩晶訳）「フィンランド：経済競争力のための競争なき教育」経済協力開発機構(OECD)編　（渡辺良監訳）『PISAから見える、できる国・頑張る国2』明石書店、2012年、125-149頁。

Finnish National Board of Education, *National Core Curriculum for Upper Secndary*, 2003.

Finnish National Board of Education, *National Core Curriculum for Basic Education* 2004.

Hailinen & Arja-Sisko, *Curriculam Balance based on Dialogue, Coorperation and The Case of Finland*, CIDREE Yearbook 2013.

Hautamaki, J. *et al.*, *Assessing Learning-to-Learn: A Framework*. Centre for Educational Assessment, Helsinki University in collaboration with the National Board of Education, 2002.

Hautamaki, J. & S. Kupiainen, *Learning-to-Learn in Finland: Theory and Policy, Research and Practice*, In R. D. Crick, C. Stringher & K. Ren (Ed.) *Learning to Learn: International perspectives from Theory and Pracitce*, 2014, pp. 170-194.

Schwart, R. B. & J. D. Mehat, Finland Superb Teachers: How to Get them Use Them, In M. S. Tucer (Ed.). *Surpassing Shanghai: An Agenda for American Education Built on the World's Leading Systems*, Harvard Education Press, 2011.

第3章
21世紀型スキルの影響の大きい北米の教育改革

　21世紀型スキル運動の影響の大きい地域として、北米が挙げられる。アメリカでは、連邦レベルで、コモンコア・ステイトスタンダードと21世紀型スキルを推進する運動が展開している。カナダでは、連邦レベルの動きはないものの、21世紀型スキルを中心として、今日的な能力を育成することがめざされている。
　本章では、3.1 アメリカと3.2 カナダ（オンタリオ州）の教育改革の動向について検討したい。

3.1 アメリカ合衆国
——コモンコア・ステイトスタンダードと21世紀型スキル

　アメリカ合衆国（以下、アメリカと略す）は、北アメリカ大陸に位置し、50の州とDCから構成されている。面積は、371.8万平方マイル（962.8万平方キロメートル、日本の約25倍）で、3億1,391万人（2012年）の人口を有する。東部のアパラチア山系、南部のロッキー、シエラネバダ山系、その中間にミシシッピ流域の中央平原が位置づく。人種・民族構成は、白人が75.1％、ヒスパニックもしくはラティーノが12.5％、黒人／アフリカ系アメリカ人が12.3％、アジア系が3.6％、先住アメリカ人が0.9％などとなっている。

　アメリカは連邦制をとっており、教育の権限は州にあるが、近年、連邦のリーダーシップにより学力向上をめざしたスタンダードに基づく教育改革が展開してきた。3.1では、コモンコア・ステイトスタンダード（the Common Core States Standards、以下CCSS）と21世紀型スキル運動に焦点をあてて検討したい。

1. ばらばらの教育スタンダード

　アメリカでは、『危機に立つ国家』（1983年）を契機に、経済の国際競争力を高める国家戦略として教育改革が注目を集め、90年代以降は、連邦政府のリードのもと、全米でスタンダードに基づく教育システムの構築が進められてきた。とくに「落ちこぼれを作らないための初等中等教育法（No Child Left Behind Act: NCLB）」の成立により、スタンダードを中心とした教育システムづくりは大きく進んだ。

　その一方で、教育の権限が州にあるアメリカでは、教育スタンダードの目的や内容、難易度や記述の仕方などが州の裁量に任せられているため、教育スタンダードをめぐっては、その水準の引き上げ、及び、州間の格差の是正が大きな課題となっていた。この課題は、例えば、各州の8学年の州評価の「習熟」の

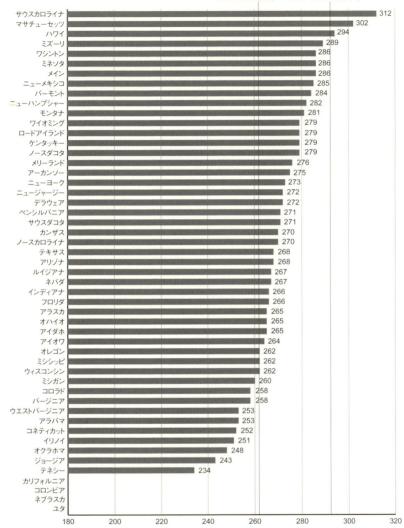

図3-1-1　NAEP得点に換算した州スタンダードの習熟レベル
出典：http://www2.ed.gov/policy/elsec/leg/blueprint/college-career-ready.pdf, Sep. 21. 2010.

レベルを全米学力調査（NAEP）の得点に換算した図3-1-1をみるとよくわかる。
　すなわち、第一に、NCLB法の厳格な要件を満たすために、教育スタンダードの水準を著しく低く抑えている州が多いことが推察される。図3-1-1にみら

れるように、NAEPで設定されている習熟（proficiency）の水準より高いのは、サウスカロライナとマサチューセッツの2州しかなく、各州の教育スタンダードは、相対的に低く設定されているのがわかる。そのため、例えば、10人のうち4人の大学新入生は入学後に補充コースを履修しており、雇用主の多くは高卒生は職業への準備ができていないと考えているといった調査結果もあるなど、大学や職業へのレディネスのある教育スタンダードにはなっていなかったといえる（松尾 2010）。

　第二に、図3-1-1の棒グラフからも明らかなように、教育スタンダードの州間の格差も著しい。例えば、ミシシッピ州とマサチューセッツ州を比較してみると、2004－5年度、4年生の読みの州評価で「習熟」に達していたのは、ミシシッピ州では89％であった一方で、マサチューセッツ州は50％であった。他方で、全米学力調査（NAEP）の成績ではマサチューセッツ州は全米でトップであり、ミシシッピ州は下から2位であった。この例にみられるように、各州の教育スタンダードには州間格差が大きいため、習熟レベルに達していることの判定がほとんど意味をもっていなかったのである。

　以上のように、アメリカでは教育スタンダードの水準を高めるとともに、州によって大きくばらついている基準をいかに揃えていくのかが、大きな課題となっていたのである。

2．アメリカ教育改革の展開

（1）スタンダードに基づく教育改革

　アメリカでは、レーガン政権下における、低迷する教育の状況を告発した連邦教育省報告書『危機に立つ国家（Nation at Risk）』（1983年）の発表を契機に、学力水準の向上を目的とした教育改革が、かつてない規模で展開している（松尾 2010）。経済の国際競争力を高めるために、国家戦略として、優秀（excellence）と平等（equality）の双子の目標の実現に向け、すべての学習者の学力向上がめざされてきたのである。

　優秀と平等をともに希求する教育改革の流れは、政権による温度差はあるものの長期にわたって持続してきた。全米の知事や財界のリーダーを招集したブッシュ（George W. H. Bush）政権下での「教育サミット」の開催（1989年）及

び「全米教育目標」の設定 (1990年)、その目標達成へ向けたクリントン政権下での「2000年の目標　アメリカ教育法」や「アメリカ学校促進法」の制定 (1994年)、さらに、ブッシュ (George W. Bush) 政権によるNCLB法の制定 (2002年)など、連邦のリーダーシップのもとに、スタンダードとアカウンタビリティに基礎を置いた教育改革が強力に推し進められてきたのである。

　現行のスタンダードに基づく教育改革の枠組みは、NCLB法に基づくものである。NCLB法は、おおむね5年ごとに繰り返されてきた初等中等教育法の修正で、2002年にブッシュ政権において成立した。その目的は、教育スタンダードに対応した学力評価を実施して厳しいアカウンタビリティを課すことで、不利な状況に置かれた子どもとそうでない子ども間の学力のギャップを埋めることにあった。

　NCLB法では、州の設定する教育スタンダードに基づいた学力テストを毎年実施して、その進捗状況である「十分な年間進歩 (annual yearly progress: AYP)」の報告を義務づけている。AYPにおいて連続してその目標に達しないと段階的な是正措置がとられることになっている。厳格なアカウンタビリティを課すNCLB法の成立によって、全米のスタンダードに基づく教育改革は、学力テストのデータを活用した目標管理システムを構築するという点で大きく進展することになった。その一方で、教育スタンダードの開発は州にまかされているため、前述のようにその水準を意図的に低く設定する州も多く、大きな州間格差を生じさせることになっていたのである。

　こうした教育スタンダードの水準の向上と州間の格差を是正するために、オバマ政権では、後述のCCSSを支援していくことになる (篠原 2012)。同政権では、リーマンショック後の経済対策として成立したアメリカ再生・再投資法において、「頂点への競争 (race to the top)」と呼ばれる競争的資金等を設けることで教育政策を方向づける戦略をとってきた。すなわち、この連邦補助金は、教育スタンダードと評価システム、教員政策、学力向上・アカウンタビリティ、ターン・アラウンド (低実績の学校の再建) の四つの主要な政策を促す改革案の採用を各州に求めるものであった。同補助金の選考基準には、共通の教育スタンダードやアセスメントの開発と実施に関する項目があり、CCSSやそれに基づく評価システムの普及に大きな役割を果たすことになったといえる。

（2）資質・能力の育成をめぐる二つの流れ

連邦レベルの資質・能力の育成を推進する動きとして、ここでは、CCSSと21世紀型スキル運動の二つを取り上げたい。

①コモンコア・ステイトスタンダード（CCSS）

PISA2006の結果が発表された日、ワシントンDCのナショナル・プレスクラブで、「トップの座からの転落：アメリカの生徒は経済のグローバル化への備えができているのか？」と題する集会が六つの団体共同で開かれた（佐々木2013）。元ウエストバージニア州知事（民主党）で教育改革の必要を訴えてきたAEE（Alliance for Excellent Education）代表ワイズ（B. Wise）が司会を務め、OECD教育局指標分析課長でPISAの責任者であったシュライヒャー（A. Schleicher）も特別ゲストとして招かれ、PISA2006の分析結果を詳細に紹介した。アメリカではPISAショックと呼ばれる現象はなかったが、国際的に見たアメリカの教育をめぐる危機的な状況と国際比較やPISAを重視すべきであるという同集会の主張は、全米的にも次第に受け入れられていくことになる。

上述の六つの団体の中に、CCSSの開発を進めることになる州の利益を代表する全米知事会（NGA）と全米州教育長協議会（CCSSO）も参加していた（佐々木2013）。NGAやCCSSOは、2009年に大学や職業へのレディネスを保障する教育スタンダードの開発を検討する「CCSS構想」を立ち上げることになる。

教育の権限が州にあるアメリカでは、ナショナルスタンダードをつくることは、州の主権に関わる問題であった。一方で、州ごとにばらばらな教育スタンダードの水準を調整する必要があった。こうした状況に応え、各州の利益団体であるNGAとCCSSOは、連邦のイニシアチブとしてではなく、各州の自発的な総意として全米スタンダードを開発することを構想したのである。

NGAとCCSSOのリードにより、英語／言語技能と数学に関する州の枠を越えて共通のコアスタンダードが開発された。CCSSを採択するかどうかは各州の判断に任されていたが、連邦教育省によるRace to the Topと名付けた州間の競争的資金（約40億ドル）を獲得するのに有利なこともあり、採択する州は大きく増加し、現在では43州とDCがすでに採択するまでに至っている。こうして、大学・キャリアに準備のできた教育スタンダードを設定する動きが全米で大きく進んだのである。

さらに、CCSSに対応した評価システムの開発も進行していった。パーク（Partnership for the Assessment of Readiness for College Careers）とスマーター・バランスト（The SMARTER Balanced Assessment Consortium）の二つのコンソーシアムにおいて、新しい評価システムの開発が進められており、2014－2015年度から多くの州で実施の運びとなっている。これらの評価システムは、NCLB法の反省に立ち、生徒の高次の思考、成長や進歩を捉え、パフォーマンス課題も加味したもので、教師の指導の改善にも生かせる評価をめざすものである。

② 21世紀型スキル運動

　CCSSとともに、今日的な資質・能力の育成をめざした全米レベルの動きに、1章で取り上げた21世紀型スキル運動が挙げられる。21世紀型スキルパートナーシップ（P21）による教育改革運動は、アメリカ教育省も立ち上げメンバーに名を連ねるもので、世界的な経済の低迷を背景に教育予算がきびしく削減される状況にもかかわらず、各州へも大きな広がりをみせている。2005年にノースカロライナ（NC）とウエストバージニア（WV）の州がパートナーとなり、2007年にメイン（ME）、マサチューセッツ（MA）、サウスダコタ（SD）、ウィスコンシン（WI）が加わり、現在ではアリゾナ（AS）、イリノイ（IL）、アイオワ（IA）、カンザス（KS）、ケンタッキー（KY）、ルイジアナ（LA）、ネバダ（NE）、ニュージャージー（NJ）、オハイオ（OH）、サウスキャロナイナ（SC）、バーモント（VT）の計17州が参加している。これらの州は、P21と連携を取りながら、教育スタンダード、評価、専門研修、ICTなどに、21世紀型スキルを活用する取組を推進しているのである。

　例えば、ウエストバージニア州では、21世紀型教育を推進するために、教員の研修に力を入れており、州教育局では州の教師全体を対象に21世紀型スキルに関する夏季の集中研修を行い、その年度にオンラインによるフォローアップのコーチングをしたという。また、同州では、学校の実践を支援するためのTeach 21というウェブサイトを提供している[3]。

3. 学校制度の概要

　ここで、アメリカの学校制度の概要をみておきたい（例えば、岸本2010、2013）。教育に関する権限が州にあるアメリカでは、地方分権を基本とした教育制度を

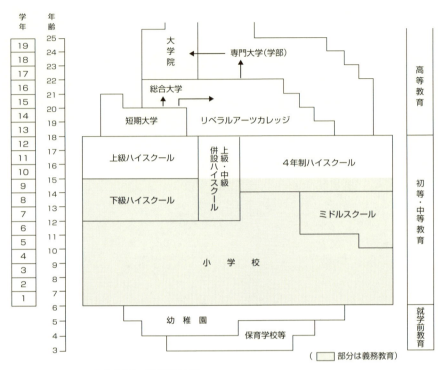

図3-1-2　アメリカ合衆国の学校系統図
出典：岸本 2010、18頁。

とっている。就学前の保育プログラムは、大きくは二つに分けることができる。一つが、公営によるもので、連邦政府が進めている保育事業のヘッドスタートプログラム、及び、州政府や学区教育委員会の就学前教育プログラムであるキンダーガーテンとプリキンダーガーテンであり、二つが、民間による保育プログラムで、幼稚園、保育所、家庭的保育、家庭内保育などである（深堀 2008）。キンダーガーテン（K）は通常公教育として小学校の一部に組み込まれており、K－12学年（日本の高校3年に相当）という制度設計になっている。

　義務教育の規定は州によって異なる。就学開始年齢は7歳が最も多いが、6歳児の大半が就学している。義務教育年限は9〜12年で、9年または10年が最も多い。

　初等・中等教育は合計12年で、その形態は①6－3（2）－3（4）年制、②8－4年制、③6－6年制、④5（4）－3（4）－4年制に分けられる。歴史的

には 8 - 4 年制が主流であったが、その後 6 - 6 年制、6 - 3（2）- 3（4）年制が増加し、近年はミドルスクールの増加により 5（4）- 3（4）- 4 年制が一般的になっている。

　高等教育では、総合大学、それ以外の 4 年制大学、短期大学がある。総合大学は、教養学部のほか専門職大学院、大学院から構成される。それ以外の 4 年制大学は専門職大学院をもたない単科大学であり、主に教養教育を行うリベラルアーツカレッジが含まれる。短期大学には、コミュニティカレッジ、テクニカルカレッジ、ジュニアカレッジがある。大学の数は、第二次大戦後一貫して増加しており、2007 年には、機関数で 4,352 大学、在学者数で 1,825 万人に達している。

4．資質・能力の育成と教育課程

（1）育成しようとしている資質・能力

　アメリカでは、資質・能力をめぐりどのような議論があり、いかなる資質・能力目標を掲げているのだろうか。

　CCSS は、州によって基準の異なるパッチワークではなく、全米で共通な大学・キャリアレディネスを定義するスタンダードの枠組みを提供することを意図している。CCSS は、大学の入門レベルのコース、職場での研修プログラム、キャリアの第一歩での職務を遂行するのに準備ができたレベルの明確な知識やスキルを定義するものである。CCSS では、まず、大学・キャリアレディネススタンダード（college and career readiness standards）が開発され、次に、それが K-12 スタンダードに編入されて、今日の英語言語技術と数学のスタンダードとなっている。

　CCSS は、21 世紀型スキルをできるだけ反映させることに配慮している。ここで 21 世紀型スキルとは、第 1 章の 1.2 で検討した P21 による教育改革運動で推進されているこれからのデジタル社会で求められる資質・能力である。この運動を基礎づける 21 世紀型スキルの基本的な考え方については、2003 年にLearning for the 21st Century Learning が出され、21 世紀型学習についての全米的な議論を促し検討を重ねた結果、2007 年に 21 世紀型スキル運動を推進するよりどころとなる理念的な柱として前述の「21 世紀型学習のための枠組

表3-1-1　21世紀型スキルの構成要素

①学習とイノベーションスキル	○批判的思考と問題解決 ○コミュニケーションと協働 ○創造とイノベーション
②情報・メディア・テクノロジースキル	○情報リテラシースキル ○メディアリテラシースキル ○ICTリテラシースキル
③生活とキャリアスキル	○柔軟性と適応性 ○進取と自己方向づけスキル ○社会／文化横断的スキル ○生産性／アカウンタビリティスキル ○リーダーシップと責任スキル

出典：Trilling & Fadel 2009, pp.45-86.

み」が開発されている。21世紀型スキルには、表3-1-1のように、①学習とイノベーションスキル、②情報・メディア・テクノロジースキル、③生活とキャリアスキルの三つがある。

　CCSSは、こうした21世紀型スキルで検討されている三つの構成要素の内容を含むものとなっているという（佐々木・佐藤 2013）。

（2）英語言語技術と数学のCCSS

　では、CCSSは、どのように編成されているのだろうか。

　CCSSは、大学、職場、社会生活において成功するために、何を知っているべきか、何ができるべきかについての到達目標を示したもので、英語言語技術と数学の二つのスタンダードがある。CCSSは、児童生徒が成功するために必要な批判的思考力、問題解決、分析的なスキルに焦点を当てている。CCSSの特徴として、①研究−証拠に基づき、②明確で、理解可能で、一貫したもので、③大学やキャリアの期待に対応しており、④高次の思考スキルを通した挑戦的な内容と知識の応用に基づき、⑤現在の州スタンダードの強みと教訓の上に構築されており、⑥グローバルな経済や社会の中で成功するために実績を挙げている学力のトップレベルの国々から学んでいる、などがある。

　英語言語技術のスタンダードは、K−5学年の英語言語技術、6−12学年の英語言語技術、6−12学年の歴史／社会科、科学、技術の教科から構成されている。それぞれの部分は、ストランドに分かれている。K−5学年、6−12学年の英語言語技術は、読み、話す・聞く、書く、言語、また、6−12学

年の歴史/社会科、科学、技術の教科は、読みと書きに関するものである。

　英語言語技術のスタンダードの特徴として挙げられるのは、第一に、複雑なテキストや学問的な用語で通常の授業を行うということである。単に読み書きのスキルを学ぶのではなく、大学、職場、社会生活の中でますます必要となってきている複雑なテキストや専門的な言葉と関連づけて学ぶことが意図されている。第二に、リテラシーや情報の両面で、テキストからの証拠に基づいて読み、書き、話すことを重視している。質問に答える際に、テキストを注意深く読み、テキストにある情報、考え、詳細を証拠に基づいて言語活動を行うことに注意が払われている。第三に、内容が豊富なノンフィクションを通して知識を構築することをねらっている。K－5学年までは文学とノンフィクションが半々であるが、6－12学年ではノンフィクションにより重点が置かれている。また、前述のように、6－12学年には歴史/社会科、科学、技術の教科のリテラシースタンダードがあり、これらの学問分野でのテキストを通した読み書き能力を向上させることをねらっている。なお、同スタンダードは、英語言語技術において扱うこともできるし、それぞれの教科の中に挿入することもできるようになっているが、いずれを選択するかは州の判断に任せられている。

　数学のスタンダードは、K－2学年は加法と減法、3－5学年は乗法と除法、6学年は比率と比例関係及び初歩的な代数の表現や方程式、7学年は比率と比例関係及び有理数の計算、8学年は線形代数及び線形関数といったように、焦点化された内容となっている。アメリカの数学教育はこれまで、「1マイルの広さで、1インチの深さ」と揶揄されるように、国際学力調査で成果を挙げている国々との比較研究からも、広範囲に浅い内容を取り扱っているという特徴が明らかになっていた。この問題を解決するために、数学のCCSSでは、焦点化、一貫性を配慮して構想されたのである。

　数学スタンダードの特徴としては、第一に、より少ないトピックにより重点を置くことをねらっている。前述のようにそれぞれの学年での内容を絞ることで、カギとなる概念の深い理解、高次の手続き的なスキルや流暢さ、数学の教室内外での応用が意図されている。第二に、一貫性ということで、トピック間をつなぎ学年を越えて思考することがめざされている。そのため、学年間の一貫性や連続性、トピック相互の関係などが配慮されている。第三に、厳しさということで、同様の厳しさで、概念的理解、手続き的なスキルや流暢さ、応用

を追究するということである。これらの側面で、数学的な概念を深く現実的な文脈で駆使する力の育成が重視されているのである。

このようなCCSSの動きを踏まえ、21世紀型スキル運動においては、2011年には、*P21 Common Core Toolkit*が出され、21世紀型スキルを全米スタンダードの共通コアに取り入れるための包括的な指針が提案されている。

（3）教育評価

では、アメリカでは、CCSSの効果や児童生徒の成績をどのように評価しようとしているのだろうか。

① CCSSに対応した評価システム及び次世代の評価システム

NCLB法の諸批判に対応して、連邦政府では競争的補助金であるRace to the Topを通して、CCSSに対応した評価システムの構築を推進している。この補助金を26州が参加するパークと31州が参加するスマター・バランストが獲得した。44州とDCがこの補助金の恩恵を受けることになった（US Department of Education 2010）。

これらのコンソーシアムは、2014－2015年度から実施可能な数学と英語言語技能の共通コアスタンダードに基づくK－12学年の包括的な評価システムを開発するものである。参加する州は、共通の評価とパフォーマンス・スタンダードを採用する。評価システムは大学・キャリアのレディネスに対応し、年間を通したフィードバックを可能にするもので、コンピュータを使用し、質の高い項目やパフォーマンス課題を含むものである。

アメリカではまた、次世代の評価システムの構築が進んでいる。大学や職業までを見据えた、K－16学年といったデータシステムの構築がこれまで各州で進められてきたが（松尾 2010）、州教育長協議会（CCSSO）は「次世代の州教育アカウンタビリティ制度（Nextシステム）」といった包括的なデータシステムのあり方を提案している（CCSSO 2011）。Nextシステムは、ⅰ．大学・キャリアへの準備ができた学区や学校の明確な到達目標の設定、ⅱ．学区や学校の支援や介入に向けた学習成果の差別化、ⅲ．明確なデータを通した学区や学校をエンパワーする行動、ⅳ．より高いレベルの成果に向けた革新や継続的な改善、を構成要素とし、新しいアカウンタビリティシステムの設計を意図している。

②児童生徒の評価

　NCLB法の下での厳格なアカウンタビリティ制度は、テスト結果が学校や教師の業績評価に直結し、テストの点数が上がったかどうかで教育のすべてが語られるような状況を生じさせているという（松尾 2010）。テストでよい成績をあげることが最優先され、授業が、基礎的な知識・技能の習得を重視したドリルやワークシートなどによる暗記中心のテスト準備へと変質しているといった傾向もみられる。こうした課題に応えて、CCSSに対応した新しい評価システムが導入されることになるが、その効果については今後の推移を注視していく必要があるだろう。

　一方で、子どもの学力を学習の場面と切り離された1回きりのペーパーテストで表面的に診断することの問題が提起され、「ありのまま」の学力を学習者のパフォーマンスをもとに捉えようとする「真正の評価（authentic assessment）」の動きも見られる。現実の世界で生きて働く「本物の」「根拠のある」「真正な」学力をいかに育成するかを問題にしている。こうした動きとして、スモールスクール運動といった展開も見られる（後藤 2012）。コラム「イーストハーレム中等学校」にあるように、アメリカにおいては、パフォーマンス課題やポートフォリオ評価を重視して実践している学校も少なからずみられる。

（4）教育実践の革新をめざした支援や方策

　アメリカでは、資質・能力を育成する教育実践を進めるためにいかなる支援をしているのだろうか。

①頂点への競争（race to the top）とNCLB法責務遂行免除政策

　オバマ政権は「ブループリント」を出し、NCLB法の改訂を試みたが、未だに新しい初等中等教育法の成立のめどは立っていない（照屋 2013）。一方で、連邦のめざす教育政策は、「頂点への競争」といった紐付きの競争的資金の形で教育改革を方向づけるといった戦略がとられてきた（市田 2013）。予算規模としては、41億4,000万ドルを越える額が配分された。教育スタンダードと評価、データシステム、教員及び校長、成果の上がらない学校の転換の四つの重点改革分野が指定され、各州が申請する教育改革計画は表3-1-2に示すポイントを多く獲得した州が補助金を得るという設計になっていた。

表3-1-2 「頂点への競争」申請の配分ポイント

項目	配分ポイント
A. 州としての教育改革成功要素	125
B. 教育スタンダードと評価	70
C. 学習指導を支援するためのデータシステム	47
D. 有能な教員及び指導者	138
E. 成果を上げない学校の改善	50
F. 総合的基準	55

出典：市田 2013、48頁。

　審査は2010年3月、2010年8月、2011年12月の3次にわたり行われ、18州とワシントンDCに交付された。この補助金を獲得するためには、表3-1-2のような配分ポイントを意識しながら、連邦の重点改革分野に取り組む必要があり、交付された州以外でもそれらの分野での改革が大きく進むことになったのである。

　また、NCLB法についても、責務遂行を免除する政策を通して、教育政策が枠づけられていくことになる（照屋 2013）。NCLB法は、2014年までにすべての子どもが「習熟」に達するという達成がきわめて困難で高い目標が掲げられていた。NCLB法責務遂行免除を申し出るためには、NCLB法の準用規定を免除される代わりに、連邦のめざす教育政策に従うことが求められるというものである。その条件として、①大学・キャリアレディネスの教育スタンダードと評価システムの開発、②アカウンタビリティと評価システムの開発、③教員と管理職の評価と支援システムの開発、④州教育局による学校や学区の負担軽減などがある。2012年10月時点で、全米34州が免除申請を受理され、10州が審議中、6州は申請を行っていないという状況である。適用が免除されるには、上述の条件を満たす必要があるため、NCLB法の責務遂行免除の取組を通して全米の教育改革が方向づけられることになったのである。

バーモント州の学校

　以上のように、Race to the Top

の競争的補助金及びNCLB法の責務遂行免除という形で、K－12教育と大学及びキャリアに準備のできたスタンダード、評価、データシステムの改善、教員の力量形成などの教育改革が進められていったのである。

② 優秀教員のスタンダード開発や資格認定制度の整備

アメリカでは、1986年のカーネギー委員会の『備えある国家— 21世紀の教師』、ホルムズグループの『明日の教師』の二つの報告書を契機に、教師の専門職性を確立する動きがみられるようになった（松尾 2008）。その中で、熟達した教師に期待されるスタンダードを開発し、それに基づいた上級資格証を付与する「全米専門家教育基準委員会（National Board for Professional Teaching Standards: NBPTS）」が1987年に設立された。

NBPTSは、優れた教師がこれまで正当に評価されてこなかったとして、厳格で高度な専門職スタンダードを満たす教師の資格証明システムを構築するものである。これは、州の免許認定制度とはリンクしておらず、自主的なものであるが、州や地方学区によっては、上級資格証を取得するために特別な配慮をしたり、その取得を給与に反映させたりするなどの政策を実施している。

NBPTSには25の領域があり、熟達した教師の資格証明を得るには、専門的な知識を問う評価センターでのテスト、及び、ビデオなど実践の記録や生徒の成果物などから作成されるポートフォリオによる審査を受ける必要がある。

NBPTSの資格証明を受けた教師は、設立25周年を迎えた2013年1月現在で、のべ10万人を超えている。これらの教師は数学や科学のリーダー的な存在となっており、数学と科学の指導者の優秀大統領表彰の30％はNBPTSの資格をもつ教師だという。また、50％近くの教師が貧困地域の学校で勤務しており、地域の教育改善に大きな影響を与えているという。ただ、資格証明を受けた教員数は2000年にかけて大きな伸びをみせていたが、それ以降は頭打ちで停滞している状況が続いている（例えば、飯窪 2012）。

5．日本への示唆

アメリカでは、コモンコア・ステイトスタンダード（CCSS）を採択する州が増加するとともに、21世紀型スキル運動が州レベルにも浸透するといった動

きがみられた。日本への示唆として、例えば以下の点が挙げられる。
- 大学・キャリアレディネスの育成をめざして、CCSS といった全米共通の教育スタンダードが策定されるとともに、21 世紀型スキルの育成を視野に入れた教育改革が展開している。
- スタンダードに基づく教育改革の進展により、データシステムの構築が進められてきたが、さらに、「次世代の州教育アカウンタビリティ制度（Next システム）」といった包括的なデータシステムのあり方が提案されている。
- テストを中心にした評価システムが浸透する一方で、パフォーマンス課題やポートフォリオ評価など、革新的な真正の評価に取り組む学校なども見られる。
- 教員の質の向上に向けた教育政策に重点が置かれている。また、優秀教員のスタンダード開発や資格認定制度の整備が進められている。

コラム　イーストハーレム中等学校

　イーストハーレム中等学校は、オータナティブ・ハイスクールの一つである。学校は、ニューヨークのイーストハーレムに位置し、生徒は近隣地区の住民である。85％はアフリカ系アメリカ人あるいはラテン系アメリカ人によって構成されており、20％強が特別支援を受ける要件を満たしている。この学校はきびしい地域にありながら、転校した生徒を含む追跡調査では、イースト校に在学した生徒の97.3％がハイスクールを卒業し、そのうち90％の生徒が大学／専門学校に進学するといった実績をもっている（メイヤー＆シュワルツ 1996、91－92頁）。

　イーストハーレム中等学校は、エッセンシャル・ハイスクールズ連合の共同プロジェクトに参加している。この連合とはサイザー（T. R. Sizer）によって進められている全米のハイスクールの組織で、三つの方針である Less is more（少なく学ぶことがより多くを学ぶこと）、Sall is better（カリキュラムと学校組織は単純なほど好ましい）、Sall is sensitive（小さな共同体によって繊細な関係が可能になる）に基づくものである（メイヤー 2011、279頁）。

　メイヤー＆シュワルツ（1996、91－121頁）をもとにみていくと、イーストハーレム中等学校では、半日ごとにテーマ中心の授業が行われている。第7学年から第10学年のすべての生徒は、共通のカリキュラムで、1日の時間割のうち半

分は数学／理科、半分は人文（芸術、歴史、社会、および文学）が中心となっている。テーマには例えば、正義＝正当性：法および政府のシステム、運動そしてエネルギーの諸力などがある。第 11 学年と第 12 学年になると、学校外での大学、博物館、美術館、郊外学習や自主学習の割合が多くなっていく。

卒業認定は、授業に出席した時間に基づく単位ではなく、生徒が 14 のポートフォリオを卒業認定委員会に提出して、一定の成果を収めたことが証明されることによって授与される（104頁）。

1．卒業後の展望、2．理科／技術、3．数学、4．歴史および社会、5．文学、6．自伝、7．学校やコミュニティ奉仕活動、学校外研修、8．倫理および社会問題、9．美術／美学、10．実践的技能、11．メディア、12．地理、13．英語以外の言語／二言語習得、14．体育

卒業プロジェクトは、領域 2、3、4、5 を含み、それ以外の三つの領域が指導教官と相談して決定される。成績は、特優、優、良、可の 4 段階評定で、合格は、指導教官の推薦と卒業審査会全員の承認に基づく。そこでは、以下の五つの問いに取りくむ精神の習慣が身に付いているかどうかが評価されるのである（100頁）。

- 自分が知っていることはどうすればわかるのか。（証拠／証明）
- これは、誰の視点から提示されているものなのか。（観点）
- この出来事や作業は、他の活動とどんなつながりをもっているのか。（連関）
- もし事情が違っていればどうなるのか。（推測）
- このことはなぜ重要なのか。（妥当性）

イーストハーレム中等学校では、クラスサイズを小さくすることに努力が払われている。1 クラスの人数を 20 人以下に定める一方、指導相談員、体育教師、教科主任、学年主任はいない。専門スタッフは、2 年間 15 人以下の生徒のグループを指導教官として担当する。グループは毎週数時間のミーティングを行う。

また、教師の話し合いの時間が確保されており、計画立案、共同作業、評価のための打ち合わせの時間として、毎週月曜日 3 時から 4 時半まで、金曜日 1 時半から 3 時までが設定されている。さらに、生徒がコミュニティ奉仕活動の間に各グループを担当する教師が話し合う時間が 3 時間設けられている。

イーストハーレム中等学校は、カリキュラム全体が卒業プロジェクトの精神の習慣に示されている資質・能力目標の実現をめざした教育実践が展開されていうのである。

アメリカのまとめ

	資質・能力をめぐる取組の概要
能力の名称	・大学・キャリアレディネス （21世紀型スキル）
下位の能力	・①学習とイノベーションスキル、②情報、メディア、テクノロジースキル、③生活とキャリアスキル）
能力に基づく教育課程への展開	・2010年コモンコア・ステイトスタンダード（CCSS）の策定、43州とDCが採択
教育課程の編成	・①共通到達目標、及び、②K－12スタンダード
対象となる教科・領域	・英語・言語技術（歴史／社会科、科学、技術教科のリテラシー）、算数／数学
教育評価	・数学と英語／言語技能の共通コアスタンダードに基づくK－12の包括的な評価システムの開発と実施
その他特徴のある取り組み	・就学前から大学及びキャリアにつながるK－16のスタンダード教育システムの構想 ・優秀教員のスタンダード開発やNBPTS上級資格の認定制度の整備

注

(1) http://www2.ed.gov/policy/elsec/leg/blueprint/college-career-ready.pdf, Sep. 21. 2010.
(2) *Ibid.*
(3) http://www.wvde.state.wv.us/teach21/
(4) http://www.corestandards.org/
(5) http://www.nbpts.org/who-we-are

引用・参考文献

飯窪真也「第11章 教職の専門的自律性を追求する改革の行方―『NBPTS』資格証明をめぐる教員政策の実態」北野秋男・吉良直・大桃敏行編『アメリカ教育改革の最前線―頂点への競争』学術出版会、2012年、193-209頁。
市田敏之「第4章 アメリカにおける学校の質保証に向けた連邦政府の教員政策動向」坂野慎二編『教育の質保証に関する比較研究』2013年、43-55頁。
岸本睦久「アメリカ合衆国」文部科学省生涯学習政策局調査企画課『諸外国の教育改革の動向―6か国における21世紀の新たな潮流を読む』ぎょうせい、2010年、17-72頁。
岸本睦久「アメリカ合衆国」文部科学省『諸外国の教育行財政―7か国と日本の比較』2013年、21-79頁。
後藤武俊「米国のスモールスクール運動の展開にみるオルタナティブ」『教育学研究』第79巻第2号、2012年、170-181頁。

佐々木司「世界の教育事情　PISA調査の結果で世界はどう動いたか③―アメリカ編㊤―『共通基準』の創設」『週刊教育資料』No.1266、2013年、22-23頁。

佐々木司・佐藤仁「アメリカ合衆国の教育課程」国立教育政策研究所『諸外国の教育課程と資質・能力―重視する資質・能力に焦点を当てて』2013年、67-85頁。

篠原岳司「『頂点への競争』の展開―ブッシュ政権の遺産とオバマ政権の教育政策」北野秋男・吉良直・大桃敏行編前掲書、2012年、53-68頁。

照屋翔大「第3章　アメリカにおける学校の質保証政策―コア・スタンダードの設定と教育アカウンタビリティ制度の見直し」坂野慎二編『教育の質保証に関する比較研究』2013年、31-42頁。

深堀聰子「学力底上げをめざすユニバーサルな政策へ」泉千勢・一見真理子・汐見稔幸編著『世界の幼児教育・保育改革と学力』明石書店、2008年、130-153頁。

松尾知明「アメリカ合衆国における教師の力量形成―反省的実践家としての教師の視点から」研究代表者惣脇宏『教員の質の向上に関する調査研究』(平成19～22年度調査研究等特別推進経費による研究)、2008年、349-357頁。

松尾知明『アメリカの現代教育改革―スタンダードとアカウンタビリティの光と影』東信堂、2010年。

メイヤー、デボラ&ポール・シュワルツ「ポートフォリオによる新たなカリキュラムづくり―セントラル・パーク・イースト中等学校の〈物語〉」マイケル・アップル&ジェームズ・ビーン(澤田稔訳)『デモクラティックスクール』アドバンテージサーバー、1996年、91－121頁。

メイヤー、デボラ(北田佳子訳)『学校を変える力―イースト・ハーレムの小さな挑戦』岩波書店、2011年。

Carmichael, Sheila B. and others, *The State of State Standards--and the Common Core--in*, Thomas B. Fordham Institute, July 2010.

CCSSO, *Roadmap for Next-generation Sate Accountability Systems*, 2011.

Common Core State Standards Initiative Frequently Asked Questions prepared by NGA andCCSSO, March 2, 2010,（http://www.corestandards.org/assets/CoreFAQ.pdf）

Partnership for 21st Century Skills, *The MILE Guide: Milestones for Improving Learning & Education*, 2009a.

Partnership for 21st Century Skills, *P21 Framework Definitions*, 2009b.

Partnership for 21st Century Skills, *Professional Development: A 21st century Skills Implementation Guide*, 2009c.

Partnership for 21st Century Skills, *P21 Common Core Toolkit: A Guide to Aligning the Common Core State Standards with the Framework for 21st Century Skills*, 2011.

U.S. Department of Education, Beyond the Bubble Tests: The Next Generation of Assessments -- Secretary Arne Duncan's Remarks to State Leaders at Achieve's American Diploma Project Leadership Team Meeting, 2010. (http://www.ed.gov/news/speeches/ beyond-bubble-tests-next-generation-assessments-secretary-arne-duncans-remarks-state-l)

3.2 カナダ
―― 世界をリードするオンタリオ州の教育改革

　カナダは10州と3準州から構成される連邦制国家であり、世界第2位の面積998.5万平方キロメートル（日本の約27倍）をもつ。国土の5分の2はツンドラ気候で、冬の寒さは一般に厳しいが、太平洋側の南部はメキシコ湾流の影響で温和である。人口は、約3,488万人（2012年）で、イギリス系が5割、フランス系3割、その他、ドイツ系、イタリア系、華人、イヌイットなどで構成されている。ローマカトリック系が約半分を占め、公用語は英語と仏語である。多くの移民を受け入れてきたカナダは、言語や社会階層の多様な人々で構成される多文化社会を構成している。

　カナダでは教育の権限は州にあり、先進国で唯一、連邦政府に教育関係の部署をもっていない国で、州の独立性が高いという特徴をもつ。カナダは、多様な子どもたちの間の学力格差は小さく、国際的な学力調査では上位を占めている。3.2では、首都のオタワ及び人口の最も多いトロントがあるオンタリオ州を中心に、今日的な資質・能力の育成をめざした教育改革について検討したい。

1. 効果の高い教育システムを創り上げたオンタリオ州

　カナダは、アルバータ州だけを取り上げれば、PISA2000の読解力テストで世界一になったこともあるなど、国際学力調査において良好な成績を収めてきた。PISA2012では、読解力523点（9位）、数学的リテラシー518点（13位）、525点（10位）であった（CMEC 2013）。また、カナダは多くの移民を受け入れており、文化的、言語的に多様であるにもかかわらず、例えば、移民や教授言語を家庭で話さない子どもとカナダ生まれの子どもとの間の学力の差が国際的にみてもきわめて小さい（Lizotte 2012）。

　さて、本章で焦点をあてるオンタリオ州では、2003年の政権交代により、

マギンティ知事のリーダーシップによる教育改革が進められ、以下に示すように、大きな効果を挙げている。

> 2003年、オンタリオ州の学校は問題を抱えた状況にあった。生徒の学力は「まあまあ」であったが向上傾向は見られず毎年停滞していた。教師はモラルが低く、学校は全体としてゆるやかなつながりはあったが焦点が定まっていなかった。……
>
> 2013年初頭である今、州にある5000の学校のほとんどで全体的な成績は主要な指標で劇的に改善し、さらに向上し続けている。国際的な指標は独立した専門家の評価によれば、オンタリオ州は英語を話す世界で最もすぐれた教育システムで、フィンランド、シンガポール、韓国とトップで肩を並べていることが認められ証明されている。(Fullan n.d.)

この10年ほどのオンタリオ州教育改革の成果をみてみよう。例えば、第3学年の数学、読み、書きの「教育の質とアカウンタビリティに関するオフィス（EQAO）」テスト結果の推移は図3-2-1の通りである（EQAO 2011）。停滞していた成績は、2003-2004年度を契機にほぼ毎年向上傾向を見せるようになり、いずれの教科においても着実なのびが認められる。

その他、2003～2012年の期間には、例えば、以下のような結果を残している

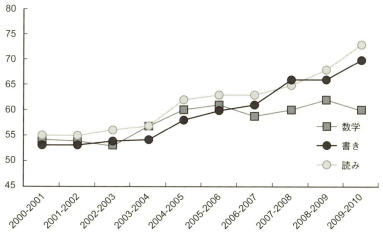

図3-2-1　州のスタンダードに到達するか上回っている児童のパーセンテージ
出典：EQAO 2011, p.11.

3.2　カナダ――世界をリードするオンタリオ州の教育改革

(Fullan n.d.)。
- リテラシーとニューメラシーの成績（EQAO テスト）が、州の 4,000 の小学校の平均で、州標準（レベル 3）を上回る児童の割合が 54％から 70％に上昇した。
- レベル 1 かそれ以下の学力に課題のある児童生徒の割合が、17％から 6％以下に低下した。
- オンタリオ焦点パートナーシッププログラムにおいて、ターンオーバー（成果が思わしくない学校の再建）の対象校が、800 校から 87 校へと激減した。
- 卒業率が、州の 900 の高校において毎年およそ 2％ずつ上昇し、当初 68％であったものが、82％に向上した。
- 公立学校に関する質問紙調査で「満足」「とても満足」の割合は、2002 年の終わりには 43％であったものが 2013 年現在では 65％に上昇した。

OECD レポート（2010）によれば、「2003 年から 2010 年において、オンタリオ州は、教育システムを行う継続的な戦略に関し、世界のリーダーである」（Mehta & Schwartz 2011, p.151）という。では、マギンティ知事のリーダーシップによって推進されてきた教育改革とその成果はどのようにして可能になってきたのであろうか。

2．オンタリオ州における教育改革の展開

オンタリオ州は、初めからすぐれた教育システムをもっていたわけではなかった。1980 年代には、大きな教育の課題に直面していた（平田 2008）。基礎的な学力の不振、高い中途退学率、あるいは、中等学校卒業者の能力と大学や産業界が求める能力とのギャップなど、公教育に対する不満が大きかったという。

このような課題に応えるために、1990 年代には、学力向上が教育改革の課題となっていく。進歩保守党（Progressive Conservative Party）政権（1995～2003 年）では、ハリス知事の下で、州カリキュラムの導入とその達成度を見る学力調査を実施する枠組みが構築され、新自由主義的な政策が推し進められていった（平田 2008）。すなわち、1997 年は、オンタリオ・カリキュラム（The Ontario Curriculum）が開発され到達目標を明確に示すとともに、「教育の質とアカウンタビリティに関するオフィス（EQAO）」による州統一学力試験を通して学力達成度を把握する仕組みが整備されたのであった。また、教員の資質向上策とし

て、教員更新制度や教員研修が打ち出されたりした。一方で、こうした効率のみを重視したトップダウンの教育改革の手法は、教員の間では評判のよいものではなかった。

2003年に進歩保守党から自由党（Liberty Party）に政権が交代し、マギンティ知事が新たな教育改革に着手することになる（Lizotte 2012）。新しい政権では、前政権の導入した州カリキュラムと統一学力テストを継続するとともに、教員の専門性を焦点に、現場を重視しながら指導力向上を促すための以下のような政策を進めていった。

第一に、ターゲットを絞り、二つの目標を明確に掲げ、その達成に向けた一体的な体制づくりを整備した。一つは、読み書き計算能力を向上させることで、EQAOテストの成績で州標準（レベル3）を上回る児童の割合を54％から75％に引き上げるというものであった。もう一つは、高校の卒業率を向上させるということで、その割合を68％から85％に引き上げるというものであった。これらの数値目標を達成するために、各教育委員会や学校は独自に具体的な計画を立て、州全体で一丸となって教育政策を進めていったのである。

第二に、読み書き計算能力を向上させるために、読み書き計算能力開発室（Literacy and Numberacy Secretariat: LNS）という学力向上のための組織を設立した。州から独立した形で組織を立ち上げ、現場から信頼されている教員を雇用した。学習指導の介入支援にあたっては、現場主義の立場が取られ、データをもとに課題をいっしょに検討しながらボトムアップの形で学力向上をめざす手だてがとられていった。

第三に、高校の卒業率を上げるために、「生徒の成功・18歳までの学習戦略」を導入した。学区内でコーディネートを行う「生徒の成功戦略のための教員」を雇用して、個別の生徒のニーズに対応する「生徒の成功」戦略チームが各学校に組織された。また、第7学年から第12学年の生徒を対象に、卒業後に直結したプログラムを設けたりすることで生徒を支援していった。

第四に、州教育省と教員、組合、その他の利害関係者とのパートナーシップによる協調的な体制を構築した。教育副大臣は四半期ごとに主な教員組合、教育長団体、校長団体と進行中の改革戦略について話し合い、州教育省は年に2～4回、利害関係者と話し合うオンタリオ教育パートナーシップ会議を創設した。また、2005年には四つの主な教育組合との間で4年間の団体交渉協定が

交わされ、州の教育改善戦略を進展させる枠組みとなった。

　このような明確な数値目標を設定し、現場との対話を重視した教育改革は功を奏し、教育に関するさまざまな指標において、大きな改善がみられるようになったのである。

3. 学校制度の概要

　カナダは、国としての教育政策をもっておらず、州の独立性が高い。各州大臣の間の調整連絡機関として、カナダ州教育担当大臣協議会（CMEC）は設置されているが、情報の共有が主な目的で、国としての教育政策を策定しているわけではない。以下、オンタリオ州の学校制度の概要を中心にみておきたい（例えば、平田 2008）。

　カナダ憲法における言語及び宗教上のマイノリティへの公的支援に関する条項を受けて、オンタリオ州では、英語系公立学校、フランス語系公立学校、英語系カトリック学校、フランス語系カトリック学校の4種類の学校がある。また、これらの学校種別に対応して、教育委員会も4種類ある。

　就学前教育は地域によって異なるが、オンタリオ州を含めたすべての州・準州で、小学校入学前の1年間は、公立キンダーガーテンのプログラムが提供されている。

　オンタリオ州の義務教育は、16歳までで、学年ではなく年齢を基礎にしている。学年では、第10学年か第11学年ということになるが、ほとんどの生徒は高校卒業をめざす。

　同州の初等教育は、幼稚部から第8学年までである。

　中等教育は、第9学年から第12学年であるが、進路に従ってコース分けがあるという特徴をもつ。第9学年から第10学年では、大学やカレッジへの進学を準備する「アカデミック」、職業への準備をする「応用」、すべての生徒向けの「オープン」の三つのコースが置かれている。第11学年から第12学年では、卒業後に職業につく「職業準備コース」、特定の大学やカレッジを想定した「大学・カレッジ準備コース」、実際的な応用を学びカレッジへの準備をする「カレッジ準備コース」、大学への進学を準備する「大学準備コース」から進路に従ってコースを選択することになる。

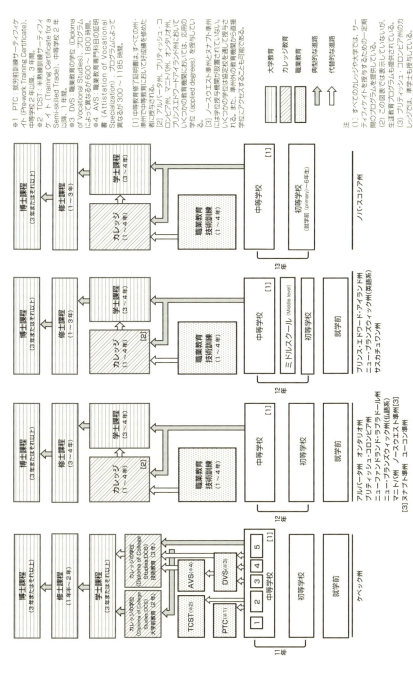

図3-2-2 カナダの学校系統図 出典：CICIC (Canadian Information Centre for International Credentials) のHP(http://www.cicic.ca/docs/postsec graphics/EducationSystem_Canada.pdf), 下村智子による訳および作成。

3.2 カナダ──世界をリードするオンタリオ州の教育改革

オンタリオ中等教育修了証書（OSSD）を取得するためには、18単位の必修科目と12単位の選択科目の履修、オンタリオ中等教育リテラシーテスト（第10学年〜）（Ontario Secondary Literacy Test: OSSLT）の合格、最低40時間の地域参加活動が必要である。大学進学には、OSSDの取得が要件となっており、成績証明書をオンタリオ州大学入学申し込みセンター（Ontario Universities' Application Centre, OUAC）に送付して、大学において合否が決定されることになる。

なお、カナダの高等教育には、20の大学（University）とカレッジなどがある。大学では学位が、カレッジでは学位ではなく証明書などが授与される。カレッジから大学へ編入する制度も整備されている。

4．資質・能力の育成と教育課程

（1）育てようとしている資質・能力

カナダでは、資質・能力をめぐりどのような議論があり、いかなる資質・能力目標を掲げているのだろうか。

カナダでは、「21世紀型スキル（21st century skills）」という用語が一般に使われているが、アルバータ州やブリティッシュコロンビア州では、「21世紀型スキル」の育成をめざした教育政策が進められている（下村 2013a）。その他、マニトバ州では「基礎的なスキル（basic skill）」という用語が使用されている。また、ブリティッシュコロンビア州では、パフォーマンス・スタンダードに「コンピテンシー（competency）」の用語が、サスカチェワン州では「異文化コンピテンシー（intercultural competency）」という言葉も使用されている。

オンタリオ州の現在の状況をみてみると、21世紀型スキルに基づいたカリキュラム設計にはまだ至っていない。その一方で、同州では、ボトムアップの形で21世紀型スキルの定義とその育成に向けたプロジェクトが進行中で、将来的には21世紀型スキルに基づく教育スタンダードの構築をめざしているという。

他方、現行のカリキュラムでも、オンタリオ州では資質・能力に関わって「学習スキルと学習習慣（Learning Skills and Work Habits）」という用語が使用され、その育成がめざされている（Ontario Ministry of Education 2010）。また、パフォーマンス・スタンダードにおいては、「知識・理解（knowledge and understanding）」に

表3-2-1　学習スキルと学習習慣

責任感 (responsibility)	生徒は、 ・学習における責任を果たす。 ・合意によって決められたスケジュールに沿って課題や宿題を完成させ、提出する。 ・自分の態度や行動に責任をもち、自己管理をする。
自己管理能力 (organization)	生徒は、 ・作業や課題を完成させるために計画を立てて手順に従う。 ・課題や目標を達成するために優先順位を決め、時間の管理をする。 ・課題を達成するために情報・技術やリソースを特定し、収集し、評価して使う。
課題解決能力 (independent Work)	生徒は、 ・課題を完成させ、目標を達成するために一人ひとりが計画を検討、評価し、改善する。 ・課題を完成させるために、授業の時間を適切に利用する。 ・最小限の管理の下で指示に従う。
コラボレーション (collaboration)	生徒は、 ・グループでの様々な役割を受け入れ、公平に作業を分担する。 ・他者の考えや意見、価値や伝統に対して肯定的に反応する。 ・個人やメディアを介した相互作用を通して、健全な生徒間の関係を築く。 ・グループの目標を達成するため、コンフリクトを解決し、共通理解を構築するために他者と協力しあう。 ・問題を解決し、意志決定をするために情報やリソース、専門的知識を共有し、批判的思考を高める。
学習への積極性 (initiative)	生徒は、 ・新しいアイデアや学習の機会を探究し、それに取り組む。 ・新しいことを受け入れるとともに、リスクを負うという意志を表す。 ・学習に対する好奇心や関心を示す。 ・新たな課題に積極的な姿勢で取り組む。 ・自分自身や他者の権利を適切に認識し、擁護する。
自律性 (self-regulation)	生徒は、 ・自分の目標を設定し、それらを達成するための経過をモニターする。 ・必要な場合には、説明や支援を求める。 ・自分の長所やニーズ、興味関心について批判的に捉え直し、評価する。 ・個人的なニーズや目標の達成に求められる学習の機会や選択、戦略を明らかにする。 ・困難に対して忍耐強く努力する。

出典：下村 2013a、60頁。

加え、「思考（thinking）」「コミュニケーション（communication）」「応用（application）」といった今日的な資質・能力に焦点をあてた観点となっている。

まず、就業可能性やキー・コンピテンシーなどを踏まえ、「学習スキルと学習習慣」の育成がめざされている（Ontario Ministry of Educartion 2010）。学習ス

キルと学習習慣は、「責任感」、「自己管理能力」、「課題解決能力」、「コラボレーション」、「学習への責任性」、「自律性」の六つのカテゴリーで示されている。それぞれのカテゴリーには、表3-2-1のような望ましい態度の例が挙げられている。

「学習スキルと学習習慣」には、カナダ等で開発されてきた資質・能力の考え方が採用されている (Ontario Ministry of Educartion 2010)。すなわち、教育省と人材開発省による「オンタリオ・スキル・パスポート (Ontario Skills Passport)」の能力リストである必須スキル、カナダ協議委員会 (Conference Board of Canada) による就業可能スキル (employability skills)、OECDのDeSeCoプロジェクトのキー・コンピテンシー、アメリカのコスタ (A. Costa) とカリック (B. Kallick) らによる「心の習慣 (habits in mind)」などを参考に設定されているのである。

学習スキルと学習習慣については、後述するように、教科とは別に、上にあげたような項目についてその達成状況が評価される。評価結果は、経過報告書と成績簿として家庭に周知されるようになっている。

次に、教育スタンダードに関しては、表3-2-2のように、パフォーマンス・スタンダードにおいて、知識と理解、思考、コミュニケーション、応用といった四つの評価の観点が設定されており、基本的な知識・理解のみならず思考、コミュニケーション、応用といった資質・能力の育成がめざされている (Ontario Ministry of Educartion 2010)。後で具体的に述べるが、内容スタンダードで示された各学年や教科で示された教育内容は、これらの四つの評価の観点からその習熟の状況が評価されることになる。

表3-2-2 パフォーマンス・スタンダードの評価の観点

知識・理解	各学年／コースで習得される教科に具体的な内容（知識）、その意味や重要性の十分な把握（理解）
思考	批判的・創造的な思考のスキルと／またはプロセスの使用
コミュニケーション	さまざまな形態を通した意味の伝達
応用	さまざまな文脈の中や間で関連づけるための知識やスキルの活用

出典：Ontario Ministry of Education 2010, p.17

(2) 教育課程

では、教育スタンダードは、どのように編成されているのだろうか。

表3-2-3　教科等の編成

初等学校 1～8学年	・芸術、第二言語としての英語（ESL）とELD（English literacy development）、第二言語としての仏語、保健体育、言語、数学、先住民の言語、科学と技術、社会科の教育
中等学校 9～12学年	・職業準備コース、カレッジ準備コース　大学準備コース、大学・カレッジ準備コース（11～12学年） ・オープンコース、アカデミックコース、応用コース（9～10学年） ・芸術、ビジネス学、カナダ・世界史、古典・国際言語、コンピュータ、英語、第二言語としての英語（ESL）とELD（English literacy development）、第二言語としての仏語、キャリア教育、保健体育、数学、先住民言語、先住民学、科学、社会科学・人文学、技術教育
オンタリオ中等教育修了証明書（OSSD）の要件	・30単位の履修 ・オンタリオ中等教育リテラシーテスト（OSSLT） ・40時間の地域参加活動

①教科等の構成

　教科等の編成をみてみると、まず、初等学校（1～8学年）では、芸術、第二言語としての仏語、保健体育、言語、数学、先住民の言語、科学と技術、社会科の教科がある。

　中等学校（9～12学年）では、芸術、ビジネス学、カナダ・世界史、古典・国際言語、コンピュータ、英語、第二言語としての英語（ESL）とELD（English literacy development）、第二言語としての仏語、キャリア教育、保健体育、数学、先住民言語、先住民学、科学、社会科学・人文学、技術教育などの教科がある。

　中等学校では、9～10学年において、関心や進路に応じて、コア教科については、アカデミックコース、応用コースから選択する。コア教科以外は、オープンコースからの選択となる。11～12学年になると、職業準備コース、カレッジ準備コース　大学準備コース、大学およびカレッジ準備コースから一つを選び、進路に応じた学習内容を履修する。

　オンタリオ中等教育修了証明書（OSSD）を取得するためには、前述の通り、30単位の履修、オンタリオ中等教育リテラシーテスト（OSSLT）の合格、及び、40時間の地域参加活動が要件となっている。

②教育スタンダードの構成

　教育スタンダードには、内容スタンダードとパフォーマンス・スタンダードがある（Ontario Ministry of Educartion 2010）。

内容スタンダードは、「何を教えるのか」を規定したもので、各教科の指導する内容が、学年ごとに示されている。生徒が身につけることが期待される知識やスキルが記述してあり、さまざまな活動やテストでその習熟の状況が評価される。カリキュラム期待（curriculum expectations）には、学年ごとの各教科で習熟することが期待される「一般的期待（overral expections）」、及び、より詳細な内容を示した「具体的期待（specific expections）」の二つが設定されている。

　パフォーマンス・スタンダードは、各教科等の指導する内容について「どのレベルで教えるのか」を規定したもので、達成状況を四つのレベルで示した「達成チャート（achievement chart）」が作成されている。教科ごとに四つのカテゴリー（知識と理解、思考、コミュニケーション、応用）の評価の観点に従って、四つのレベルで記述されている。

　表3-2-4は、1～8学年を対象とした科学とテクノロジーの達成チャートである。科学とテクノロジーでは、知識と理解（各学年の教科特定のコンテンツの獲得（知識）、その意味や意義の理解（理解））、思考と探求（批判的・創造的思考能力や問答の活用と問題解決能力もしくはその過程）、コミュニケーション（様々な形態を通しての意図の伝達）、応用（コンテクストごとのつながりを作るための知識とスキルの活用）が評価の観点となっている。達成の基準には四つのレベルがあるが、そのうちレベル3が州の基準となっている。

　達成チャートの目的は、カリキュラム期待の共通の枠組み、質の高い評価の課題やルーブリックなどのツールを開発する指針、教師が学習のための指導を計画する基本、生徒に一貫して意味のあるフィードバックを与える基礎、生徒の学習を評価するカテゴリーや規準等を提供するものである。

　なお、州では、パフォーマンス・スタンダードの四つのレベルを明確に示すために、パフォーマンス課題に対応したレベルごとの子どもの作品が収集され、出版されている。

（3）教育評価

　では、カナダでは、教育スタンダードに基づく教育実践の効果や児童生徒の成績をどのように評価しているのだろうか。

表3-2-4　1〜8学年の科学とテクノロジーの達成チャート

カテゴリー	レベル1	レベル2	レベル3	レベル4
知識と理解—各学年の教科特定のコンテンツの獲得（知識）、その意味や意義の理解（理解）				
	生徒			
知識の内容 例）事例、用語、定義、道具の安全な使用、技能、資料	コンテンツについて限られた知識の証明	コンテンツについていくらかの知識の証明	コンテンツについてかなりの知識の証明	コンテンツの知識を通した証明
内容の理解 例）コンセプト、アイデア、理論、本質、手順、過程	コンテンツについて限られた理解の証明	コンテンツについていくらかの理解の証明	コンテンツについてかなりの理解の証明	コンテンツの理解を通した証明
思考と探求—批判的・創造的思考能力や問答の活用と問題解決能力もしくはその過程				
	生徒			
計画する能力の活用 例）理論的問い、問題の確認、仮説の発展、計画、戦略の選択、資源、計画の発展	限られた効果を用いた計画する能力の活用	いくらかの効果を用いた計画する能力の活用	多くの効果を用いた計画する能力の活用	高度な効果を用いた計画する能力の活用
工夫する能力の活用 例）実行、記録、資料や証拠の収集、観察、資料のコントロール、安全な技術の使用、平等な解決、証明	限られた効果を用いた工夫する能力の活用	いくらかの効果を用いた工夫する能力の活用	多くの効果を用いた工夫する能力の活用	高度な効果を用いた工夫する能力の活用
批判的・創造的思考の過程の活用 例）分析、解明、問題の解決、評価、形成、証言に基づく結論の正当化	限られた効果を用いた批判的・創造的思考過程の活用	いくらかの効果を用いた批判的・創造的思考過程の活用	多くの効果を用いた批判的・創造的思考過程の活用	高度な効果を用いた批判的・創造的思考過程の活用
コミュニケーション—様々な形態を通しての意図の伝達				
	生徒			
発言、視覚的表現、記述によるアイデアと情報の統合や表現 例）図表、模型などを用いた、明快な表現や論理的統合	限られた効果を用いたアイデアと情報の統合や表現	いくらかの効果を用いたアイデアと情報の統合や表現	多くの効果を用いたアイデアと情報の統合や表現	高度な効果を用いたアイデアや情報の統合や表現
口頭、視覚伝達、もしくは文書による異なる目的（情報提供、説得など）と異なる聴衆（同級生、大人など）に対するコミュニケーション	限られた効果を用いた異なる目的や異なる聴衆に対するコミュニケーション	いくらかの効果を用いた異なる目的や異なる聴衆に対するコミュニケーション	多くの効果を用いた異なる目的や異なる聴衆に対するコミュニケーション	高度な効果を用いた異なる目的や異なる聴衆に対するコミュニケーション
口頭、視覚伝達、もしくは文書での当該分野に関する表現法、語彙、用語の活用 （記号、公式、科学的記数法、単位など）	限られた効果を用いた当該分野に関する表現法、語彙、用語の活用	いくらかの効果を用いた当該分野に関する表現法、語彙、用語の活用	多くの効果を用いた当該分野に関する表現法、語彙、用語の活用	高度な効果を用いた当該分野に関する表現法、語彙、用語の活用
応用—コンテクストごとのつながりを作るための知識とスキルの活用				
	生徒			
近似したコンテクストにおける知識とスキルの応用 （コンセプトと過程、技術と設備の安全な活用、探求スキル）	限られた効果を用いての近似したコンテクストにおける知識と技術の応用	いくらかの効果を用いての近似したコンテクストにおける知識と技術の応用	多くの効果を用いての近似したコンテクストにおける知識と技術の応用	高度な効果を用いての近似したコンテクストにおける知識と技術の応用
未知のコンテクストへの知識とスキルの伝達 （コンセプトと過程、技術と設備の安全な活用、探求スキル）	限られた効果を用いての未知のコンテクストへの知識とスキルの伝達	いくらかの効果を用いての未知のコンテクストへの知識とスキルの伝達	多くの効果を用いての未知のコンテクストへの知識とスキルの伝達	高度な効果を用いての未知のコンテクストへの知識とスキルの伝達
科学・技術・社会・環境の間の往還 （人類、他生物、環境に対する科学と技術のインパクトに関する評価）	限られた効果を用いての科学・技術・社会・環境の間の往還	いくらかの効果を用いての科学・技術・社会・環境の間の往還	多くの効果を用いての科学・技術・社会・環境の間の往還	高度な効果を用いての科学・技術・社会・環境の間の往還
科学、技術、社会、環境に関連する問題に対処する実行方針の提案	限られた効果の実行方針の提案	いくらかの効果の実行方針の提案	多くの効果の実行方針の提案	高度な効果の実行方針の提案

出典：Ontario Ministry of Education 2010, pp.22-23.

①国際、国、州の三つのレベルでの学力テスト

　カナダでは、国際レベル、国レベル、州レベルの三つのレベルで学力テストが実施され、目的に応じて活用されている（下村 2013b）。

　国際的なレベルでは、10の州が参加しているOECDのPISA調査の他、国際教育到達度評価学会（IEA）のTIMSS調査や国語読解力（PIRLS）調査のような国際的な学力調査を導入している。国レベルでは、カナダ全州の13歳を対象としたPCAP（Pan-Canadian Assessment Program）と呼ばれる学力テストがカナダ州教育担当大臣協議会（CMEC）によって実施されている。これらのテストは、州間の比較を可能にするもので、州の教育システムの改善のために主に生かされる。

　オンタリオ州では、州レベルの学力テストを実施するために、「教育の質とアカウンタビリティに関するオフィス（EQAO）」を設置している（EQAO 2011）。学力テストには、第3学年と第6学年における読解・作文・算数テストと第9学年の数学テストがある。テストの形式は、選択肢式と自由記述式を併用している。第9学年の数学テストには、アカデミックコースと応用コースがある。成績は、レベル4からレベル1で判定され、レベル3が州の基準となっている。個人、学校、教育委員会、州のそれぞれの段階で、レベルが示され、経年比較が可能なデータが提示されている。また、読み書き能力をみるOSSLT（Ontario Secondary Literacy Test: OSSLT）テストが、第10学年以上の生徒を対象に実施されている。これは、中等学校修了証取得要件の一つとなっているため、私立に通う生徒も受験する。

②汎カナダ教育インディケータープログラム（PCEIP）

　カナダでは、OECDのインディケーター事業を参考にし、CMECは、1996年より、汎カナダ教育インディケータープログラム（PCEIP）を実施している（下村 2013b）。OECD加盟国とカナダの州・準州との比較をすることを目的にしており、OECDのインディケーターの方法論や定義を採用している。また、『カナダにおける教育インディケーター――国際的な視点より』を毎年出版している（Canadian Education Statistics Council 2014）。

③児童生徒の評価

児童生徒の評価は、年に3回出される州統一の経過報告書（progress report card）と成績表（provincial report card）がある（Ontario Ministry of Education 2010）。「学習スキルと学習習慣」の評価は、教科とは別に行われている。第1学年から第8学年は、学習スキル達成度は、学級担任がE（excellent：優）、G（good：良）、S（satisfactry：可）、N（need improvement：要改善）の4段階を評価する。また、コメントを記述する欄も設けられており、文字による評価もなされている。第9学年から第12学年までは、コースごとに生徒の「学習スキル」について各担当の教員が記入する。

カリキュラム達成度の評価は、ABCD（1～8学年）とパーセント（7学年以上）で記述される。州の規程によれば、Aの80-100%はレベル4、Bの70-79%はレベル3、Cの69-60%はレベル2、Dの50-59%はレベル1、Rの50%以下は求められる成績を収めていないことを示す。

（4）教育実践の革新をめざした支援や方策

カナダ（オンタリオ州）では、資質・能力を育成する教育実践を進めるためにいかなる支援をしているのだろうか。

①教育の質とアカウンタビリティに関するオフィス（EQAO）の取り組み

EQAOは、証拠に基づくアセスメントの文化を醸成してきており、オンタリオ州の学力向上に果たしてきた役割は大きい（EQAO 2013）。EQAOは、州政府から独立した機関として1996年に設立され、オンタリオ州カリキュラムに基づく学力テストを実施し、その結果に分析を加え、教育の質の改善のために多くの報告書を作成してきた。例えば、EQAOでは、21世紀型スキル関連の文書のレビューにもとづいた指標を設定し、9年生の数学とOSSLTの結果をもとに、21世紀型スキルの育成状況の分析も行っている。

そうした努力の成果として、学校改善にEQAOのデータが中心的な役割を果たすようになっている（EQAO 2013）。2011年の調査によれば、96%の校長が読み、書き、計算のための学校の改善計画を方向づけるために、EQAOのテストや質問紙のデータを活用している。また、82%の3年生担当教員、及び、80%の6年生担当の教員が、教育プログラムの強みや改善の領域を見つける

ために、EQAOのデータを活用しているという。客観性が高く、経年比較が可能のデータは、オンタリオ州の教育政策の基盤となっているのである。

②読み書き計算能力開発室（Literacy and Numberacy Secretariat: LNS）

オンタリオ州教育省は、読み書き能力及び計算能力の向上のために、学校支援チームとしての読み書き計算能力開発室（LNS）を設立している（Lizotte 2012）。州教育省から独立した組織で、これらの分野で経験をもつ教員、管理職、教科の専門家などから構成される。また、学区と学校に読み書きと計算能力を担当する学習指導のチームも設けられている。

LNSは、①学区における達成目標の設定、②達成方策の探究とそのためのリソースの提供、③教員や校長などに対する研修機会の提供、④効果的な学習指導に関する研究成果の共有、⑤教職員団体等の組織とのパートナーシップの構築、⑥学習支援者（tutors）雇用のための資金提供、⑦家庭における児童生徒の学習支援を目的とした多言語（14言語）による資料の開発などのような活動を進めている（下村2013c）。学校支援チームは、トップダウン式の指導を行うのではなく、現場でともに課題を解決するパートナーシップが大切にされている。現場の教師と関わりながら専門性を高めるとともに、すぐれた実践が収集され、それらの知見が広められていったのである。

コラム　Dr. Eric Jackman Institute of Child Study（ICS） Laboratory School

トロント市内にある、トロント大学オンタリオ教育研究所の付属校は、生徒数220名（男子110名、女子110名）、幼稚園から第6学年までで、1学年22名の小規模校である。マイノリティ比や男女比などを考慮して、3割は学習支援が必要な児童を受け入れている。入学時点では学力に課題のある子どもたちも少なくないが、小学校6年生になるとどの児童もオンタリオ州の州統一テストで9割以上の得点をとれるようになるという。

学校は、デューイ（John Dewey）の影響を強く受けている。感情的、身体的、心理的、認知的に「安心である（Secure）」環境づくりをめざし、子どもも教師もお互いにファーストネームで呼び合う。協調的な「探究（Inquiry）」が学びのベースとなっており、社会的構成主義の考え方に基づいて、子どもたちが知識を自ら構

成していけるように知識構築を重視している。

　この学校では、一人ひとりの子どもの認知の発達に応じた教育が進められている。例えば、年長組のクラスの壁には、「宇宙から地球を見たらどう見えるのか」の子どもたちのモデルが掲示されている。それぞれの子どもの描いた絵に、教員が聞き取りをした説明が書き加えられている。子どもたちは、本を読んだり、専門家の話を聞いたりしていくと、半年くらい経過した時、自分の壁の絵を見て、「今の考えは、昔の考えとは違っている」とつぶやくようになるという。教師は、そのタイミングをつかんで、「科学者だっていつもそうしているのだよ」と教えると、「じゃあ、いつか僕も考えを付け加えられるのだね」と子どもが答えるという。教師は機会を捉え、考えはつくりかえられるということを教えているのである（国立教育政策研究所 2014、185 頁）。

　訪問したとき、4 年生のクラスでは、「鳥」というテーマで授業が行われていた。鳥の身体的特徴や、習慣、食物などを調べ、そこから環境との関係を探り、生物にとっての環境の重要性を理解することを目的としていた。子どもたちは、好きな鳥を選んで、自分のペースで、自分でやり方を考えて、一人ひとりが思い思いに作業を進めていた。コンピュータに向かって調べる子、机に向かい一生懸命に鳥の絵を描いている子、鳥について意見交換する子どもたち、床に寝そべってレポートを書いている子と、好きな場所で学習を進めていた。

　教室や廊下の壁には、子どもの作品、学習の成果、他の子どもたちに伝えたいメッセージなど、さまざまな掲示物があった。

　教師の皆さんと話をしてみると、一人ひとりの子どもの発達を子どもの作品を通して、具体的に話をされるのが印象的であった。個に応じた指導が、それぞれの子どもの発達に応じて進められており、子どもの学びの理解が学習保障につながることを強く感じた。

トロント大学附属学校

5. 日本への示唆

カナダのオンタリオ州では、2000年代に、明確な目標を掲げ、その目標達成に向けて関係者が一体的に取り組む教育改革が戦略的に進められており、大きな成果を上げている。日本に示唆される点は、例えば以下が挙げられる。

- オンタリオ州カリキュラムが開発されるとともに、それに対応した経年比較可能な州統一テストが実施されており、スタンダードに基づく教育システムが整備されている。
- 教育改革を実効性のあるものにするために利害関係者と協調的な体制を築くとともに、重点目標を掲げ、明確な数値目標を設定して、その実現に向けた目標の共有と政策を一体的に実施することで、高い成果を上げている。
- テストの作成や結果の分析などを行い、学力の状況を把握したり、政策提言を行ったりするために、教育の質とアカウンタビリティに関するオフィス（EQAO）が設立されており、データに基づく教育政策を進めていくための基礎的な資料を提供している。
- 現場主義の立場に立ち、読み書き計算能力開発室（LNS）が設立され、データに基づき現場と協働的に学力向上に取り組み、教師の力量形成を図りながら学校改革を進めることで、大きな効果を上げている。

カナダのまとめ

	資質・能力をめぐる取組の概要
能力の名称	・学習スキルと学習習慣（21世紀型スキル）
下位の能力	・責任感、自己管理能力、課題解決能力、コラボレーション、学習への責任性、自律性
能力に基づく教育課程への展開	・1997年オンタリオ・カリキュラム
教育課程の編成	・内容スタンダード、パフォーマンス・スタンダード（知識と理解、思考、コミュニケーション、応用）
対象となる教科・領域	・初等学校（1～8学年）：芸術、第二言語としての仏語、保健体育、言語、数学、先住民の言語、科学と技術、社会科 ・中等学校（9～12学年）：芸術、ビジネス学、カナダ・世界史、古典・

	国際言語、コンピュータ、英語、第二言語としての英語 (ESL) と ELD (English literacy development)、第二言語としての仏語、キャリア教育、保健体育、数学、先住民言語、先住民学、科学、社会科学・人文学、技術教育など
教育評価	・州統一試験、オンタリオ中等学校識字テスト
その他特徴のある取り組み	・証拠に基づくアセスメントの文化を醸成した教育の質とアカウンタビリティに関するオフィス (EQAO) の取組 ・読み書き計算能力開発室 (LNS) の設置

引用・参考文献

国立教育政策研究所『教育課程の編成に関する基礎的研究7　資質・能力の包括的育成に向けた教育課程の基準の原理』2014年.

小林順子・関口礼子・浪田克之介・小川洋・溝上智恵子編著『21世紀にはばたくカナダの教育』東信堂、2003年.

下村智子「4．カナダ」国立教育政策研究所「第3期科学技術基本計画のフォローアップ「理数教育部分」に係る調査研究—理数教科書に関する国際比較調査結果報告(平成20年度科学技術振興調整費調査研究報告書)」、2009年、29-32頁.

下村智子「カナダの教育課程」国立教育政策研究所『諸外国の教育課程と資質・能力—重視する資質・能力に焦点を当てて』2013a年、57-66頁.

下村智子「世界の教育事情　PISA調査の結果で世界はどう動いたか⑨—カナダ編上—PISAの結果に対するカナダ国内の反応」『週刊教育資料』No.1278、2013b年、22-23頁.

下村智子「世界の教育事情　PISA調査の結果で世界はどう動いたか⑩—カナダ編下—オンタリオ州における教育改革」『週刊教育資料』No.1280、2013c年、22-23頁.

坂本光代「オンタリオ州における教育改革の現状—自由党政権の課題」『カナダ教育研究』第3号、2005年、49-53頁.

平田淳「オンタリオ州における学校アカウンタビリティ増加政策—集権化と分権化の間で」『カナダ教育研究』第1号、2002年、37-55頁.

平田淳「『子どもを第一に考えよう』とオンタリオ州の新保守主義的教育改革」小林順子・関口礼子・浪田克之介・小川洋・溝上智恵子編著『21世紀にはばたくカナダの教育』東信堂、2003年、63-92頁.

平田淳「カナダの学力の現状と学力向上への取組み—オンタリオ州を中心として」『カナダ教育研究』No.4、2006年、53-56頁.

平田淳「カナダ・オンタリオ州における子どもの学力向上政策—統一カリキュラムと学力テストに焦点を当てて」大桃敏行・上杉孝實・井ノ口淳三・上田健男編『教育改革の国際比較』ミネルヴァ書房、2008年、94-110頁.

Louis Lizotte (岸本睦久訳)「第5章　カナダ・オンタリオ州：明日の技能を身に付ける教育」経済協力開発機構 (OECD) 編 (渡辺良監訳)『PISAから見る、できる国・頑張る国2—未来志向の教育を目指す：日本』明石書店、2012年、179-200頁.

Canadian Education Statistics Council, *Education Indicators in Canada: International*

Perspective 2013, 2014.

Canadian Language and Literacy Research Network, *The Impact of the Literacy and Numeracy Secretariat: Changes in Ontario's Education System*, 2009. (http://www.edu.gov.on.ca/eng/document/reports/OME_Report09_EN.pdf)

Council of Ministers of Education, Canada, *Learning Content and Strategies for Living Together in the 21st Century: Report of Canada*, 2001. (http://www.cmec.ca/Publications/Lists/Publications/Attachments/33/ice46-ca.en.pdf)

Education Quality and Accountability Office (EQAO), *Improving Education Through Evidence of Learning: 2010-2011 Annual Report*, 2011.

Education Quality and Accountability Office (EQAO), *EQAO: Ontario's Provincial Assessment Programm, Its History and Influence*, 2013.

Fullan, M. *Great to Excellenct: Lauching Next Stage of Ontario's Education Agenda*, n.d.

Hunter, Judith, Preparing Student the World Beyond the Classroom: Linking EQAO Assessments to 21st-Century Skills, *EQAO Research Bulletin No.7*, 2011. (http://www.eqao.com/Research/pdf/E/ResearchBulletin7_en.pdf)

Mehta, J. D. & R. B. Schwartz, Look a Lot like Us But Gets Much Better Results, In M. S. Tucker (Ed.), *Surpassing Shanghai: An Agenda for American Education Built on the World's Leading Systems*, Harvard Education Press, 2011, pp.141-165.

Ontario Ministry of Education, *Growing Success: Assessment, Evaluation and Reporting in Ontario Schools*, First Edition, Covering Grades 1 to 12, 2010. (http://www.edu.gov.on.ca/eng/policyfunding/growSuccess.pdf)

Ontario Ministry of Education, *Ontario Curriculum*. (http://www.edu.gov.on.ca/eng/teachers/curriculum.html)

Royal Commission of Learning, *For the Love of Learning*, 1994. (http://www.edu.gov.on.ca/eng/general/abcs/rcom/full/royalcommission.pdf)

第4章

先進的に取り組む オセアニアの教育改革

　今日的な資質・能力の育成に先進的な取り組みをもつ地域としてオセアニアを見ていきたい。オーストラリアとニュージーランドは、対照的なアプローチをとっているが、オーストラリアは汎用的能力、ニュージーランドはキー・コンピテンシーの育成をめざしたナショナル・カリキュラムを開発している。

　本章では、4.1 オーストラリアと4.2 ニュージーランドにおいて進められている教育改革を検討していく。

4.1 オーストラリア
——歴史的なナショナル・カリキュラム

　オーストラリアは、6州2直轄区から構成される連邦国家であり、南半球のオーストラリア大陸に位置し、その面積は769.3万平方キロメートルで日本のおよそ20倍の広大な国土をもつ。オーストラリアは大陸とタスマニア島などからなり、大陸は東部の山地、中央の低地や砂漠、南部の台地が広がっている。人口は、約2,268万人（2012年）で、アングロサクソン系などの欧州系が中心であるが、近年、移民の増加が著しく、海外で生まれた人の割合は全体の4分の1を占める。その出身国をみると、イギリス、ニュージーランド、中国、インド、イタリアと続くが、近年では、ヨーロッパからアジア、アフリカへと変化し、国籍・地域も多様化している。キリスト教64％、無宗教19％（2006年国勢調査）である。

　オーストラリアは、憲法の規定により教育の権限は州にある。それが現在、各州・直轄区の合意のもとに、オーストラリア・カリキュラム（the Australian Curriculum）の開発と実施という歴史的な事業が本格化している。4.1では、汎用的能力の育成をめざして体系的な改革が進行しているナショナル・カリキュラムを中心に検討したい。

1. カリキュラム評価報告機構（ACARA）の設立とオーストラリア・カリキュラム

　カリキュラム評価報告機構（Australian curriculum, assessment and reporting authority: ACARA）は、ナショナル・カリキュラム、及び、ナショナル・アセスメントの開発と実施、データの収集と成果の報告などを目的に、2008年12月8日にオーストラリア議会によって設立された。ACARAは、連邦政府とは独立した連邦、州、直轄区による共同の組織であり、それらの各政府から資金

を得ている。ACARAの理事会は、連邦、州、直轄区の教育大臣、カトリック教育委員会、オーストラリア独立学校協議会によって任命された13人のメンバーから構成されている。

　オーストラリアは、連邦制をとっているが、近年、国家戦略として国家教育目標が示されるようになり、教育政策の共通化・統一化が進んできた。そしてACARAの設立により、ナショナル・カリキュラムの開発と実施といった歴史的な事業が開始されることになったのである。

　このような動きの背景には、第一に、国の生き残りをかけて、21世紀のグローバル経済に対応できる人材の育成が重視されるようになったことがあげられる（MCEETYA 2008）。国際的な競争を勝ち抜くために、これからの発展が期待されるアジア諸国との関係構築を視野に、グローバル人材の育成をめざした教育戦略が国として必要であるという共通認識が形成されてきたといえる。

　第二に、州、人種・民族、社会階層などの間の学力格差の解消がめざされていることが挙げられる（青木 2011、伊井 2014）。リテラシーとニューメラシーの全国学力テストが実施されるようになり、地域間や属性間の学力格差が明らかになってきた。学力テストの成績は、州に着目すると、首都直轄区と西オーストラリア州が他を上回っている一方、北部準州、タスマニア州、ビクトリア州が相対的にきびしい傾向にある。人種・民族の視点からは、先住民、家庭で英語以外の言語を使用している児童生徒の学力に課題がある。社会階層の点からは、社会経済的に低い家庭の生徒が、他よりも学力が低い。また、地方都市、遠隔地域に居住している生徒が学力に困難を抱えている。このように、州や人種・民族などをめぐる大きな学力格差の存在が明らかになり、その是正のために国として取り組む必要性が認識されてきたのである。

　こうして、21世紀のグローバル経済に対応した人材育成、及び、学力格差の解消を目的に、教育の権限をもつ州の合意という形で、汎用的能力の育成をめざすナショナル・カリキュラムの開発が実現することになったのである。

2. オーストラリア教育改革の展開

　オーストラリアでは、1901年に連邦政府が樹立され植民地が州となった。初等中等教育に関する基本的な権限は州や直轄区がもつため、教育の制度や内

容は各自治体によって独自に進められてきた。それが、1936年のオーストラリア教育審議会（AEC）の設立、1972年のオーストラリア学校委員会の設立など、各州・直轄区の間の情報交換を行う組織がつくられるようになり、全国的な教育制度の連携に向けた動きも見られるようになる。

連邦としての教育改革への取り組みの本格化は、1989年の「ホバート宣言」を契機にしている。タスマニアの州都ホバートにおける会議において、国家教育目標として10の目標が設定されたのである。この宣言以来、1999年の「アデレード宣言」、2008年の「メルボルン宣言」と、おおむね10年ごとに国家教育目標が示されるようになり、教育の制度や政策の共通化・統一化が大きく進んでいった。

こうした連邦レベルの動きに大きな影響を与えたのが、前述したリテラシーとニューメラシーの全国学力調査の実施であった（青木2011）。1997年には、産業界からの要請を受けて、リテラシーとニューメラシーの国家的な基準としてベンチマークが作成され、それに基づく調査が進められた。その結果、前述したように、州間や人種・民族間などの学力格差が浮き彫りになり、国として教育政策に取り組む必要に迫られるようになったのである。

そして、2008年のメルボルン宣言において、ナショナル・カリキュラムの開発と実施への歩みが本格化することになる（MCEETYA 2008）。この宣言には、ナショナル・カリキュラムを開発することなどの「行動計画」が付されており、連邦政府から州政府への財政支援が約束される一方で、州政府は成果に対するアカウンタビリティを負うことになった。この行動計画を受け、ナショナル・カリキュラムの開発を目的に、「ナショナル・カリキュラム委員会」を引き継ぎ2008年にはカリキュラム評価報告機構（ACARA）が設立され、ナショナル・カリキュラムの構想・執筆・実施・評価と再検討が本格的に進められていくことになったのである。

オーストラリア・カリキュラムの開発と導入は、三つの段階で進められている（ACARA 2011）。第1段階（2008～2010年）は、英語、算数・数学、理科、歴史、第2段階（2010～2012年）は、地理、英語以外の言語、芸術、第3段階（2011～2013年）は、保健体育、ICT、デザイン・技術、経済、ビジネス、公民とシティズンシップの領域である。こうして、ナショナル・カリキュラムの開発と実施という歴史的な教育改革が実現していったのである。

このようにナショナル・カリキュラムの開発とそれに基づく評価システムの構築といった歴史的事業が進められてきたが、2013年9月のラッド労働党政権からアボットの率いる自由党への政権交代に伴いその政策評価が実施されることになった。2014年10月に発表された最終報告書では、オーストラリア・カリキュラムの開発と実施については教育内容の国家的な一貫性を促したという点で一定の評価は下されている一方で、基本的な枠組み、過密な内容、ガバナンスの問題などが指摘されており、今後、ACARAの組織改革を含め大きな修正が加えられていくことが予想される（Australian Government 2014）。

3. 学校制度の概要

ここで、オーストラリアの学校制度の概要をみておきたい（例えば、伊井2011）。連邦制をとっているオーストラリアでは、教育の権限は州にあり、義務教育の年限や中等教育の開始学年なども州によって異なる。一方で、近年、教育制度の統一化や共通化が進んでいる。

学校制度は州・直轄区によって異なるが、就学前教育（1年）、初等教育（6〜7年）、中等教育（5〜6年）と、全体で13年間となっている。就学前教育は義務ではないが、ほとんどの子どもが経験している。義務教育は、タスマニア州を除いて、開始年齢は6歳で、修了年齢はすべての州で10年生の終わりまでとなっている。

初等教育は、州によって異なるが、1〜6年生もしくは1〜7年生までとなっている。

中等教育は、7〜12年生もしくは8〜12年生までである。後期中等教育は、中等教育修了の資格認定を伴う11と12年生を対象としている。そこでは、大学などの進学を目的としたプログラムの他に、職業教育訓練（vocational education and training: VET）のプログラムや職業見習いも準備されている。12年生を修了して各州の中等教育修了資格（senior secondary certificate of education）を取得する。

中等後教育は、高等教育と職業教育訓練に分けられる。高等教育は、連邦政府や州政府の設置する公立大学、私立大学、カレッジ、その他の私立カレッジなどから構成される。職業教育訓練には、各州政府が設置する技術継続教育機関（technical and further education: TAFE）がある。

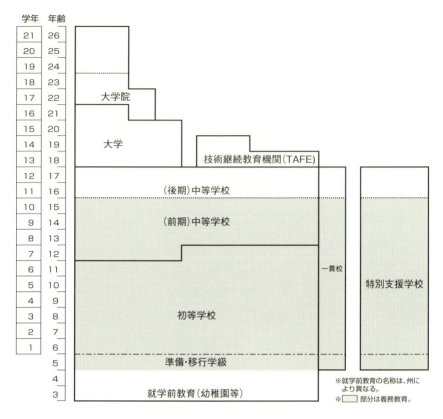

図4-1-1　オーストラリアの教育システム
出典：青木・佐藤編 2014、xv頁。

4．資質・能力の育成と教育課程

（1）育てようとしている資質・能力

　オーストラリアでは、資質・能力をめぐりどのような議論があり、いかなる資質・能力目標を掲げているのだろうか。

　ナショナル・カリキュラムでは、メルボルン宣言で示された学校教育の目標である①「公正さと卓越性のいっそうの追求」を促し、②「成功した学習者」「自信に満ちた創造的な個人」「活動的で知識ある市民」の育成がめざされている。その手だてとして、学校教育全体を通して身につけることが求められる

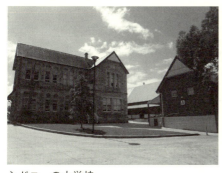
シドニーの小学校

メルボルンの中・高等女子高

「汎用的能力（general capabilities）」が設定され、各学習領域に具体化される形でカリキュラムが開発されているのである（ACARA 2011）。

オーストラリアでは、「キー・コンピテンシー（key competency）」や「エンプロイヤビリティスキル（employability skill）」などの用語もよく使われていたが、ナショナル・カリキュラムの開発にあたっては、すでに広く普及していたり、州で使用されたりしている用語は避けることになったという。こうした観点からの議論が重ねられ、最終的に、汎用的能力という用語が選択されること

図4-1-2　汎用的能力

4.1　オーストラリア——歴史的なナショナル・カリキュラム　　153

になったのである (青木 2013)。

　汎用的能力は、図 4-1-2 に示すように、学校教育の目標としての育みたい人間像のまわりに配置された、リテラシー (literacy)、ニューメラシー (numeracy)、ICT 技能 (ICT capability)、批判的・創造的思考力 (critical and creative thinking)、倫理的理解 (ethical understanding)、異文化間理解 (intercultural understanding)、個人的・社会的能力 (personal and social capability) の七つのカテゴリーから構成されている。汎用的能力のそれぞれの具体的な内容は、表 4-1-1 の通りである。

（2）資質・能力と教育課程

　では、汎用的能力をもとにして、オーストラリア・カリキュラムはどのように編成されているのだろうか。

①オーストラリア・カリキュラムの特徴

　オーストラリア・カリキュラムは、図 4-1-3 のように、学問分野に基づく学習領域 (discipline-based learning areas)、汎用的能力、学際的カリキュラム優先事項 (cross-curriculum priorities) という三つの軸から構成されている。

　すなわち、前述した七つの汎用的能力の軸に加えて、英語、算数・数学、科学、人文・社会科学（歴史、地理、経済とビジネス、公民とシティズンシップ、芸術、言語、健康と体育、テクノロジー）からなる学習領域の軸が設定されている。また、

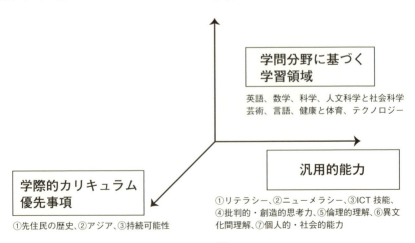

図4-1-3　ナショナル・カリキュラムの三つの軸

表 4-1-1　汎用的能力の構成要素

リテラシー (literacy)	児童生徒は、学校で自信をもって学習し、コミュニケーションするスキルを発達させ、有能な (effective) 個人、コミュニティの構成員、労働者および市民となることを通して、リテラシーを身に付ける。これらのスキルには、すべての学習領域で、正確かつ明確な目的をもって、聞くこと (listening)、読むこと (reading)・鑑賞すること (viewing)、話すこと (speaking)、書くこと (writing)、印刷・映像・オーディオ資料を創ること (creating) を含む。
ニューメラシー (numeracy)	児童生徒は、学校で、また学校を離れた実生活において、数学を使うスキルと自信を発達させることを通して、ニューメラシーを身に付ける。学校教育の文脈では、ニューメラシーは、児童生徒がすべての学習領域の理解に必要な、あらゆる数学的知識やスキルを認識し、それに従事することを意味する。
ICT 技能 (ICT capability)	児童生徒は、ICTを効果的に活用し、すべての学習領域で、または学校を離れた実生活において、問題を解決し、他者と協同するために必要とされる情報やアイデアに適切にアクセスし、創造し、それを活用することを学ぶことで、ICTの能力を発達させる。
批判的・創造的思考力 (critical and creative thinking)	児童生徒は、知識、アイデア、可能性を統合、評価し、新たな方法・解決法を必要とするときにそれらを活用することで、批判的・創造的思考力や推察力を発達させる。これは、すべての学習領域で、理由、論理、処理能力、想像力およびイノベーションを要求する活動において深く、幅広く考える学習を含む。
倫理的理解 (ethical understanding)	児童生徒は、倫理的概念、価値、特徴的特質を見つけ探究することで、倫理的理解を涵養し、いかに理由付けが合理的判断を下すのを支援するのかを理解する。倫理的理解は、文脈、衝突、不確かさに折り合いをつけ、また、価値や態度が自分自身にもつ影響への意識を培うのを助ける強固な個人、そして社会的に方向づけられた見識を構築するのを含んでいる。
異文化間理解 (intercultural understanding)	児童生徒は、他者との関係において自己を理解することにより異文化間理解を発達させる。自身の文化や信条、他者のそれらを尊敬し享受することを学ぶ。これは、違いを認め、つながりを構築し、相互理解を確立することにより、言語的・社会的・文化的に多様な人々と従事し、個人、グループ、そして国家のアイデンティティがどのように多くの異なる歴史や経験によって形作られるのかを理解することを含む。学校教育の文脈では、児童生徒が言語や制度・慣例 (institution)、実践の多様性について学習し、グローバルな多様性に関する複雑な問題についての視点を発達させることを含む。
個人的・社会的能力 (personal and social competence)	児童生徒は、自分自身および他者について十全に理解し、お互いの関係性や人生、学習、仕事を効果的に運用することを通して個人的・社会的能力を発達させる。これは、自らの感情を認識・統合し、積極的な関係性を確立し、責任ある決定を下し、チームで効果的に動き、困難な状況にも建設的に立ち向かうことを含む。

出典：青木 2013、91頁。
(注) 用語が変更になったため、倫理的理解の項目は、ACARA 2013, p.121をもとに筆者が記述した。

表4-1-2 7つの汎用的能力（general capabilities）を示すアイコン

リテラシー	批判的・創造的思考力	ニューメラシー	個人的・社会的能力	ICT技能	倫理的理解	異文化理解

出典：http://www.australiancurriculum.edu.au/GeneralCapabilities/Overview/General-capabilities-in-the-learning-areas より作成

先住民およびトレース海峡島嶼民の歴史と文化、アジアおよびアジアとの関わり、持続可能性の三つから成る学際的カリキュラム優先事項の軸が設定されている。

ナショナル・カリキュラムは、ウェブサイト上でのみ運用されているが、これらの三つの側面（学習領域、汎用的能力、学際的カリキュラム優先事項）のいずれからも、学習内容を学年ごとに確認することができるようになっている。

ナショナル・カリキュラムの設計にあたり、七つの汎用的能力はそれぞれ下位のカテゴリーに分けられ、2、4、6、8、10年次、または、2、6、10年次の終わりまでの到達目標が設定されている。

また、ナショナル・カリキュラムの教科などの内容において、内容の説明（content descriptions）やカリキュラムの詳細（curriculum elaborations）がある。内容をどのくらい詳細に示すかについては意見の分かれるところであるが、前者のリストは必ずカバーすることが期待されるものとして、後者はより詳細な内容が必要と考える州・直轄区における活用を意図して作成されたものである。汎用的能力は、これらの内容の説明およびカリキュラムの詳細で育成・活用する場所が特定されており、また、該当する場所にそれぞれの能力に対応する図4-1-2のようなアイコンが示されている。

さらに、ACARAでは、児童生徒の学習で期待されている水準を定義するために、到達基準（achievement standards）を示している。到達基準は、文字による記述と子どもの作品によって構成されている。各学年で期待される学習の質が具体的に把握できるように、それぞれの学習領域の設定された項目に従って、到達基準の卓越（outstanding）、満足（satisfactory）、努力を要する（unsatisfactory）ごとに、パフォーマンス課題に答えた子どもの作品が収集され、基準ごとの典型的な作品例がウェブ上に掲載されている。

②ナショナル・カリキュラムの開発プロセス

　ACARAでは、ナショナル・カリキュラムの開発が綿密な計画に基づき体系的に進められている。学習領域のカリキュラムは三つの段階に分けて進められている（ACARA 2010）。1段階は、英語、算数・数学、科学、歴史、2段階は、地理、言語、芸術、3段階は、保健体育、ICT、デザイン・技術、経済、ビジネス、公民とシティズンシップの学習領域となっている。

　各学習領域のカリキュラム開発にあたっては、構想、執筆、実施、評価と再検討の四つの過程がある。構想の局面では、まず、カリキュラムの枠組みをつくる段階があり、各学習領域の枠組みに関する報告書が作成される。その手順は、プロジェクトの計画、州、直轄区、国際的なカリキュラムの調査、ドラフト報告書の作成、同報告書のレビュー、意見聴取、関連団体などとの協議、フィードバック報告書の作成、ドラフトの改訂、採択となっている。次に、カリキュラム執筆の局面がある。これも同様の手続きで進められるが、プロジェクト計画の見直し、州、直轄区、国際的なカリキュラムの分析と検討、ドラフト報告書の作成、同報告書のレビュー、ウェブ上での調査などを含む意見聴取、関連団体などとの協議、フィードバック報告書の作成、ドラフトの改訂、ACARAのカリキュラム委員会及び理事会における採択となっている。

　オーストラリアでは、ナショナル・カリキュラムを開発するための理念や枠組みが政策文書として詳細に示されている。また、これらの政策文書をもとに、ナショナル・カリキュラムの開発に向けたプロセスや内容を検討し合い、広くコンセンサスを得ながら計画を実施しているところに特徴がある。

（3）教育評価

　では、オーストラリアでは、ナショナル・カリキュラムに基づく教育実践が効果を上げているかどうかをどのように評価しようとしているのだろうか。

　ACARAでは、リテラシー、ニューメラシー、ICTリテラシー、公民とシティズンシップなどに関する全国評価プログラム（National Assessment Program: NAP）を実施している（竹川・木村2014）。また、各学校の情報が検索できるようになっているMy Schoolウェブサイトの運営、オーストラリアの学校教育に関する報告書やNAPLANに関する報告書の作成など、データの収集と報告に取り組んでいる。

NAPはナショナル・カリキュラムの汎用的能力のすべての領域をカバーするものではないが、オーストラリアではリテラシー、ニューメラシーに加え、科学的リテラシー、公民とシティズンシップ、ICTリテラシーについての調査も実施されている。ACARAによって実施されているNAPにはまず、リテラシーとニューメラシーを対象とした全国共通テスト（NAPLAN）があり、教育目標に達しているかどうかを把握している。3・5・7・9年生を対象とするもので、毎年、悉皆で調査が行われている。また、科学的リテラシー、公民とシティズンシップ、ICTリテラシーについては、3年に1度、抽出による調査がある。なお、汎用的能力の評価については検討課題となっており、評価のためのフレームワークの開発が予定されている。調査結果の概要や分析結果は、「要約報告書」「全国報告書」「私の学校ウェブサイト（My School website）」、NAPのホームページを通して、情報が公開されている。

（4）教育実践の革新をめざす支援や方策
　オーストラリアでは、汎用的能力を育成する教育実践を支援するためにいかなる手だてを講じているのだろうか。

① ICTの活用
　ナショナル・カリキュラムは、前述の通り、ウェブ版として提供されているため、その内容を常にアップグレードすることを可能にしている。新しい知見、情報、開発された教育内容などは次の改訂を待たなくても、漸次反映できる仕組みになっている。
　また、キーワードをもとに情報の検索を容易に行うことができ、授業づくりの改善に活かされるようになっている。ナショナル・カリキュラムの三つの軸である学習領域、汎用的能力、学際的カリキュラム優先事項のいずれの側面からも、授業のデザインに必要な情報を探すことができる（コラムを参照）。また、ACARAでは、前述のように、児童生徒に期待される到達基準が示されているが、子どもの作品例がその到達基準ごとに収集されウェブ上に掲載されており、教師が評価する際に手がかりとする基準として提供されている。
　さらに、教科の内容と教材のデータベースとの間にリンクが張られている。映像や音声も含め多様な教材のリソースが豊富に収集・開発されており、ウェ

ブ上にアップされているので、授業づくりの際にこれらの教材を活かすことができるようになっている。こうした教育情報の環境を整備しているのが2010年に創設された連邦・州政府出資機関のESA (Education Service Australia) という組織で、リソースの開発やICTを活用した教育サービスなど充実した情報や各種サービスを提供している。

② AITSL

　メルボルン宣言の「行動計画」により、ACARAと同様に、連邦政府とは独立した組織として、教員と学校リーダーの専門性を向上させることを目的とする「指導とスクールリーダーシップ機構 (Australian Institute for Teaching and School Leadership: AITSL)」が2009年に設立されている (AITSL 2012)。AITSLでは、教員の全豪専門スタンダードの開発、スタンダードを基に構築された有能な教員やリーダーを認定するための資格認証制度の整備、教員研修の運用に責任をもっている。オーストラリアでは、州により教員の登録や研修などの制度が異なるため、連邦レベルで教員の質保証を担う枠組みが求められていたのである。

　AITSLでは、2011年に、各州の協力を得て全国教職専門スタンダード (national professional standards for teachers) を開発している (AITSL 2013)。教員を新卒から管理職までの経験レベル別に四つに分け、必要とされる知識・実践・態度が示されている。将来的には、これらのスタンダードをもとにした資格認証制度の導入が検討されている。ナショナル・カリキュラムの開発と実施とともに、教員の資質向上に向けた機関が設立され、国レベルの教員資格制度の整備が進められているのである。

6. 日本への示唆

　オーストラリアでは、汎用的能力の育成をめざして、ナショナル・カリキュラムの開発といった歴史的事業が進められている。こうした体系的で包括的な教育改革から、日本に示唆される点は、例えば以下が挙げられる。

- ナショナル・カリキュラムの計画・実施・評価を担うACARAが設立され、綿密な計画に基づいた体系的な教育改革が進められている。

- 汎用的能力をめぐる概念の検討と下位項目の設定、到達基準の設定と子どもの作品の収集、各学習領域で指導する部分の同定などを通して、汎用的能力の育成に向けた具体的なプロセスが計画されている。
- ナショナル・カリキュラムはウェブ版になっており、必要に応じてアップデートがいつでも可能である。また、到達基準ごとの児童生徒の作品事例、あるいは、ウェブを活用した教材などのリソースが充実している。
- AITSLの全国教職専門スタンダードの開発のように、スタンダードに基づいて教員の質を保証する仕組みの整備が進んでいる。

オーストラリアのまとめ

	資質・能力をめぐる取組の概要
能力の名称	・汎用的能力 (general capabilities)
下位の能力	・リテラシー (literacy)、ニューメラシー (numeracy)、ICT技能 (ICT capability)、批判的・創造的思考力 (critical and creative thinking)、倫理的理解 (ethical understanding)、異文化間理解 (intercultural understanding)、個人的社会的能力 (personal and social competence)
能力に基づく教育課程への展開	・2008年メルボルン宣言 ・2013年よりナショナル・カリキュラムの段階的実施
教育課程の編成	・汎用的能力を教科横断的に配列 ・育成する能力を教科の内容に具体的に記述 ・汎用的能力の達成目標の設定
対象となる教科・領域	・英語、算数・数学、理科、歴史、地理、言語、芸術、保健体育、ICT、デザイン・技術、経済、ビジネス、公民とシティズンシップ
教育評価	・評価のためのフレームワークを開発予定 ・全国共通テスト (NAPLAN)：リテラシーとニューメラシー：3・5・7・9年生：毎年悉皆調査。ICTリテラシーとシティズンシップ：3年に1度サンプル調査
その他特徴のある取り組み	・ナショナル・カリキュラムやそれにリンクした教材データベースなど、アップデートやリンクを可能にするICTの活用 ・学力向上をめざしたACARA及び教員の資質向上をめざすスクールリーダーシップ機構 (AIRSL) の取組

引用・参考文献

青木麻衣子「オーストラリアにおける児童生徒の資質・能力」国立教育政策研究所『諸外国における学校教育と児童生徒の資質・能力』2008年、159-167頁。

青木麻衣子「第1章　カリキュラム」佐藤博志編著『オーストラリアの教育改革：21世紀型教育立国への挑戦』学文社、2011年、7-26頁。

青木麻衣子「オーストラリアの教育課程」国立教育政策研究所『諸外国の教育課程と資質・能力──重視する資質・能力に焦点を当てて』2013年、87-102頁。

青木麻衣子「第1部第1章　社会と学校教育」青木麻衣子・佐藤博志編『新版　オーストラリア・ニュージーランドの教育──グローバル社会を生き抜く力の育成に向けて』東信堂、2014年、5-26頁。

伊井義人「第2章　教育行政」佐藤博志編『オーストラリアの教育改革──21世紀型教育立国への挑戦』学文社、2011年、29-52頁。

伊井義人「第3章　学校における多文化・多言語教育とマイノリティ」青木麻衣子・佐藤博志編著『オーストラリア・ニュージーランドの教育──グローバル社会を生き抜く力の育成に向けて』東信堂、2014年、43-58頁。

川口俊明・山田哲也「テスト政策は教育の公正性・卓越性にに名をもたらすのか──オーストラリア版・全国学力テスト（NAPLAN）のインパクト」志水宏吉・鈴木勇編著『学力政策の比較社会学国際編　PISA は各国に何をもたらしたか』明石書店、2012年、126 - 160頁。

木村裕「第4章　カリキュラム」佐藤博志編著『オーストラリアの教育改革：21世紀型教育立国への挑戦』学文社、2011年、79-103頁。

笹森健「魅力あふれる教育環境をもつ学校──オーストラリア」二宮皓編著『世界の学校──教育制度から日常の学校風景まで』学事出版、2006年、102-113頁。

竹川慎哉・木村裕「第1部第2章　カリキュラムと教育評価」青木麻衣子・佐藤博志編『新版　オーストラリア・ニュージーランドの教育──グローバル社会を生き抜く力の育成に向けて』東信堂、2014年、27-42頁。

ACARA, *Curriculum Development Process Ver. 4.0.*, May 2010.

ACARA, *The Australian Curriculum: English, History, Mathematics and Science Version 2.*, October 2011.

ACARA, *General Capabilities Consultation Report*, 2011.

ACARA, *General Capabilities in the Australian Curriculum*, January 2013.

ACARA, *Annual Peport 2012-2013*, 2013.

AITSL, *Australian Professional Standards for Teachers*, November 2013.

Australian Curriculum, Assessment and Reporting Authority (ACARA), *The Shape of the Australian Curriculum Ver.3.0*, ACARA, October 2011.

Australian Government, Review of Australian Curriculum: Final Report, 2014.

Australian Instiue for Teaching and School Leadership (AITSL), *Certification of Highly Accomplished and Lead Teachers in Australia*, April 2012.

Ministerial Council on Education, Employment, Training and Youth Affairs, *Melbourne Declaration on Educational Goals for Young Australians*, December 2008.

National Curriculum Board (NCB), *The Shape of the National Curriculum: A Proposal*

for Discussion, October 2008.
NCB, *Shape Paper: Consultation Report*, May 2009.
NCB, *The Shape of the Australian Curriculum Ver.3.0*, May 2012.

コラム　ナショナルカリキュラムと ICT の活用

オーストラリアのナショナル・カリキュラムは、ウェブ上でのみ公開されているという近未来的な特徴をもつ。そのため、紙ベースのものとは異なり、アップデートが常に可能であり、情報の検索もさまざまな形で行えるといった利便性がある。

Australian Curriculum のトップページが図 4-1-4 である。画面の上方に位置する「F － 10Curriculum（基礎から 10 年生）」をクリックすると、サブメニューとして「学習領域（教科）」「汎用的能力」「教科横断的優先事項」「学年」が図 4-1-4 のように表示される。それらの項目をクリックするとそれぞれの内容が表示されるページに移ることができる。

このトップページからは、例えば図 4-1-5 のように、学習領域（教科）→学年→汎用的能力のように絞り込みをかけて検索することもできる。例えば、英語→Year4 →批判的創造的思考力と絞り込むと、それらの属性に該当する指導内容が表示される。

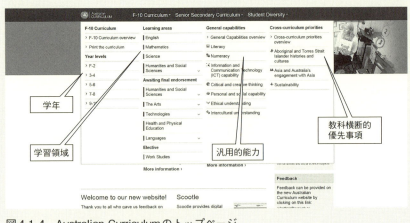

図 4-1-4　Australian Curriculum のトップページ

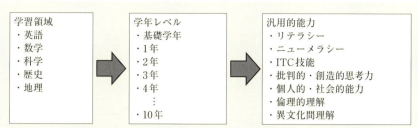

図4-1-5　指導内容の絞り込み

「6年生」と「Science」で絞り込みをかけた画面が、図4-1-6である。科学の内容説明の項目ごとに、その項目で結び付けたい汎用的能力が緑色のアイコンで示されている。

学校の教育課程の編成や授業づくりを支援するリソースとして、Scootleがある。Scootleは、オーストラリア政府及び州の委託によってESA（Education Service Australia）が運営する教師向けのポータルサイトで、2013年7月現在で教員の約半数にあたる14万人が会員登録している。Australian Curriculumには、「Scootleデジタル教材」や「Scootleコミュニティ」へのリンクが貼ってあり、デジタル教材を入手したり、コミュニティで話し合ったりすることができる。

図4-1-6　「6年生」「Science」でフィルターをかけた結果

4.1　オーストラリア――歴史的なナショナル・カリキュラム

例えば、「6年生」「科学的理解」「物理」で絞り込み、図4-1-7のScootleデジタル教材へのリンクをクリックすると、図4-1-8に示す通り102個の教材が閲覧できるようになっている。

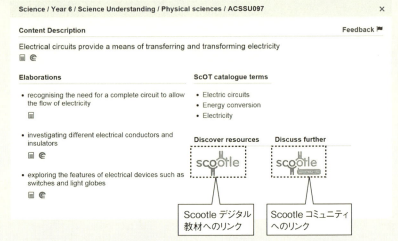

図4-1-7 「6年生」「科学的理解」「物理」でフィルターをかけた結果

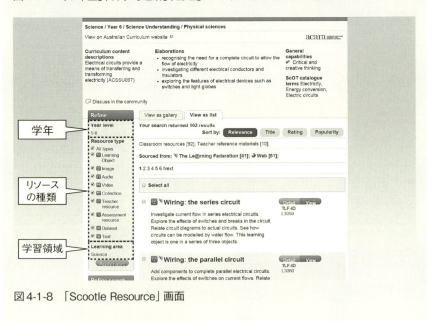

図4-1-8 「Scootle Resource」画面

4.2 ニュージーランド
——キー・コンピテンシーと学習領域の架橋

　ニュージーランドは、南太平洋に位置し、北島と南島を中心とする島国から構成されている。ニュージーランドという名称は、1769年に上陸したキャプテンクックによって命名されたものであるが、マオリの言葉ではアオテアロア（Aotearoa）といい「白い雲のたなびく国」という意味をもつ。その面積は、27.1万平方キロメートル（日本の約4分の3）で、約443万人（2012年）を数える人口は、オークランド、クライストチャーチ、ウェリントンなどの都市に集中している。人種・民族構成は、欧州系（67.6％）、マオリ系（14.6％）、太平洋島嶼国系（6.9％）、アジア系（9.2％）、その他（12％）で、公用語は英語、マオリ語、手話（2006年より）となっている。

　ニュージーランドは、資質・能力の育成に早い時期から取り組んでいる国の一つである。4.2では、キー・コンピテンシー（key competencies）の育成をめざしたニュージーランド・カリキュラム（New Zealand curriculum: NZC）の開発と実施を中心に検討したい。

1. 必須のスキルからキー・コンピテンシーへ

　ニュージーランドは、1990年代の初めという早い時期から、スキルの育成を重視してきた。1993年に、「必須のスキル（essential skills）」がニュージーランドのカリキュラム枠組み（framework）に導入された。必須のスキルは、コミュニケーションスキル（communication skills）、ニューメラシー（numeracy skills）、情報スキル（information skills）、問題解決スキル（problem-solving skills）、自己管理と競争スキル（self-manegement and competitive skills）、社会的協働的スキル（social and cooperative skills）、身体的スキル（physical skills）、学習・研究スキル（work and study skills）から構成されていた。

必須のスキル		キー・コンピテンシー
コミュニケーションスキル ニューメラシー 情報スキル 問題解決スキル 自己管理と競争スキル 社会的協働的スキル 身体的スキル 学習・研究スキル		思考力 言語・シンボル・テキストの使用 自己管理 他者との関わり 参加と貢献

図4-2-1　必須のスキルからキー・コンピテンシー

　それが、2007年のカリキュラム改訂にあたり、必須のスキルがキー・コンピテンシーへと中心的な概念が変更されることになった。このようにカリキュラムを支える基本的な概念が変えられた理由には、必須スキルの育成が必ずしもうまく進まなかったことがあげられる（Hipkins 2006, Barker, Hipkins & Bartholomew 2004）。すなわち、必須スキルは、教育内容に統合されることが意図されて導入されたものの、指導の中で十分な関心が払われなかったり、必須のスキルのリストが独り歩きして、スキルの習得に終始した教育実践に陥ったりする傾向にあった。さらに、何のために、どのような態度形成をめざすのかなどのスキルを活用する目的や価値が十分に位置づけられておらず、資質・能力の育成につながっていなかったのである。

　このような反省に立ち、OECDのデセコ（DeSeCo）プロジェクトに参加していたニュージーランドでは、必須のスキルに代わりキー・コンピテンシーの育成がめざされることになったのである（Hipkins 2006）。キー・コンピテンシーは、スキルよりも広い概念として考えられており、知識やスキルのみならず、態度、価値を含むもので、具体的な文脈において活用できる能力を示すものと捉えられている。

　キー・コンピテンシーの概念は、基本的にはOECDのDeCeCoの定義を忠実に踏襲するとともに、ニュージーランドの文化的な文脈に合うように若干の修正が加えられている。その構成要素は、①思考力（thinking）、②言語・シンボル・テキストの使用（using language, symbols, and texts）、③自己管理（managing self）、④他者との関わり（relating to others）、⑤参加と貢献（participating and contributing）となっている。

2. ニュージーランド教育改革の展開

　ニュージーランドは、英連邦としてイギリスとの安定的な関係のもとで、世界を先導する福祉国家としての歩みを進めてきた（日本ニュージーランド学会他編 2012）。世界に先駆けて義務教育の無償化を実施したり（1877 年）、女性の参政権を実現したり（1919 年）、核の持ち込みや使用を全面禁止した非核法（1984 年）を立法化したりと、革新的な政策が進められてきたのである。

　それが、イギリスのEUへの加盟や2度の石油ショックを契機に、ニュージーランド経済はきびしい事態に直面することになる（福本 2014）。安定していたイギリスへの輸出は激減し、膨大な財政赤字が膨らむなかで、生き残りのために新たな市場の開拓とともに大胆な行政改革に迫られるようになった。そのためロジャーノミックスと呼ばれる市場原理、規制緩和、民営化を推し進めるニューパブリックマネジメント（NPM）理論に基づいた行政改革が断行され、高度福祉国家から小さな政府へと大きな変貌を遂げていくことになる。

　逼迫する財政のもとで、グローバルな競争を生き抜く市民の育成に向けた抜本的な教育改革が進められていった。1989 年教育法により、教育省の権限の大幅な縮小や教育委員会制度の廃止を大胆に進める一方で、学校レベルに権限が委譲され、すべての初等中等学校に「学校理事会（board of trustees）」が設置されることになった。父母や地域の教育参加、学校の人事、予算の立案・運用に関して大幅な裁量が与えられ、自律的な学校経営が期待されるようになったのである。一方、質の保証を図るために第三者評価機関として、「教育評価局（education review office: ERO）」が設置され、学校による自己評価に加え、専門家による外部評価が実施されることになった。

　こうした新自由主義的な教育改革は、カリキュラムのあり方にも影響を与えた。子ども中心主義の考えに立ち学校や教師にすべてが任されていたものから、アカウンタビリティが問われ到達目標や評価が重視されるカリキュラムへと変化していった。1980 年代には、カリキュラムの大きな見直しが教育関係者を巻き込みながら進められ、3 万 1,500 に及ぶ寄せられた意見をもとに『カリキュラムレビュー』がまとめられた。そして、1991 年の教育修正法において、カリキュラム枠組みの開発が計画され、1993 年に「ニュージーランド・カリキュラム枠組み」が開発されたのである。この枠組みでは、グローバル社会で生きて

働く資質・能力が求められるなかで、前述のように、八つの「必須スキル」が導入され、その育成が主要な課題の一つとなっていく。

2000年代になると、同カリキュラム枠組みは、2000～2002年にレビューが実施され、改訂される運びとなった。改訂にあたっては、NZCの草案が広く配布され、多くの関係者の意見を聞きながら注意深く進められていった。2007年に完成した新しいNZCは、必須のスキルに代わりキー・コンピテンシーの用語が使用されるようになり、また、その内容は大幅に大綱化され、学校や教師の裁量が大きく増加した。

また、NZCの改訂に加え、読み（reading）、書き（writing）、数学（mathmatics）に関して、Year1からYear8までのNZCに対応したナショナルスタンダードが導入された（高橋 2014）。これは、児童間にある学習達成度の格差への批判に対応したもので、各学年で達成すべき事項を明確に示すことで、学力の保障と格差の是正をめざしている。ナショナルスタンダードに基づく評価結果は、2010年より保護者に対して報告するとともに、教育省に対しても報告することが課せられることになった。

3．学校制度の概要

ここで、ニュージーランドの学校制度の概要をみておきたい（例えば、福本 2014、島津 2013）。ニュージーランドでは1989年教育法により、政策を立案し実施する教育省（Ministry of Education）、資格基準を定め評価する資格審査委員会（Qualification Authority）が教育大臣のもとに設置されている。また、教育機関の外部評価を行う独立した専門機関として教育評価局（ERO）が置かれた。公立の学校などには学校理事会（Board of Education）があり、自律的な学校経営が行われている。

就学前教育は、1986年という世界的にみても早い時期に保幼一元化を達成している。また、1996年に乳幼児共通のカリキュラムであるテ・ファリキ（Te Whariki）が策定されている。就学前教育は、保育者が主導する幼稚園や保育園、家庭的保育施設などや保護者が主導するプレーセンター、コハンガ・レオなどがある。保護者の就業形態やニーズに応じた多様なサービスが提供されている。

義務教育は、6歳から16歳までとなっている。5歳になった誕生日から子供

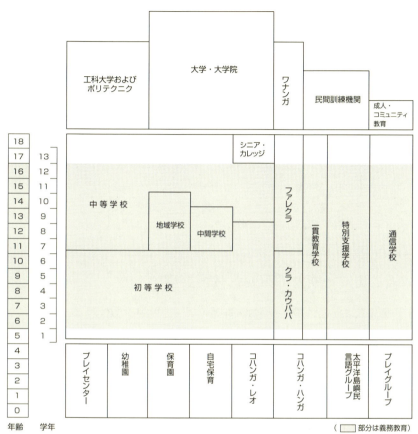

図4-2-2 ニュージーランドの学校系統図
出典:青木・佐藤編 2014、xvi 頁。

は学校に通うことができ、6歳までは学校教育への準備期間として考えられている。

初等教育は、Year1 から Year8 まで、都市部の子どもたちの多くは Year7 と Year8 を中間学校(intermediate school)で学ぶ。

中等教育はその後の5年間で、Year9 から Year13 までである。農村部では中間学校と中等学校を一緒にして7年制としている学校もある。Year11 から Year13 までは、統一資格制度(National Certificates of Education Achievement, NCEA)に従って資格の取得をめざす。NCEA にはニーズに応じて三つの段階があるが、一般に、Year11 ではレベル 1、Year12 ではレベル 2、Year13 では

4.2 ニュージーランド——キー・コンピテンシーと学習領域の架橋　　169

レベル3を取得する。大学進学にはレベル3が必要となる。NCEAにおいては、国家資格体系（National Qualification Framework）から必要な科目を履修し、単位を取得することを通して、各レベルの資格取得がめざされるのである。

高等教育には、大学、高等技術専門機関（ポリテクニック）、ワナンガ（マオリの高等専門機関）、私立の高等教育機関などがある。総合大学はすべて国立で、オークランド大学、オークランド工科大学、ワイカト大学、マッセイ大学、ビクトリア大学、カンタベリー大学、リンカーン大学、オタゴ大学の八つである。

また、マオリを対象としては、初等・中等学校には「クラ・カウパパ・マオリ（Kura Kaupapa Maori）」、「ファレ・クラ（Whārekura）」があり、マオリ語によるイマージョン教育が実施されている。さらに、高等教育機関としては、前述のワナンガ（Wananga）が設立されている。

4．資質・能力の育成と教育課程

（1）育成しようとしている資質・能力

ニュージーランドでは、資質・能力をめぐりどのような議論があり、いかなる資質・能力目標を掲げているのだろうか。

ニュージーランドのナショナル・カリキュラムには、英語を基盤とする学校に適用されるニュージーランド・カリキュラム（NZC）とマオリの言語・文化を基盤とする教育に適用されるTe Marautanga o Aotearoaの二種類がある。ここでは、NZCを中心にみていくことにする。

ウェリントンの小学校

オークランドの女子中・高等学校

表4-2-1 キー・コンピテンシー

①思考力 (thinking)	情報や経験値、アイデアを形成するための生産的、批判的、メタ認知的な能力と捉えられ、理解力の発達や、意思決定、行動の選択、知識の形成などに応用される。とりわけ知的好奇心は、この能力の核となるものである。思考力を獲得した生徒は、問題解決力を有し、自ら知識を求め、使用し、形成することができる。自らの学習を省察し、知識や洞察力を引き出し、問いを投げかけ、仮説生成や課題に取り組む力をもつ。
②言語・シンボル・テキストの使用 (using language, symbols and text)	言語・記号・テキストを用いて意味形成を行い、知識をコード化する能力。生徒はことばや数字、イメージ、メタファー、ICTなどをそれぞれの文脈において解釈し、その選択方法を認識できるようになる。また言語と記号を用いて情報や経験、アイデアを交換することが可能となる。
③自己管理 (managing self)	自身の動機づけができ、意欲をもち、能力のある学習者として自分をみなすことができる能力。自己管理力は、自己評価を行うときに不可欠なものでもある。自己管理能力を有する生徒は、自らの目標、計画、行動を高く設定し、その課題に取り組む方法を考えることができる。また、リーダーシップを発揮するべき時や、逆に集団のメンバーとして他の人に従うべき時、あるいは単独で行動すべき時を判断することができる。
④他者との関わり (relating to others)	様々な状況において多様な価値観をもつ人々と関わることができる能力。他者の意見を聴き、異なる観点を認識し、交渉し、アイデアを共有できる能力。学習者として新しい学びに開かれており、多様な状況での役割を受け入れることができる。また、自分の言葉や態度が、他の人に与える影響も心得る。また、競合するべき時と、協力するべき時を認知できる。それらを効果的に用いることによって、新しいアプローチやアイデア、思考方法を獲得することができる。
⑤参加と貢献 (participating and contributing)	積極的にコミュニティに参加する能力。コミュニティとは、家族やマオリの拡大家族を意味するファナウ、学校、地域などを含む。また地方や国、グローバルなレベルを含む。この様々な種類のグループの一員として適切にふるまい、他の人と繋がりをもち、他の人のために貢献できる能力。コミュニティへの所属感をもちながらも、新たな環境に適応できる能力も有している。そして、社会、文化、自然、経済などの質の持続に貢献し、権利や役割、責任についてのバランスをとることのできる能力である。

出典：島津 2013、106頁。

　NZCでは、五つのキー・コンピテンシーが設定され、それに基づくナショナル・カリキュラムが2007年より段階的に実施され、2010年より完全実施となっている。ニュージーランドは、OECDのデセコ（DeCeCo）プロジェクトに参加しているが、この枠組みは、ニュージーランドの独自性を反映させながらも、OECDのキー・コンピテンシーを踏まえたものとなっている。キー・コンピテンシーは、①思考力、②言語・シンボル・テキストの使用、③自己管理、

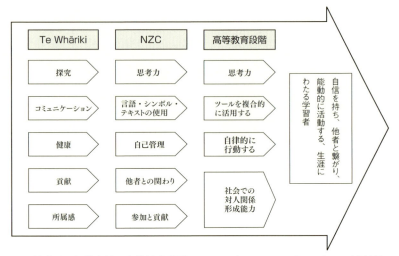

図4-2-3 就学前、初等中等、高等教育段階におけるキー・コンピテンシーの連続性
出典：Ministry of Education 2007, p.42.

④他者との関わり、⑤参加と貢献、から構成される。具体的な内容は、表4-2-1の通りである（Ministry of Education 2007）。

　さらに、ニュージーランドでは、汎用的な能力の育成を教育段階の全体を通して実現するものとして構想されている（Ministry of Education 2007）。就学前教育の多様な保育に共通のテ・ファリキ（Te Whāriki）、初等中等教育のNZC、高等教育段階で育成しようとするコンピテンシーの関係が図4-2-3のように整理されている。キー・コンピテンシーの学校種間の接続関係を考え、就学前及び学校段階のカリキュラムを基礎に大学段階でより高度なコンピテンシーを育成することが意図されているのである。

（2）ナショナル・カリキュラム
　では、キー・コンピテンシーをもとに、ニュージーランド・カリキュラム（NZC）はどのように編成されているのだろうか。
　NZCの基本的な枠組みは、図4-2-4の通りである。①ヴィジョンにある「信頼され、関係をもち、活動的に参加する、生涯学習者としての青少年」を育成することがめざされている。そのために、④キー・コンピテンシー――思考力、言語・シンボル・テキストの使用、自己管理、他者との関わり、参加と貢

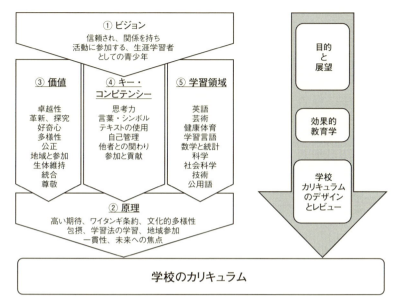

図4-2-4 ニュージーランドのカリキュラム
出典：Ministry of Education 2007, p.7.

献──が中核に位置付けられ、その背景にある③価値や⑤学習領域を考慮に入れながら、②原理に従って、学校のカリキュラムをデザインするような枠組みが設定されている。Year1〜Year13の児童生徒を対象に、レベル1〜8の形で学習内容が示されている（Ministry of Education 2007）。

　③価値は、何が重要で望まれるかについての深く保持されている信念である。NZCでは、卓越性、革新、探究、好奇心、多様性、公正、地域参加、持続可能性、誠実、尊敬が挙げられている。

　⑤学習領域には、英語、芸術、保健体育、言語学習、数学と統計、科学、社会科学、テクノロジー、公用語がある。改訂前のナショナル・カリキュラムでは、それぞれの学習領域の内容が詳細に示されていたが、改訂後は大きな枠組みのみを示すものとなっている。また、今回の改訂では言語学習が新たに学習領域に加えられている。

　②原理は、カリキュラムを編成する基礎となる考え方を示すものである。具体的には、高い期待、ワイタンギ条約（1840年にマオリとイギリスとの間で結ばれた条約）、文化的多様性、包摂、学び方の学び、地域参加、一貫性、未来志向

が挙げられている。原理は、学校カリキュラムの計画、優先順位の決定、見直しを進める際に、その枠組みとなるものである。

　NZCの前半の部分は、以上のようなカリキュラムの枠組みとなる基本的な理念や考え方が中心に記述されている。一方、後半は、前述した九つの学習領域の内容が記述されている。各学習領域が分冊になり内容が詳細に示されていた1997年のカリキュラム枠組みとは対照的に、2007年のNZCでは、学習領域ごとに最も重視される内容がきわめて簡潔に示されているのみである。

　大きな課題になっているのが、これらの前半の理念の部分と、後半の学習領域の内容の部分をどのようにつなぐかということである。その具体的な手続きについては各学校や教師の裁量にまかされており、NZCのなかで効果的な指導法や学校カリキュラムのデザインの基本的な考え方が示されている。キー・コンピテンシーの育成にあたっては、前半部分のNZCの枠組みや理念を踏まえつつ、前述した原理に基づきながら教師が学校の状況に応じて工夫して、効果的な学校カリキュラムをデザインすることが期待されているのである。

　なお、キー・コンピテンシーの育成にあたっては、評価が重視されている（Hipkins 2007）。評価の目的についてはこれまで、①外部への説明責任を果たす「アカウンタビリティと報告」、あるいは、②評価結果を形成的評価として生かす「指導や学習の改善」などが指摘されてきた。それが、新たな評価の目的として、③学び方を学ぶ「生涯学習力の助長」が挙げられている。とくに、「学びのためのアセスメント（assessment for learning）」が重視されており、評価を学習の改善に活かすとともに、学び方を学ぶことを促すことが奨励されている。

　また、アセスメントの方法としては、学習ログ、ジャーナル、ラーニングストーリー、エピソードや語りの学習の記録、ポートフォリオなど、質的な評価法の活用が効果的であることが示されている。

（3）教育評価

　では、ニュージーランドでは、NZCが効果を上げているかどうかをどのように評価しているのだろうか。

①ナショナルスタンダードとNCEA

　ナショナルスタンダードは、読み（reading）、書き（writing）、数学（mathmatics）

に関して、Year1 から Year8（初等学校）を対象にしたもので、2010年から段階的に導入されている。NZC に対応して、各学年で児童生徒が達成することが期待される基準が設定されており、学習の達成度が「超えている (above)」「同程度 (at)」「下回っている (below)」「かなり下回っている (well below)」の4段階で評価される。また、2010年よりスタンダードに照らした生徒の教育成果を保護者及び教育省に報告することが課せられることになった。

また、義務教育を修了すると、Year11 から Year13 の生徒は、ニュージーランド資格審査機構 (NZQA) が実施する全国資格認定試験 (National Certificates of Education Achievement: NCEA) を受験するが、その結果も NZC が効果を上げているかを把握するものとなる（高橋 2013）。評価の基準は、キー・コンピテンシーに基づいた基準 (unit standards) とカリキュラムに基づいた基準 (achievement standards) があり、科目ごとに詳細な学習の達成度が規定されている。NCEA には三つの段階があり、Year11 修了時にレベル1、Year12 修了時にレベル2、Year13 修了時にレベル3の取得が、それぞれの学年の修了資格となる。大学進学にはレベル3が必要となっている。また、NECA は、統一資格制度 (NZOF) のレベル1～3に対応しており、生涯にわたる学習の記録として機能する。NCEA を取得するには、NZQA が実施するペーパー試験 (external assessment)、及び、各学校の教員による評価 (internal assessment) がある。

②学校理事会と第三者評価機関

ニュージーランドでは、1989年の教育法により教育委員会制度は廃止され、学校の運営をする学校理事会と学校の第三者評価を実施する教育評価局 (ERO) の関係のなかで、学校の自律的経営が重視されるようになった。

NZC の実施には、前述のように、その理論部分と学習領域部分をつないで学校カリキュラムをデザインすることが課題となっているが、学校理事会の果たす役割は少なくない。学校理事会は、地域の代表、教員、生徒で構成されるが、校長によって提案された学校カリキュラムは、これらの構成員との間で、地域、学校や子供のニーズに応えられるように練り上げられていく。

一方、教育の質保証のための第三者評価機関として教育評価局 (ERO) がある。ERO では、おおむね3年に1度の割合で、教育機関の第三者評価を実施している。その性格は、査察というよりは学校改善への支援が中心となっている。

学校評価にあたっては、学校経営－学校自己評価－外部評価－支援－学校改善の順序で実施される。NZCを基礎に教育の質保障に向けて、学校カリキュラムの計画や実施についても、支援が提供されることになる。なお、EROでは報告書を作成しており、国の教育政策や学校の改革に生かすことが意図されている（例えば、ERO 2012等を参照）。

（4）教育実践の革新に向けた支援や方策

ニュージーランドでは、キー・コンピテンシーを育成する教育実践を進めるためにいかなる支援をしているのだろうか。

①ナショナル・カリキュラムの実践を支える支援体制

学校カリキュラムは、つねに改善していくことが求められる。ニュージーランドでは、図4-2-5のような探究的教授法のプロセスを提示し、このサイクルを繰り返しながら、特色ある効果的な学校カリキュラムへと改善を図っていくことが期待されている（Ministry of Education 2007）。

学校カリキュラムの実施にあたっては、さまざまな支援が提供されている。例えば、教育省のウェブサイトには、学校レベルのカリキュラムを開発する手立てやこれからの評価の考え方を示した参考資料などが数多く掲載されている。

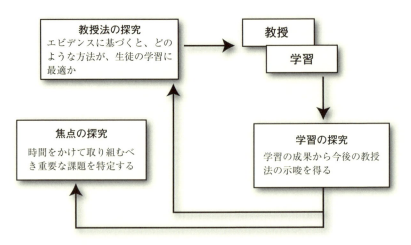

図4-2-5　探究的教授法のプロセス
出典：Ministry of Education 2007, p.39.

また、ナショナルスタンダードに基づく評価の支援として、「教授学習のための教育評価ツール」、「発展と適切性を導く評価ツール」といった専用のウェブサイトが教育省主導で開発されており、多様な評価情報や評価法が紹介されている。また、評価機関のサイトには、具体的な児童生徒の作品事例などもあり、実際の授業づくりの参考とすることができるようになっている。

②学校での教員の力量形成

　ニュージーランドでは、学校の自律的経営が進められているが、教員の採用は各学校に一任されており、校長は学校経営と教員の力量形成にリーダーシップを発揮することが期待されている（福本 2013）。校長は、経営方針を明記したチャーター（charter）のなかで、教員の研修計画を立てるとともに、学校理事会から委任され、教員のパフォーマンス・マネジメント（performance management）を行う。校長は、職種と経験に応じて設定されている3種類の「専門職スタンダード（professional standards）」である①新人教員一般用（beginning classroom teachers）、②登録教員用（classroom teachers）、③熟練一般教員用（experiences classroom teachers）をもとに教員評価を行うが、それとともに授業力向上などの教員の力量形成を促す役割を担っている。児童生徒のキー・コンピテンシーの育成にあたっては、ナショナル・カリキュラムに基づいて、学校レベルのカリキュラムを開発して、前述の探究的教授のプロセスを実施していくことになるが、こうしたプロセスの中で、組織マネジメントを進める校長のリーダーシップの下で、各教員の職能向上が図られていくことになる。

5. 日本への示唆

　ニュージーランドでは、必須のスキルからキー・コンピテンシーへと資質・能力の概念を変更し、社会で生きて働くコンピテンシーの育成をめざした教育改革が進められている。日本に示唆される点には、例えば以下がある。
- キー・コンピテンシーの育成に焦点づけられたナショナル・カリキュラムが、教育関係者の十分な参加を保障しながら開発されている。
- 必須のスキルからキー・コンピテンシーへと展開し、個別のスキルではなく人間の全体的な能力の育成がめざされるようになっている。

- ナショナル・カリキュラムの理論部分と学習領域部分をつなぐことが学校や教員の裁量となっているが、ICT を活用した情報提供などさまざまな支援の手立てがみられる。
- 就学前教育、初等中等教育、大学教育の間で、学校段階の接続関係を考慮したコンピテンシーの育成が構想されている。
- パフォーマンス評価など、コンピテンシーを育てるための評価が重視されており、教育省のポータルサイトを通してさまざまな情報が提供されている。

ニュージーランドのまとめ

	資質・能力をめぐる取組の概要
能力の名称	・キー・コンピテンシー
下位の能力	・思考力 (thinking)、言語・シンボル・テキストの使用 (using language, symbols and text)、自己管理 (managing self)、他者との関わり (relating to others)、参加と貢献 (participating and contributing)
能力に基づく教育課程への展開	・2007年よりニュージーランドカリキュラムを段階的実施、2010年より完全実施 ・読み・書き、数学のナショナルスタンダードの設定
教育課程の編成	・総則の部分に、キー・コンピテンシーの理念の説明 ・キー・コンピテンシーは目標・方法 ・理念と内容をつなぐのは学校や教師
対象となる教科・領域	・英語、芸術、保健・体育、言語学習、数学・統計、科学、社会科学、テクノロジー
教育評価	・学びのためのアセスメント重視（ポートフォリオ、ラーニング・ストーリー、学習ログ、ジャーナル、リッチ・タスクなど） ・義務教育修了年齢（11学年）で全国学力試験（NCEA レベル1）
その他特徴のある取り組み	・ICT を活用した情報提供など、ナショナル・カリキュラムの実践を支える支援体制 ・教育評価局による第三者評価システム（おおむね3年に1度）及び報告書の作成

引用・参考文献
高橋望「第2部第2章　カリキュラムと学力」青木麻衣子・佐藤博志編『新版　オーストラリア・ニュージーランドの教育―グローバル社会を生き抜く力の育成に向けて』東信堂、

2014年、109-123頁。

島津礼子「ニュージーランドの教育課程」国立教育政策研究所『諸外国の教育課程と資質・能力――重視する資質・能力に焦点を当てて』2013年、103-118頁。

日本ニュージーランド学会・東北公益文科大学ニュージーランド研究所編『「小さな国」ニュージーランドの教えるもと――世界と日本を先導した南の理想郷』論創社、2012年。

福本みちよ「第2章 ニュージーランドにおける学校の質保証政策」坂野慎二編『教育の質保証に関する比較研究』2013年、15-29頁。

福本みちよ「第2部第1章 社会と学校教育」青木麻衣子・佐藤博志編『新版 オーストラリア・ニュージーランドの教育――グローバル社会を生き抜く力の育成に向けて』東信堂、2014年、91-108頁。

Barker, M., R. Hipkins & R. Bartholomew, *Reforming the Essentials Skills: Implications for and from the Science Curriculum*. A Commissioned Research Report for the Ministry of Education, 2004.

ERO, *The New Zealand Curriculum Principles: Foundations for Curriculum Decision-Making*, 2012a.

ERO, *Teaching as Inquiry: Responding to Learners*, 2012b.

Hipkins, R., *The Nature of the Key Competencies: A Background paper*, New Zealand Council for Educational Research, 2006.

Hipkins, R., *Assessing Key Competencies: Why Would We? How Could We?*, Ministry of Education, 2007.

Hipkins, R., *More Complex than Skills: Rethinking the Relationship between Key Competencies and Curriculum Content*（Paper presented at the international conference on education and development of civic competencies, Seoul）, 2010.

Ministry of Education, *Te Whāriki: He whāriki mātauranga mo ngā mokopuna o Aotearoa: Early Childhood Curriculum*, Learning Media, 1996.

Ministry of Education, *The New Zealand Curriculum*, 2007.

Ministry of Education, *Reading and Writing Standard for Years1-8*, 2009a.

Ministry of Education, *Mathematics Standards for Years1-8*, 2009b.

Ministry of Education, *Statement of Intent 2010-2015*, 2010.

Ministry of Education, *The New Zealand Education System An Overview*, 2011.

> **コラム**　学校レベルのカリキュラム

　NZCには、キー・コンピテンシーについては総則に当たる部分にしか示されていない。それを各学習領域でどのように育成するのかは学校や教師の裁量にまかされている。では、学校レベルでは、どのようにキー・コンピテンシーを育もうとしているのだろうか。ここではクライストチャーチの小学校Kirwee Model Schoolの事例をもとにその一端をみてみたい。

　Kirwee校では、NZCに基づき学校カリキュラムを開発しているが、資料1がその目次である。12のセクションがあり、前半の1～6が基本的な考え方、後半の7～12が各学習領域についての内容となっている。

　このうち、セクション4の「キー・コンピテンシーと教授法」を示したのが資料2である。Kirwee校では、NZCの五つのキー・コンピテンシーが確認され、学校独自のヴィジョンが設定されている。また、育成したい生徒の資質として、卓越性（excellence）、自信（confidence）、創造性（creativity）、チームプレーヤー（team players）、成功する市民（successful citizens）、自己管理者（self managers）を挙げている。

　また、Kirwee校では、ヴィジョンに示された学習者の資質に加え、大切にしたい学校の価値を設定している。学習は、生涯にわたるジャーニーであるとして、生徒が自信をもち、つながっていて、積極的に関わり、生涯学習者になるために、将来へかれらを準備する際に不可欠なものとして、ねばり（resilience）、革新（innovation）、尊敬（respect）、自己責任（personal responsibility）、（Manaakitanga）（マオ

資料1　学校カリキュラムの目次例

	目次	
セクション1	背景	3
セクション2	本校における「ヴィジョン」	4
セクション3	本校における「価値」	5
セクション4	キー・コンピテンシーと教授法	6
セクション5	原理	15
セクション6	学習領域とカリキュラムデザイン	21
セクション7	英語	23
セクション8	算数	44
セクション9	芸術	47
セクション10	保健体育	49
セクション11	言語学習	51
セクション12	統合カリキュラム	56

出典：2012年現地調査入手資料（Kirwee Model School）

資料2　キー・コンピテンシーと教授法

> Section 4 キー・コンピテンシーと教授法
>
> NZCでは5つのキー・コンピテンシーを設定している：人々はこれらのコンピテンシーを使って生活し、学び、社会の積極的な一員として社会に貢献する。
> ニュージーランドカリキュラム（NZC）
> 教育省（2007）12頁
> キー・コンピテンシー：
> ・思考力　　　　・言語・記号・テキストの使用
> ・自己管理力　　・他者との関わり　　　・参加と貢献
>
> 全ての学習活動とプログラムを通して学習の資質を開発することは、変化の激しい世界で機能し、生涯学習のためのスキルを養うことにつながる。
>
> "実際面では、キー・コンピテンシーが最もよく使われるのは組み合わせて使う場合である。例えば関心のある問題を調査する場合、生徒に必要と思われるのは：
> ・個人的な目標を設定し観察すること、時間枠を管理すること、活動を準備すること、考えに出会ったとき、それを省察し対応すること（自己を管理すること）；
> ・様々な人々と交流すること、考えを共有すること、交渉すること（他者と関わること）；
> ・様々な共同体に情報を求めること、その情報を行動の基礎として使うこと（参加、貢献すること）；
> ・目前の問題に対して、考えられる様々な方法を分析して考慮すること（思考すること）；
> ・テキストを制作して、考えを記録、伝達すること。当該の学習領域に相応しい言語と記号を使う。（言語、記号、テキストを融合する）"
> ニュージーランドカリキュラム（NZC）
> 教育省（2007、38頁）
>
> 我々は、本校における「ヴィジョン」の統合を通して、生徒に育成したい学習者の資質として、生徒がNZCのキー・コンピテンシーを獲得していくことができるようにする。
> 我々は、生徒が将来に備えるために、以下に示す学習者の資質が重要と考える。　自信をもち、他者とつながり、能動的に活動する生涯にわたる学習者となるためには、生徒は以下の学習者の資質を行動で示す。
>
> 卓越性　自信　創造性
> チームプレーヤー　成功する市民　自己管理者

リ語）、ベストの努力（best effort）を挙げている。

　資料3にあるように、Kirwee校の学習者の資質は、NZCのキー・コンピテンシー及び学校の「価値」の各要素に統合されている。キー・コンピテンシーは実践においては、ほとんどの場合組み合わせて使われるとし、3者の対応関係を資料3のように捉えている。

学習者の資質のうち、「創造性」に対する評価規準を示したものが資料4である。創造的な生徒を「自分たちの考えを発展させる」と「物事を行う新しい方法」の二つの観点から捉え、その育ちのルーブリックが「苗」「若木」「木」という形で段階的に示されている。さらにそれぞれの観点において、教師の実践の参考となる創造性を高めるための基本的な支援や指導例が列挙されている。
　以上のKirwee校の事例にみられるように、各学校は、NZCをもとに学校カリキュラムをデザインし、児童生徒のニーズを捉えながら、キー・コンピテンシーをいかに育てるのかを追究しているといえる。

資料3

学習者の資質	キー・コンピテンシー	価値
卓越性	・思考力 ・言語・記号・テキストの使用 ・自己管理 ・他者との関わり ・参加と貢献	BESTの努力
自信	・思考力 ・言語・記号・テキストの使用 ・自己管理 ・他者との関わり ・参加と貢献	ねばり
創造性	・思考力 ・言語・記号・テキストの使用	革新
チームプレーヤー	・思考力 ・言語・記号・テキストの使用 ・自己管理 ・他者との関わり ・参加と貢献	尊敬
成功する市民	・思考力 ・言語・記号・テキストの使用 ・自己管理 ・他者との関わり ・参加と貢献	Manaakitanga（マオリ語）
自己管理者	・思考力 ・言語・記号・テキストの使用 ・自己管理 ・他者との関わり ・参加と貢献	自己責任

資料4

創造的な生徒は、
革新的であり、イマジネーションを使い、自分たちの考えを発展させる。
好奇心をもち、物事を行う新しい方法を探す。

定義	苗	若木	木
自分たちの考えを発展させる	支援があれば、私は簡単なツールと方略で、自分の考えを発展させることができる。	私は自分の考えを創り、発展させるために様々なツールと方略を使うことができる。	私は自分の考えを視覚化、発展させ、伸ばしていくために、自信をもって適切なツールと方略を選択し使うことができる。
物事を行う新しい方法	支援があれば、私は新しいことを試して、これを他者と共有できる。	私は物事を行う新しい方法を探して、自分の学びをより良くするためにそれを使う。	私は向上や問題解決のために、自信をもって新しいまたは現在の考えを探索して改善する。

教師は、
<u>生徒の考えを発展させる</u>
・当校の全校的な思考ツールと方略ツールボックスを使う。
・生徒の学習を強化し深めるために、異なった思考ツールを使うことの重要性を教える。
・カリキュラムのすべての学習領域において思考ツールを頻繁に使う。
・Kirwee 校の学習 Koru（GROWTH）を使う。
・建設的なフィードバックをする。
<u>物事を行う新しい方法</u>
・支援的な環境の中で生徒の考えに価値を置く。
・生徒が応答する前に、「待ち時間」を使うように後押しする。
・問題解決について異なる方法を示す。
・学習のための足場がけをするための枠組みを提供する。
・生徒が協調的にも独立しても取り組むように後押しする。
・必要に応じて「既存の枠にとらわれない思考」を促進する。
・生徒が他者の創造性に対して支援し行動するように後押しする。
・生徒が自分たちの世界を間近に見るように後押しする（経験・議論・観察・スケッチを基に好奇心を育てる）。
・生徒が創造するために表現して限界を広げる機会を提供する（芸術、音楽、思考）。
・生徒による探究を促進する。
・よい手本となる人物を紹介する。

第5章
世界トップレベルの学力を実現したアジア諸国の教育改革

　アジアの国や地域の中から、シンガポール、香港と韓国を取り上げる。いずれの国・地域もグローバル社会での生き残りをかけて教育改革に力を入れており、PISAの成績も世界のトップクラスである。また、シンガポールと香港は、キー・コンピテンシー及び21世紀型スキルの両方の影響があると思われ、韓国はキー・コンピテンシーの影響が大きいと思われる。

　5章では、5.1 シンガポール、5.2 香港と5.3 韓国の教育改革を検討したい。

5.1 シンガポール
―― 一世代で先進国の仲間入り

　シンガポール共和国は、マレー半島南端の赤道直下に位置し、約716平方キロメートル（東京23区と同程度）の大きさに約531万人（うちシンガポール人・永住者は382万人）（2012年）を抱える都市国家である。中華系74％、マレー系13％、インド系9％、その他3％から構成され、英語、中国語、マレー語、タミル語の公用語、及び、仏教、イスラム教、キリスト教、道教、ヒンズー教等の宗教を抱える多民族・多言語国家である。1965年のマレーシアからの分離・独立以来、天然資源がなく経済的にも困難を抱えていたシンガポールでは、多様な民族集団の統合とともに、人的資源の開発が国の生き残りを左右する課題であった。

　そのような背景から、経済の近代化と国民的アイデンティティの形成を目的に、人的資源を開発する教育改革が国家戦略として重要な役割を果たしてきた。その徹底的な能力主義政策の結果、現在では、世界一の学力を達成している。5.1では、シンガポールにおける資質・能力に基づく教育改革の動向について検討してみたい。

1. 世界トップクラスの学力

　シンガポールは、一世代で発展途上国から先進国へと飛躍し、アジアで最も成功した国の一つとなった（Stewart 2012）。その発展を支えたのが高い教育水準を実現した教育改革で、世界トップクラスの学力を誇るまでに至っている。表5-1-1にあるように、TIMSS調査において、1983年には、理科の成績では参加19カ国中16位であったものが、1995年には数学が初等学校の3年で2位、4年で1位に、中等学校では数学、理科がともに1位になり、2003年に至っては初等・中等学校ともに数学と理科で1位を達成したのである。1980年代

表5-1-1　TIMSSの変遷

	TIMSS (1981/83)		TIMSS1995		TIMSS1999	TIMSS2003	
	初等	中等	初等	中等	初等	初等	中等
数学		不参加	1 (24) 2 (26)*	1 (26)	1 (26)	1 (25)	1 (48)
理科	16 (19)	18 (26)	10 (26)	1 (41)	2 (38)	1 (25)	1 (48)

*初等3年で2位、初等4年で1位。

以降、数学と理科の成績が著しい向上をみせてきたといえる。

　このような成果が、言語的なハンディを乗り越えて達成されたという事実は注目に値する (Stewart 2012)。多民族国家であるシンガポールでは、家庭で話されている英語の割合は、初等学校4年生で46％、中等学校2年生で42％と5割を切っており、テストでの使用言語と母語が異なる割合が参加国中で最も大きい国であったという。それに加え、理数の得点のみならず、第二言語である場合が多い英語の成績もきわめて高い。

　さらに興味深いことには、児童生徒の4分の3が、数学や理科の学習が「楽しい」と回答していることである。成績は比較的よい一方で理数嫌いの子どもたちが多い日本とは対照的な結果だといえる。では、どのようにして高い学力の達成が可能になったのか、教育改革の展開を次にみてみたい。

2．シンガポールの教育改革－量から質へ

　シンガポール教育の展開は、大きくは以下の三つの段階に分けることができる (Stewart 2012)。

(1) 生き残り優先の段階－1959～1978年

　1819年に英国の自由貿易港として誕生したシンガポールは、1959年に内政自治権を獲得し、1965年にマレーシアから分離・独立することになる。飲料水を他国に依存し、天然資源にめぐまれず、発展途上の経済や隣国との緊張関係、民族集団や宗教集団の対立といった幾多の課題に直面するなかで、人に投資することが国としての生き残りのための主要な手段であった。

　初代首相リー・クアンユー (Lee Kuan Yew) は、経済発展と国民的アイデンティティの形成をめざして、地域コミュニティの民族語による学校から、一つ

のシンガポールの教育システムへと移行させていった。民族語（マレー語・中国語・タミル語）と英語を学ぶバイリンガル教育を基本として、英国の教育システムに習いながら、6年間の初等教育、4年間の中等教育、大学入学前2年間の大学準備教育という枠組みが整備されていった。生き残りが優先されたこの時期においては、労働集約的な産業を振興し、国民の識字率を高めるために基礎教育を拡充していくことで、中央集権的な教育システムの基礎を構築していったのである。

（2）効率優先の段階―1979 ～ 1996 年

　1970 年代後半になると、技術集約型の経済をめざして、より高度な技術をもった労働者の育成がめざされることになる。そのため、1979 年にストリーミングと呼ばれる能力別に振り分けを行う新しい教育システムが導入されることになった。小学校での学力別の振り分け、前期中等学校での分岐システムなどを導入することで、ドロップアウト率を減らすことがめざされた。また、後期中等教育では、普通高校、ポリテクニック、技術教育院の三つのルートが準備された。カリキュラム開発院が設置され、コースに対応した教科書や教材が作製された。また、高度な技能労働者を育成するために、技術教育院に大きな投資が行われ、ハイテク施設・設備を備えた技術・職業教育が推進された。

（3）能力・意欲重視の段階―1997 年以降

　グローバルな知識経済へと展開するなかで、1990 年代末に、革新性、創造性などを求める量から質への教育のパラダイム転換が図られることになる。1997 年に第 2 代首相ゴー・チョクトン（Goh Chok Tong）は「思考する学校、学ぶ国家（Thinking School, Learning Nation: TSLN）」の演説で、創造的思考スキル、生涯学習への意欲、国家への関与などを育てる学校システム、及び、社会のあらゆるレベルで創造や革新を生み出す国家の形成をめざすという新しい教育ヴィジョンを打ち出した（Tong 1997）。TSLN は「効率志向（efficiency-driven）」から「能力志向（ability-driven）」への教育改革を意図するもので、国民教育、プロジェクトワークや創造的思考を重視するカリキュラムや評価、3 回継続されたICTマスタープラン、「革新と創業精神（Innovation & Enterprise: I & E）」などに関する施策が進められていった。

TSLNの路線をさらに推し進めるために、第3代首相リー・シェンロン（Lee Hsien Loong）は、2004年に教員が「教えることを少なくする」ことで、児童生徒は「より多くのことを学ぶ」ことができると演説した。教育省（ministry of education: MOE）は、2005年にこの考えを「量から質へ」と教育を転換するものと明確化して、「少なく教え、多くを学ぶ（Teach Less, Learn More: TLLM）」政策を展開していく（Tee 2008）。教育内容を10－20％削減するとともに、教員に1週間に2時間の教材研究のための時間を提供するなどして、児童生徒の学習ニーズに応じた授業づくりへの転換を図っていった。記憶中心、繰り返し、一斉指導への依存度を減らし、子どもが主体的に活動する授業への革新がめざされていくことになる。

　シンガポールの教育改革は、それまでの詰め込み式の教育から学び方を学ぶ教育へと大きく展開したのである。

3．学校制度の概要

　ここで、シンガポールの学校制度の概要をみておきたい（例えば、池田 2014）。シンガポールの教育システムは、6年の初等教育、4～5年の前期中等教育、2年間の後期中等教育、3～4年の大学からなっている。ストリーミングと呼ばれる能力別の分岐システムがあり、初等教育の4年次基礎段階の修了時、及び、中等学校への入学時に能力に応じたコースに分けられる。

　まず、初等学校の4年次の終わりに能力判定試験が行われる。母語の能力に応じて、上級母語を学習するEM1、通常の母語の読み書きを学習するEM2、母語を会話レベルでのみ学習するEM3に配属されていた。これが、2005年以降はEM1とEM2が統合され、ストリーミングのやり方は各学校にまかされるようになっている。

　その後、2年間のオリエンテーション段階を終えて、初等教育修了試験（PSLE）を受ける。その結果に基づいて、前期中等教育では、快速、普通（学術）、普通（技術）の三つのコースにおおむね振り分けられる。快速コースは高度な母語と英語を学習して4年間でGCE-Oレベル試験を受けることができる。普通では学術（Academic）と技術（Technical）のカリキュラムがあり、コース修了時に「普通教育修了資格（General Certificate of Education: GCE）のN（Normal）レベル試験を受験

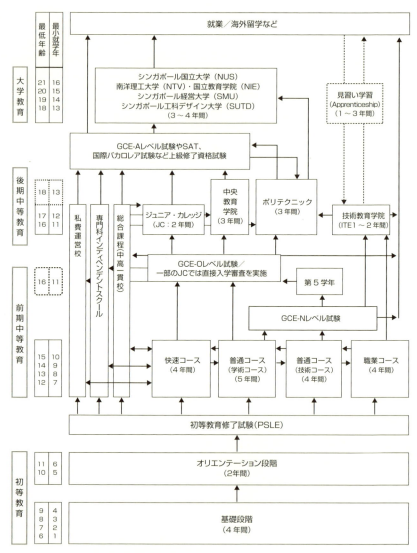

図5-1-1　シンガポールの学校系統図
出典：池田 2013、191頁をもとに作成。

する（さらに1年間勉強してGCEのO［Ordinary］レベルの受験ができる）。

　後期中等教育は、大学予備門（ジュニア・カレッジ、中央教育学院）、ポリテクニック、技術教育学院がある。大学進学する者の多くは、ジュニア・カレッジ

(2年)や中央教育学院(3年)に進み、GCEのA(Advanced)レベルの試験を受ける。ポリテクニックは3年間のコースがあり、修了時にディプロマが授与される。技術教育校は1～2年間の技術課程で、国家技術教育校証書という学位が授与される。

これらに加え、近年では、成績が優秀なものに対し、中等教育と中等後教育の6年間を一貫させ、GCE-Oレベル試験を免除する一貫教育プログラムが設定されている。また、特殊な才能をもつ生徒のために、専門科インディペンデント校として、2004年にはシンガポール・スポーツ高校、2005年にはNUS科学高校、2007年には芸術高校が設立されている。

大学には、シンガポール国立大学、南洋理工大学、国立教育学院、シンガポール経営大学、シンガポール工科デザイン大学などがある。

4. 資質・能力の育成と教育課程

(1) 育てようとしている資質・能力

シンガポールでは、資質・能力をめぐりどのような議論があり、いかなる資質・能力目標を掲げているのだろうか。

教育省は1997年(2009年改正)に「教育到達目標」(Desired Outcome of Education)を定め、初等教育や前期・後期中等教育など教育段階ごとに示している。2009年に示された新しい教育到達目標では、公教育全体を通じて育むべき市民像が下記のようにまとめられている(池田2013)。

- 自信のある個人(confident person)……善悪への強い意識、応用力と回復力、己を知る、洞察に基づく判断力、自立的・批判的な思考力、効果的なコミュニケーション
- 自律した学習者(self-directed learner)……自己学習に対する責任感、学習時における疑問心・省察力・忍耐力
- 活動的な貢献者(active contributor)……チームの一員としての活動、イニシアチブの発揮、リスク判断力、革新力、卓越した結果を求める努力心
- 思いやりのある市民(concerned citizen)……シンガポールへの愛着心、強い市民意識、情報収集力、自分を取り巻く他者の生活を改善しようと積極的に活動する

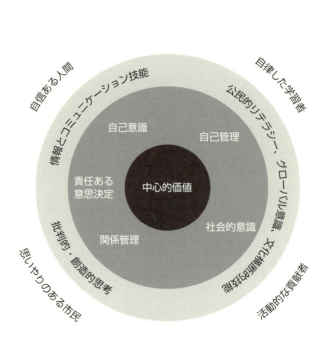

図5-1-2　21世紀型コンピテンシーと生徒の学習成果

2010年3月に発表された「カリキュラム2015」(Curriculum 2015: C2015)では前述の教育到達目標とともに、21世紀に求められるコンピテンシーとその養成に向けた教育課程のフレームワークとして、「21世紀型コンピテンシーと望まれる生徒の成果 (21st Century Competencies and Desired Student Outcomes)」を図5-1-2のように図で示している。

すなわち、三重の円の中心に「中心的価値 (core values)」として、尊敬 (respect)、責任 (responsibility)、誠実 (integrity)、ケア (care)、ねばり強さ (resilience)、調和 (harmony) が位置づけられている。

2重目の円には、「社会的感情的コンピテンシー (social and emotional competencies)」として、自己の感情、強さ、傾向、弱さを理解する「自己意識 (self-awareness)」、自己の感情を効果的に管理する「自己管理 (self-manegement)」、異なる見方に気づき多様性を認め評価し、他者に共感し、尊敬する「社会的意識 (social awareness)」、健全で益となる関係を築き維持する「関係管理 (relationship management)」、ある状況を認め分析し意思決定をする「責任ある意志決定 (responsible decision-making)」が配置されている。

3重目の円には、グローバル社会で必要とされる「21世紀型コンピテンシー

(competencies for the 21ˢᵗ cetury)」として、国家的問題を知り、シンガポール人として誇りをもち、コミュニティに積極的に関わり、より広い世界観をもち、文化的に異なる人々と協働する「公民的リテラシー、グローバル意識、文化横断的技能 (civic literacy, global awareness & cross-cultural skills)」、批判的に考え、失敗を恐れず探究し挑戦する「批判的・創造的思考 (critical and innovative thinking)」、情報を批判的に上手に活用し、考えを明確に効果的に伝え合う「情報とコミュニケーション技能 (information and communication skills)」が置かれている。

円の外側には、前述した「教育到達目標」の育みたい市民像である、「自信ある人間」「自律した学習者」「活動的な貢献者」「思いやりのある市民」が配されている。

この枠組みは、学問的なカリキュラム、正課併行活動、価値・市民教育、応用学習プログラムを通して、学校全体の経験の中で指導されることになっている。

(2) シラバス

では、シラバスはどのように編成されているのだろうか。

教育課程の基準となるシラバスは、教育省のカリキュラム計画・開発局 (curriculum planning and development division) を中心に策定される (池田 2013)。「思考する学校、学ぶ国家」以来の教育改革の中で、シラバスでは、今日的な資質・能力の育成が重視されている。シラバスは教科ごとに作られ、それぞれに教科の内容構成 (フレームワークや概念)、具体的な到達目標、学習内容、評価方法などが定められている。

教科の構成についてみてみると、小学校では、第1学年から第4学年までを基礎段階として、選択科目の設定はなく、英語、民族母語、数学、理科、公民・道徳、美術・工芸、音楽、保健、社会、体育となっている。5年生からは、英語、民族母語、数学、理科については、上級 (higher)、標準 (standard)、基礎 (foundation) の3段階から選択履修することになる。

中学校では、前述のように、初等教育修了試験 (PSLE) の結果に基づいて、快速、普通 (学術)、普通 (技術) の三つのコースにおおむね振り分けられる。教科の構成について、普通 (学術) コースを例にとると、表5-1-3にあるように、

1、2年は必修科目が大部分であるが、言語科目（英語、民族母語、第三言語）、人文・芸術科目（地理、歴史、英文学、ビジュアル・アーツ、音楽）、数理科目（数学、理科、デザイン・工学、家政）、及び、非試験必修科目（正課併行活動［CCA］、コミュニティ参加プログラム［CIP］、公民・道徳、生活・進路指導、国民意識教育、体育、プロジェクト・ワーク）がある。3、4学年になると成績や進路に応じて、一部の教科を除き、選択科目群の中から選択履修することになる。普通（学術）コースの選択科目の詳細については、表5-1-3の通りである。

　2012～2014年の間に行われたシラバスの改訂では、数学、理科といった中核教科の学力水準を維持しつつ、C2015が示した価値観や21世紀型コンピテ

表5-1-2　小学校（6年間）

教科	基礎段階（1～4学年）	オリエンテーション段階（5・6年）
英語	32%	基礎段階の教科のうち、英語、民族母語、数学、理科については、上級、標準、基礎の3段階から選択して履修
民族母語	26%	
数学	22%	
理科	各教科合計で20%（理科については3年次より）	
価値・市民教育		
美術・工芸		
音楽		
保健		
社会		
体育		

出典：池田2011、103頁。

表5-1-3　中学校「普通（学術）（Normal（Academic））」コース（5年間）

【言語科目】 英語、民族母語(標準／上級／基礎から選択)、第三言語(マレー語、中国語から選択)
【人文・芸術科目】 （1・2年次）地理、歴史、英文学、ビジュアル・アーツ、音楽 （3・4年次）人文総合（歴史・地理・文学・社会）のほか、選択科目（地理、歴史、英文学、中国文学、美術・デザイン、オフィス事務）から2～4科目を履修
【数理科目】 （1・2年次）数学、理科、デザイン・工学、家政 （3・4年次）数学のほか、選択科目（応用数学、総合理科、デザイン・工学、食品・栄養、コンピュータ実用、会計原理）から2～4科目を履修
【非試験必修科目】 CCA、CIP、公民・道徳、生活・進路指導、国民意識教育、体育、プロジェクト・ワーク

出典：池田2011、104頁。

ンシーを各教科等の教育活動で育成することがめざされている。教科等により改訂のサイクルや記述内容が異なるが、小学校理科の2014年版シラバスでは、理科カリキュラム枠組みのなかで、21世紀型コンピテンシーと科学的リテラシーの関係について検討されている。小学校の価値・市民教育の2014年版では、「21世紀型コンピテンシーと生徒の成果」の図が詳しく説明されており、価値・市民教育の学習成果が導き出されている。

（3）教育評価

では、シンガポールでは、教育課程が効果を上げているかどうかをどのように評価しているのだろうか。

①データシステムの構築

シンガポールでは、政策の立案やプログラムの開発が、データを重視し、証拠に基づいた研究をもとに進められている。教育省では、1980年代の初めに包括的なデータベースを構築しており、学校や児童生徒の実績を直接モニターできるようになっている。

シンガポールでは、国レベルの試験には、前述の通り、ストリーミングと呼ばれる能力に応じたコースに振り分けられる初等教育修了試験（PSLE）、あるいは、中等教育を修了した資格を付与する普通教育修了試験（GCE）のN、O、Aレベルが実施されている。これらの児童生徒の試験結果は、成績の傾向が分析され、シラバスの改善やその他の政策立案に活かされている。

学校レベルでは、1学年から12学年を対象としたウェブベースの学校操縦室（school cockpit）システムが2001年より導入され運用されている[1]。学校ではこのシステムを活用して、児童生徒の属性や学習成果などについてのデータベースにアクセスし分析しながら、データに基づいた教育成果の把握や学校経営の計画ができるようになっている。

②学校評価

シンガポールでは、2000年より学校卓越モデル（school excellence model: SEM）を導入している（Tee 2003）。学校評価が、教育省による査察のシステムから、学校による自己評価アプローチ及び6年ごとの教育省による補助的な外

部認証によるものに変更された。各学校が包括的で全体的な自己評価を行い、主体的に質の保証及び改善を図っていくものである。このモデルには、九つの質の観点（リーダーシップ、戦略的計画、スタッフ経営、資源、児童生徒に焦点化したプロセス、行政的経営的結果、スタッフ成果、パートナーシップと社会的成果、主要なパフォーマンス成果）がある。評価のプロセスでは、ある観点の得点を正当化するための明確な証拠が必要とされている。

　SEM を補完する取り組みとして、賞与マスタープラン（masterplan of award: MoA）が 1998 年に導入されている。このプログラムは、学校が卓越に向けた道程をチェックするための道しるべとして機能するもので、すぐれた実践や業績を認め、奨励するものである。

（4）教育実践の革新に向けた支援や方策

　シンガポールでは、21 世紀型コンピテンシーを育成する教育実践を進めるためにいかなる支援をしているのだろうか。

① 「少なく教え、多くを学ぶ」ための学校に基礎を置くカリキュラム革新

　TSLN の流れの中で、前述したように、2004 年には「少なく教え、多くを学ぶ（TLLM）」が発表され、量から質への教育の転換がめざされることになる。MOE は、教育内容を削減して授業研究時間（white space）を確保し、教員には計画や協働のための時間を与えることで、子どものニーズに応じた柔軟な授業の工夫を促し、カリキュラム、指導、評価の革新を推進していったのである。

　具体的な施策として、「学校に基礎を置くカリキュラム革新（School-based

シンガポールの小学校

シンガポールの小学校
出典：Ministory of Education 2013

Curriculum Innovation: SCI）」が展開された（MOE 2008）。MOE は、PETALSTM 教員道具箱をすべての学校に配布した。PETALSTM 教員道具箱とは、SCI に向けて、①指導法（pedagogy）の選択、②学習の経験（experience of learning）のデザイン、③環境のトーン（tone of environment）の醸成、④評価（assessment）実践の採用、⑤学習内容（learning content）の選択のあり方についての情報を提供し、共通理解を促すためのものである。また、SCI を推進する学校を指定して TLLM 点火パッケージを提供した。指定校は、カリキュラムデザイン、指導、評価のやり方に関する教育省職員やコンサルタントによる支援、TLLM の学校ネットワークでの情報交換、教員への学校の課題に応じたワークショップ、教育省の会合や国内外の会議などでの発表や情報交換の機会、学校あたり 15,000 ドルの補助金などの支援を受けることができた。その結果、SCI を進める学校は 2006 年にはプロトタイプの 29 校であったものが、2010 年の終わりまでには、266 校（74％）に拡大している（MOE 2010）。

②教員及び指導スタッフの増員

　2004 年にリー首相は、学習環境の整備を目的として、約 2 万 5,000 名の小中高の教員数を 2010 年までに約 3,000 名（小 1,000 人、中 1,400 人、高 550 人）増員することを打ち出した（MOE 2004）。これにより小中学校では学校あたり 10 名、ジュニアカレッジ及び中央教育学院（日本の高校に相当）では 8 名の増員となった。また、2005 年までに小 1、2006 年までに小 2 において、学級規模を縮小して 30 名にすることになった。現在では、初等学校の 1、2 学年では学級当たり 30 人、その他の初等学校と中等学校では学級当たり 40 人が標準となっている。

　さらに、学級規模の法的な基準を設けてはいないが、教育省は児童生徒の指導スタッフに対する比率は表 5-1-4 のように年々改善しており、2015 年までに、初等学校では 16 人に、中等学校では 13 人にまでにさらに改善することを計画している（MOE 2013）。

表5-1-4　児童生徒の指導スタッフに対する比率

	2007	2008	2009	2010	2011	2012
初等学校	22.1	21.4	19.6	19.5	18.6	17.7
中等学校	18.3	17.9	16.4	16.1	14.8	13.9

出典：MOE 2013a, p. xiii.

③教員の質の向上をめざした採用・養成・研修体制

シンガポールでは、教員の採用・養成・研修をめぐり支援体制がとられている。教員養成は、南洋理工大学（NTU）内の付属機関である国立教育学院（NIE）で行われる。NIEに在籍する学生は、採用試験に合格すると、一般教育職員（General Education Officer: GEO）（訓練生）として教育省に雇用される。研修については、教員には、年間100時間の研修を受ける権利が保障されている。NIEのコースでは、より上位の学位やディプロマが取得可能になっている。

MOEは、「教員職能・キャリア開発計画」（education service professional development and career plan: edu-pac）という職階制度を設定している（金井 2012）。教員の資質、専門、興味関心に応じて、リーダーシップ・トラック（leadership track）、教職トラック（teaching track）、上級専門家トラック（senior specialist track）の三つのキャリアの選択肢が準備されている。図5-1-3は、トラックご

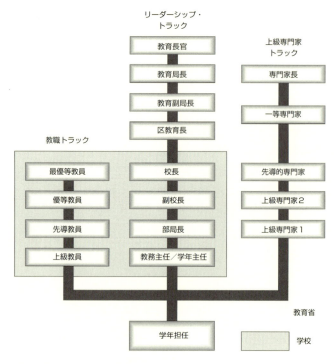

図5-1-3 教員職能・キャリア開発計画
出典：金井 2012、273頁。

とにキャリアアップしていく職階を示したもので、教員は学級担任を経験した後、いずれのトラックに進むのかを自らが判断する。
- リーダーシップ・トラック：教務主任や学年主任を経験し、さらに部局長、副校長、校長へと進み、さらに、教育省のトップである教育長官までの昇進が可能なコースである。
- 教職トラック：教育現場での教科指導や生活・進路指導に専念するコースで、経験を積むと、新任の指導、学内外での研修や教員評価などを担当する。
- 上級専門家トラック：教育省内の専門家となり、分野ごとのカリキュラム、教材や教授法の開発などを追究するコースである。

さらに、NIEは、2009年に「21世紀の教師教育モデル」を発表している（池田 2014）。21世紀の教員に求められる資質や技能の確立、教職コンピテンシーの理解・実践、理論と実践の連携、ICTの活用、評価能力の向上、教員養成課程の修士レベル化などが提案され、この方針に沿った教員養成・研修制度の改革が進められている。

5．日本への示唆

シンガポールでは、1997年の「思考する学校、学ぶ国家（TSLN）」を契機に、教育の質を問う改革が進められてきており、2004年の「少なく教え、多くを学ぶ（TLLM）」を経て、21世紀型コンピテンシーの育成をめざした教育改革が進められている。日本に示唆される点には、例えば以下が挙げられる。
- グローバルな知識経済の進展に伴い、革新性や創造性が求められるようになるなかで、いち早く国家戦略の長期的な展望のもとに、TSLNなど思考力の育成を重視した教育改革を進め、発展させている。
- 学校をベースにして、データシステムの活用、カリキュラムの革新、自己評価を中心とした学校評価など、学校を基礎とした改革が推進されている。
- 100時間の研修時間の保障、より上位の資格獲得を可能にするプログラムの充実、「21世紀の教師教育モデル」の発表など、教師の資質・能力の向上をめざした政策が進められている。
- 教員及び指導スタッフの増員、30人学級の実現、授業研究の時間の確保など、教師の労働環境の改善が図られている。

シンガポールのまとめ

	資質・能力をめぐる取組の概要
能力の名称	・21世紀型コンピテンシー
下位の能力	・中核的価値、社会的感情的コンピテンシー、21世紀型コンピテンシー
能力に基づく教育課程への展開	・2010年カリキュラム2015 ・2012～2014年　シラバスの改訂
教育課程の編成	・シラバス：目的や改正のポイント、構成原理、学年ごとの学習目標や内容、教授法、評価方法
対象となる教科・領域	・小学校：英語、民族母語、数学、理科、公民・道徳教育、美術、音楽、保健、社会、体育、CCA、生活・進路指導、国民意識教育、プロジェクト・ワーク、社会性と情動の学習 ・中学校：コース別（快速コース、普通［学術］コース、普通［技術］コース、職業コース）
教育評価	・初等教育修了試験(PSLE)英語、民族母語、数学、理科 ・普通教育修了試験(GCE)標準、普通、上級のレベル別
その他特徴のある取り組み	・教員の質の向上をめざした採用・養成・研修体制 ・「少なく教え、多くを学ぶ」ための教師の支援政策

注
(1) http://www.moe.gov.sg/about/org-structure/sd/

引用・参考文献
池田充裕「6　シンガポールの教員養成」日本教育大学協会編『世界の教員養成Ⅰ―アジア編』学文社、2005年、139-164頁。
池田充裕「シンガポールの教育改革と学力モデル」原田信之編著『確かな学力と豊かな学力』ミネルヴァ書房、2007年、181-213頁。
池田充裕「シンガポール」国立教育政策研究所『諸外国における教育課程の基準』2011年、101-110頁。
池田充裕「第8章　シンガポール―中等教育の多様化と能力主義教育の行方」馬越徹・大塚豊編『アジアの中等教育改革―グローバル化への対応』東信堂、2013年、190-221頁。
池田充裕「CHAPTER13　強靭な学力を鍛え上げる学校―シンガポール」二宮晧編『新版　世界の学校　教育制度から日常の学校風景まで』学事出版、2014年、142-151頁。
小川佳万・石森広美「シンガポールのジュニアカレッジにおけるプロジェクトワーク―指導と評価に焦点をあてて」『東北大学大学院教育学研究科研究年報』第57集第1号、2008年、

381-394頁。
金井里弥「シンガポール―能力主義を基盤とするキャリア形成」小川佳万・服部美奈編著『アジアの教員　変貌する役割と専門職への挑戦』ジアース教育新社、2012年、259-278頁。
シム・チェン・キャット『シンガポールの教育とメリトクラシーに関する比較社会学的研究―選抜度の低い学校が果たす教育的・社会的機能と役割』東洋館出版社、2009年。
Vivien Stewart（池田充裕訳）「第4章　シンガポール：将来を見据えた教育」経済協力開発機構（OECD）編、（渡辺良監訳）『PISAから見る、できる国・頑張る国2―未来志向の教育を目指す：日本』明石書店、2012年、151-178頁。
MOE, Gives More Resources to Support Teaching, 2004.（http://www.moe.gov.sg/media/press/2004/pr20040929.htm）
MOE, Press Releases, More Support for School's "Teach Less, Learn More" Initiatives. 2008.（http://www.moe.gov.sg/media/press/2008/01/more-support-for-schools-teach.php）
MOE, Parliamentary Replies, Teach Less, Learn More, 2010.（http://www.moe.gov.sg/media/parliamentary-replies/2010/04/teach-less-learn-more.php）
MOE, *Education Statistics Digest 2013*, 2013a.
MOE, Project Work Higher 1（Syllabus 8809）, 2013b.（http://www.seab.gov.sg/aLevel/2013Syllabus/8809_2013.pdf）
MOE, Parliamentary Replies, Target Class Size in Primary and Secondary Schools, 2014.（http://www.moe.gov.sg/media/parliamentary-replies/2012/04/target-class-size-in-primary-a.php）
N. P. Tee, The shingapore School and the School Excellence Model, *Educational Research for Policy and Pracitce 2*, 2003, pp. 27-29.
N. P. Tee, Teacher Less, Learn More: Seeking Curriculam and Pedagogical Innovation, In J. Tan & N. P. Tee (ed.), *Thinking Schools, Leaning Nation: Contemporary Issues and Challenges*, Pearson Education South Asia, 2008, pp. 61-71.

コラム　プロジェクトワーク

「思考する学校、学ぶ国家（TSLN）」を進める教育改革の中で、日本の高校レベルであるジュニアカレッジにおいて導入されたものにプロジェクトワーク（project work）がある。小川・石森（2008）の記述を中心にみていきたい。プロジェクトワークは、問題解決や探究に主体的に取り組む態度を育成することを目的に、必修科目としてカリキュラムに位置づけられており、大学進学に影響を及ぼすAレベルの試験科目の一部となっている。

プロジェクトワークの評価は、問題解決や探究活動に主体的、創造的、共同的に取り組む態度を育成することを目的とするもので、2002年に正式に導入され、2005年からは大学入試者選抜において総合点の10％を占めることになったのである。教育省の試験管理部門機関であるSEAB（Shingapore examination and assessment board）は、毎年二種類のプロジェクトタスク（project task）というテーマを設定する。これまでのテーマには、「見た目以上のもの」「あるべきかあらざるべきか」（2002年）、「運動量・勢い」「開拓者・革新者」（2007年）、「旅」「現代化」（2008年）などとなっている。

プロジェクトワークは、ジュニアカレッジにおいて第一学年で実施されており、週50分〜135分程度がその配当時間となっている。第一段階は、具体的なテーマの設定である。生徒たちは、上述のテーマに沿って、具体的な研究テーマを設定し、研究計画を立案し、その後、4〜5人でグループプロジェクトの企画書を提出して、担当教員の厳しいチェックを受ける。第二段階は、クラス担任の全体指導である。情報収集、インタビューの仕方、量的調査の方法などを授業形式で指導する。第三段階は、実際のグループによる研究活動である。グループ研究の進捗状況に対応しながら、プロジェクトファイルをチェックし、個別指導や助言を行っていく。

プロジェクトワークの成績評価の観点には、筆記レポート（written report）、口頭発表（oral presentation）、グループプロジェクトファイル（group project file）がある（MOE 2013b）。プロジェクト終了後、グループごとに筆記レポート及びグループプロジェクトファイルを提出し、口頭発表を行う。個人とグループの成績は、表のような構成になっており、それぞれあらかじめ作成されているルーブリックに基づいて評価される。また、評価の配点は表のようになっている。筆記レポート40％、口頭発表40％、グループプロジェクトファイル20％で、グループと個人が50％ずつになるように構成されているため、共同作業やチームワークが欠かせない。

シンガポールで導入されているプロジェクトワークは、個人やグループでの問題解決や探究活動を促す必修科目であるとともに、大学入試者選抜にも直接関わるように設計されている点がきわめて興味深い。

表5-1-5　プロジェクトワークの評価の枠組み

成績評価の観点	個人	グループ
筆記レポート ・2500〜3000語の解説		アイデアの実証性 生産的なアイデア アイデアの分析と自己評価 アイデアの構造化
口頭発表 ・各グループ4人：最大25分、5人の場合30分 ・各自最小で5分 ・5分を越えないグループ発表を含む質疑応答	主張の流暢さと明快さ 聴衆の意識喚起 質問への対応	効果的な口頭発表
グループプロジェクトファイル ・各自提出：仮説的アイデア 　　　　　関連ある資料・材料の評価 　　　　　考察と振り返り	生産的なアイデアか アイデアの分析と自己評価	

評価の対象	グループ	個人	合計
筆記レポート	40%	—	40%
口頭発表	10%	30%	40%
グループプロジェクトファイル	—	20%	20%
合計	50%	50%	100%

出典：MOE 2013b.

5.2 香港
——自律した教育システムの構築

　香港は、中国の南に位置し、香港島、九竜半島、新界地区から構成されており、その面積は、1104平方キロメートル（東京都の半分）となっている。人口は、約715万人（2012年）で、人種・民族構成は、中国系が95％、フィリピン人1.6％、インドネシア人1.3％、白人0.5％、インド人0.3％、パキスタン人0.2％、日本人0.2％となっている。香港は、アヘン戦争の結果、1842年にイギリス政府に割譲されたが、1997年に中華人民共和国に返還された。その際、香港は、一国二制度のもとで50年間は軍事と外交以外の領域で特別行政区として自治権をもつことになった。

　香港は、150年余りのイギリスによる統治のため、教育の制度や政策についてはイギリスの影響が大きかった。それが、1999年の教育改革を契機に、独自の教育政策の構築が進んでおり、2012年からは学制改革が断行され、イギリス式の6-5-2-3制から中国や日本と同じ6-3-3-4制へ完全に移行した。5.2では、香港において展開する「汎用的スキル（generic skills）」の育成をめざした教育改革を中心に検討する。

1．学び方を学ぶ教育への転換

　Learning to Learn: The Way Forward in Curriculum Development、これは2000年11月に出されたカリキュラム協議会による報告書のタイトルである（CDC 2000）。これからのカリキュラム開発の鍵となる概念として、「学び方の学び（learning to learn）」を掲げている。それは、学ぶことが期待される内容を習得するだけではなく、新しいことを自ら学んでいくための学び方を身に付けることを意味している。そのために、独力で学べるようにすること、学んだことを振り返ること、異なった学び方を身に付けることなどを支援しなければな

らないという。

　中国に返還された香港は、新たな課題に直面することになった。イギリスの庇護の下で、世界都市として発展してきた香港は、特別行政区として50年間の自治権をもつことになり、グローバルな知識基盤社会での生き残りを迫られることになる。産業構造が変化し国際的な分業が進む中で、単純労働は中国本土へと流れ、高度な人材の育成が急務となっていた。こうした社会の要請に応えて、汎用的スキルの涵養を焦点に、教育政策の大きな転換が図られることになったのである。

　こうした背景から、香港では、1990年代の後半以降、教師主導の詰め込み式の教育から、子ども中心の学びを重視した教育への転換が図られていくことになった。そこで求められる能力の中核に、「学び方の学び」が位置づけられることになったのである。香港では、新しい教育のあり方の実現をめざして、短期、中期、長期の計画が策定され、さまざまな支援体制を準備しながら、学校に基礎を置くカリキュラム開発が段階的に進められていくことになる。

　教育改革は現在でも進行中であるが、すでに成果もみられる（Cheng,

表5-2-1　国別ランキングにおける香港の順位の変遷

	読解力	数学的リテラシー	科学的リテラシー
2000			
2003	10	1	3
2006	3	3	2
2009	4	3	3
2012	2	3	2

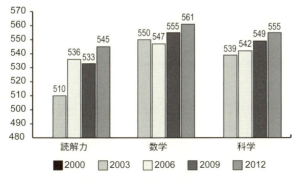

図5-2-1　PISA調査における香港の変遷

Schwartz & Mehta 2012)。例えば、国際教育到達度評価学会（IEA）の国際読解力（Progress in International Reading Literacy Study: PIRLS）調査では、香港の小学校の読みの成績が、2001年に14位であったものが、2006年には2位になっている。また、最近のPISA調査では、得点が一貫して伸びており、PISA2012では、読解力が2位、数学が3位、科学的リテラシーが2位と世界的にみてもきわめて高い成績を収めるに至っている。

2．香港の教育改革の展開

香港における教育制度は、宗主国であるイギリスによる影響が大きかった（Cheng, Schwartz & Mehta 2012、大和 2012、2014a）。学制は、イギリス式の6－5－2－3制で、6年間の初等学校の後、5年間の中等学校があり、さらに2年間の大学予科課程、3年間の大学があった。中等学校で5年間修了すると英国のGCE（General Certificate of Education）のOレベルに相当するHKCEE（Hong Kong Certificate of Education Examination）により大学に進学するグループが選抜され、さらに2年後には大学入試に相当する英国のGCEのA（advanced）レベルに当たるHKALE（Hong Kong Advanced Level Examination）が実施される制度となっていた。また、一流エリート校は、イギリスの「パブリックスクール」（私立学校）をモデルに設置され、香港を支える人材を多く輩出してきた。その他、香港の教育政策は、イギリス本土の政策的な変化に大きく影響されながら進められる傾向にあった。

1970年代ごろになると、地域の帰属意識を発展させる傾向が強くなり、教育政策は次第にイギリス的なものから離れ始め、中国返還以降の教育改革の下地を形成することになる。香港は、1997年に中国に返還されたが、一国二制度のもとで、「基本法」によって独立した権限をもつことになった。これを契機に、学校制度やカリキュラムの大規模な見直しが実施され、体系的で長期にわたる教育改革が始まることになったのである。

1998年には中等教育校において懸案になっていた母語教育政策が断行された（大和 2014b）。それまでは学校ではほとんどが英語と広東語を交えて教えられており、教科書も英語版しか刊行されていなかった。しかし、一部のエリート校を除き中途半端な英語による教育に陥っており、生徒の多くは英語でも広

東語でもきちんとした読み書きができないといった実態があった。そのため、英語で授業を行う英語校を全体の約四分の一の114校に限定し、残りの学校では強制的に母語である広東語を教授言語とすることに変更したのである。(2011年には、英語による授業の要望が強いため、規制は緩和された。)

　2000年9月には教育局が教育改革の大きな方向性を示した「香港教育制度改革建議」を発表している（大和2014b）。そこで重要項目として挙げられたのが、①入学制度及び試験制度改革、②教育課程改革及び教授法の改善、③学習評価法改善・学習者と教員への支援、④生涯教育に向けた後期中等教育以降の教育の多様化、⑤財源の有効活用、⑥教員の資質向上、⑦現職教員へのサポート体制強化であった。

　教育課程の改革については、『学び方の学び（Leaning to Learn）』（2000年）が出され、汎用的スキルの育成がめざされるようになるとともに、学校や児童生徒のニーズに対応するために学校に基礎を置くカリキュラム開発が推進されることになった。さらに、後期中等教育の改革では、2012年より、それまでの英国式の6－5－2－3制から、中国や日本などの6－3－3－4制への抜本的な制度改革が断行された。イギリスに準じたOレベルやAレベルに相当する資格制度は、新制度では、HKDSE（Hong Kong Diploma of Secondary Education）に一本化され、中等教育修了資格と大学入学者選抜の二つの機能を合わせもつことになったのである。

3．学校制度の概要

　ここで、香港の学校制度の概要をみておきたい（例えば山田2011、大和2012）。

　香港では、幼稚園と幼児センターがあったが、2005年に幼児センターが幼稚園付属幼児センターとなり、保幼一元化が実現している。

　香港には、公立校に分類される官立校、公費助成校（設立は民間、政府より運営資金の助成有）、及び、私立校がある。その他、イギリスの教育制度をもとにしたESF（English Schools Foundation）や国際学校などがある。

　義務教育は、1972年に小学校、1978年に中学校までとなり、公教育は2008年度より中等教育6年修了までの12年間が無償となっている。

　初等教育は、半日制（午前、午後）と全日制があったが、学校の質の向上が重

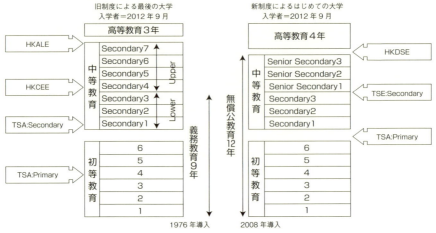

図5-2-2　香港の教育制度改革
出典：大和 2012、101頁。

視されるなかで、少子化に伴う児童生徒数の減少もあり、2000年以降は全日制への移行が大きく進んでいる。

　中等教育は前述のように、学制が2012年に5-2年制から3-3年制に変更された（大和 2014a）。それまでのイギリス式6-5-2-3制では、5年間の中等学校を終えた段階で、大学の進学をめざすかどうかで二つのグループに分かれていた。すなわち、5年間の中等教育後、HKCEE (Hong Kong Certificate of Education Examination) を受験し、ここで基準を満たした約半数のみが大学予科課程に進むことができた。そして、2年間の教育課程を修了後、大学入学試験に相当するHKALE (Hong Kong Advanced Level Examination) を受験して、その中からさらに少数のエリートが選抜されていたのである。

　しかしながら、知識基盤社会が広がる中で、一部のエリートの育成だけでは対応できず、すべての香港人に高い資質・能力が必要な時代となってきた。そのため、6-3-3-4制へと抜本的な学制改革が断行されるとともに、中等教育修了資格としてのHKCEE、大学入学者選抜としてのHKALEの二つの試験が、新制度ではHKDSEに一本化されることになったのである。

　その結果、現行の制度では、教育の機会均等が進み、希望すればだれでもが6年間の中等学校を受けることができるようになった。また、HKDSEが香港

スタンダードとして機能し、その受験科目である、英語、中国語、数学、人文研究等といった基礎的な学力の底上げが図られることになった。

また、高等教育については近年、エリート教育は公立大学、機会の拡大と多様化は私立大学や職能訓練機関において担われながら、高等教育のマス化が進められてきた。1980年代でも2%にすぎなかった大学への在学率は、1990年代からの「学院」の大学昇格に伴い、七つの大学、香港教育学院、香港公開大学、私立の高等教育機関1校と増加し、20%程度にまで増加していた。それが、新学制の発足に伴い、海外や中国本土も含め大学への進学がスムーズになるとともに、大学進学を満たさない場合でも、生涯教育を見据えてさまざまな進路の道が開かれるようになったのである。

4．資質・能力の育成と教育課程

(1) 育成しようとしている資質・能力

香港では、資質・能力をめぐりどのような議論があり、いかなる資質・能力目標を掲げているのだろうか。

新しい香港のカリキュラムでは、全人的発達と生涯学習者をめざし、「学び方の学び (learning to learn)」が重視されているが、その要となるのが九つの汎用的スキルの育成である (CDC 2002)。汎用的スキルには、コラボレーションスキル (collaboration skills)、コミュニケーションスキル (communication skills)、創造 (creativity)、批判的思考スキル (critical thinking skills)、情報技術スキル (information technology skills)、ニューメラシースキル (numeracy skills)、問題解決 (problem solving)、自己調整スキル (self-management skills)、学習スキル (study skills) の九つがある。詳しくは、以下の通りである。

1. コラボレーションスキル (collaboration skills) は、課題やチームワークに効果的に従事し、協調的な関係から利益を得るのを助ける。
2. コミュニケーションスキル (communication skills) は、効果的に人と関わり考えを表現するのを助ける。
3. 創造 (creativity) は、オリジナルな考えを生み出し、状況に適切に応じた問題を解決する能力である。

4. 批判的思考スキル（critical thinking skills）は、与えられたデータや陳述から意味を引き出し、主張を生み出したり評価したりし、自分自身の判断を助ける。
5. 情報技術スキル（information technology skills）は、情報の時代、デジタルの世界の中で、批判的、知性的に情報を探し、取り入れ、分析し、調整し、表現するのを助ける。
6. ニューメラシースキル（numeracy skills）は、日常生活の基本的な計算に習熟し、実際的な状況で基本的な数学的概念を活用し、納得のいく見積もりをし、グラフ、チャートやデータを理解し解釈するのを助ける。
7. 問題解決（problem solving）は、困難さを解決し、行動の最善のコースを決定するための思考スキルを活用するのを助ける。
8. 自己調整スキル（self-management skills）は、セルフエスティームを助長し、目標を遂行するのを助ける。
9. 学習スキル（study skills）は、よい学習習慣、その能力、学習するのを楽しむ態度を育てるのを助ける。

　汎用的スキルは、異なる教科や主要な学習領域における指導や学習を通して育てられるもので、異なる学習状況に転移可能なものと捉えられている。なお、リテラシーやコンピテンシーではなく、スキルという用語を使用しているのは、カリキュラムの枠組みの他の要素である価値や態度と区別することが理由にあるという。例えば、情報リテラシーは、情報技術スキル、コミュニケーションスキル、学習スキルなどのスキル、及び、関連する価値と態度とに分けて、捉えるものと考えるのである。

香港の小学校

香港の中学校

汎用的スキルの育成にあたっては、四つの鍵となる課題である、① モラル・公民教育（moral and civic education）、②学びのための読み（reading to learn）、③プロジェクト学習（project learning）、④相互交流学習のための情報テクノロジー（information technology for interactive learning）を重視することが奨励されている。教師と学校は現行の教科の中で、これらのアプローチを取り入れ、汎用的スキルを浸透させることを通して、「学び方の学び」の能力を推進していくのである。

（２）教育課程
①初等・前期中等教育教育課程の枠組み

では、汎用的スキルをもとに、カリキュラム枠組みはどのように編成されているのだろうか。

カリキュラム枠組みは、学校教育のすべての段階で、指導と学習のための基本的な構造となるものである（CDC 2002）。このカリキュラム枠組みには、前述の汎用的スキル（generic skills）に加え、主要学習領域（key learning areas）、価値と態度（values and attitude）の合わせて三つの要素がある。

カリキュラム枠組みの３要素

1. 主要学習領域（key learning areas〔knowledge, concepts〕）
2. 汎用的スキル（generic skills）
3. 価値と態度（values and attitude）

主要学習領域は、1.中国語教育（Chinese language education）、2.英語教育（English language education）、3.数学教育（mathematics education）、4.個人的、社会的、人文的教育（personal, social, humanities education）、5.科学教育（science education）、6.テクノロジー教育（technology education）、7.芸術教育（arts education）、8.体育教育（physical education）の八つとなっている。

この主要学習領域は、これまであった教科をグループに分け、広域の知識の領域を提供するものである。それは、主要な知識のなかで、根本的で関連する概念をめぐって構成されるカリキュラムの下位のセットとなるもので、深い理解や新しい知識の構築のための文脈を提供するものとなる。

8つの主要学習領域（key larning areas）

1. 中国語教育（Chinese language education）
2. 英語教育（English language education）
3. 数学教育（mathematics education）
4. 個人的、社会的、人文的教育（personal, social, humanities education）
5. 科学教育（science education）
6. テクノロジー教育（technology education）
7. 芸術教育（arts education）
8. 体育教育（physical education）

　また、「価値と態度」はその両者が互いに影響し合っている情意的な側面である。価値は、行為や意思決定を支える原理として育成すべき特質である。態度は、課題をうまく遂行するために必要とされる個人的な性向である。

　初等教育と前期中等教育においては、カリキュラム枠組みの3要素の中の、八つの主要学習領域が、汎用的能力および価値と態度を育成し応用するための文脈を提供するものとなる。学校では、広くバランスの取れたカリキュラムを提供するために、それぞれのグループから教科を選択することが薦められている。それぞれの主要学習領域における学習は、教科、モジュール、短期のコース、プロジェクトなどさまざまな形態が考えられる。学校は、これらの学習形態を多様に組み合わせながら異なったやり方でカリキュラムを構想することになるのである。

②後期中等教育の教育課程の枠組み

　学制の変更に伴い、後期中等教育は大きく変化した。それまでは、予科課程として大学に進学する一部の生徒のための準備がなされていた。それが、希望すれば生徒すべてが中等教育修了資格と大学入学者選抜の二つの機能を合わせもつHKDESの取得をめざすことが可能になり、後期中等教育のカリキュラムは香港社会で必要とされるスタンダードとしての性格をもつようになった。それは、四つのコア教科＋2、3の選択教科＋他の学習経験から構成されている（CDC 2011）。

　コア教科は、中国語、英語、数学、人文研究で、全体の45〜55％を構成す

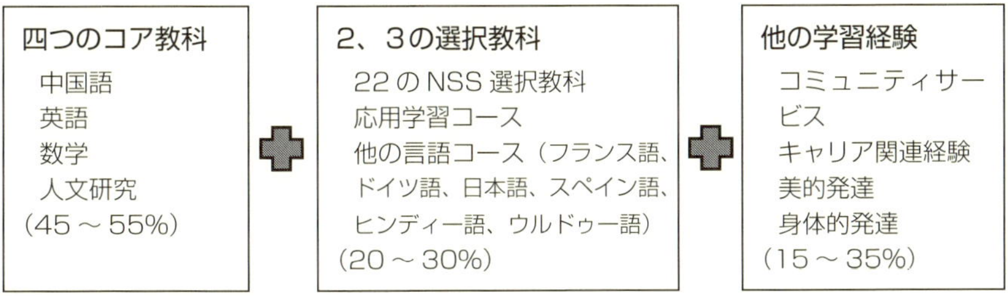

| 四つのコア教科
中国語
英語
数学
人文研究
（45～55％） | 2、3の選択教科
22のNSS選択教科
応用学習コース
他の言語コース（フランス語、ドイツ語、日本語、スペイン語、ヒンディー語、ウルドゥー語）
（20～30％） | 他の学習経験
コミュニティサービス
キャリア関連経験
美的発達
身体的発達
（15～35％） |

図5-2-3　後期中等教育のカリキュラム内容
出典：CDC 2011, p.3.

る。選択教科は、22のNSS選択教科、応用学習コース、もしくは他の言語コース（フランス語、ドイツ語、日本語、スペイン語、ヒンディー語、ウルドゥー語）で、全体の20～30％を構成する。

　コア教科と選択教科に加え、生徒は他の学習経験を履修することが求められる。他の学習経験は、コミュニティサービス、キャリア関連経験、美的発達、身体的発達で、15～35％を構成する。

　HKDSEの取得には、中国語、英語、数学と人文研究（liberal studies）と呼ばれる新しい教科の四つの領域が必修となっている。

③長期的な教育課程改革のアプローチ

　香港における教育課程改革のアプローチは、a.継続した段階を踏み、b.経験を積み重ね、能力を培い、c.協力して遂行していくというものであった（CDC 2002）。

　まず、教育課程改革は、短期（2000～2005年）、中期（2005～2010年）、長期（2010年+）のように、短期から長期までの計画が立案され、十分に時間をかけて段階的に進められた。各学校は、現場の強みを生かし、教師のレディネス、学校の状況、生徒の特性を踏まえ、独自のペースでカリキュラム開発を進めていく。その際、行政からは、カリキュラムガイド、教師や校長の研修プログラム、学校現場をベースとした研修など、さまざまな支援や情報が提供される。例えば、カリキュラム開発のための資料提供については、主要な学習領域、改訂・新教科のガイドの作成、指導・学習・評価資料のバンク（ウェブ上のリソース）の構築、カリキュラム開発ツールの開発が進められた。また、教師の専門研修については、指導と学習の文化を変えるという目的で、批判的、創造的思

考やITの研修コース、マネジメント研修、カリキュラム開発チームの派遣による学校に基礎を置いた学校現場での研修などが提供された。その他、シード（SEED）プロジェクトを通して、学校レベルで開発的な研究が進められ、その実践の成果の普及が図られたりした。

　以上のように、香港では、新しいカリキュラムの枠組みへの移行は10年という長期のスパンで計画されている。また、教育改革を実現するための行政のきめの細かい支援が提供され、十分な時間をかけながら、児童生徒や学校のニーズに応える学校に基礎を置くカリキュラム開発が進められていったのである。

短期（2000～2005年）
- 教師と学校は現行の学校の教科の中に、汎用的スキルを浸透させることを通して、学び方の学びを推進する。
- 行政の支援により、新しいカリキュラム枠組みへの移行のために準備したり、児童生徒や学校のニーズに合うように枠組みを活用した学校に基礎を置くカリキュラムを開発したりするために、学校は十分な時間が与えられる。

中期（2005～2010年）
- 学校は、児童生徒のニーズや学校のミッションに最も合うように学校に基礎を置くカリキュラムを開発するために提供された主要な指示に従い、また、公開された枠組みのカリキュラムガイドを活用する。学校は、指導と学習の質を上げることを継続する。

長期（2010年＋）
- 生涯学習のためのビジョン。

（3）教育評価

　では、香港では、教育課程の効果や児童生徒の成績をどのように評価しているのだろうか。

①学校査察（school inspection）

　香港では、1997年に学校査察の質保証の枠組みとプログラムが導入されている。学校を査察する際の観点については、パフォーマンス指標の枠組みが2008年に出されている。表5-2-2のように、四つの領域は、a. 経営と組織、b. 学習と指導、c. 児童生徒支援と学校のエトス、d. 児童生徒の実績に分かれ

表5-2-2 パフォーマンス指標の枠組み

領域	経営と組織		学習と指導		児童生徒支援と学校のエトス		児童生徒の実績	
分野	学校経営	専門的リーダーシップ	カリキュラムと指導	児童生徒の学習と指導	児童生徒の支援	パートナーシップ	態度と行為	参加と実績
指標	計画 実施 評価	リーダーシップとモニタリング 行動と支援 専門的リーダーシップ	カリキュラム組織 カリキュラム実施 カリキュラム評価	学習プロセス 学習実績 指導組織 指導プロセス フィードバックとフォローアップ	児童生徒の支援 学校の風土	家庭―学校の協力 外部組織との連携	情意の発達と態度 社会的成長	学問的な成績 非学問的な実績

ている。領域は、分野、指標に細分化され、指標の項目ごとにさらに具体的な指標が示されている。このようなパフォーマンス指標に基づいた学校査察の結果は、教育局によって*Inspection Auunal Report*として発表されている。

② 学習の評価（assessment of learning）と学習のための評価（assessment for learning）

香港の大きな流れとしては、総括的評価から形成的評価に力点が移行している（Berry & Adamson 2012）。例えば、小学校の最後に行われていた中学校での選考基準に使われていた学力テストは、学校間の調整をしたうえで5年と6年の内部的な成績に基づくものに変更された。基本的能力評価（basic competency assessment）が、小3、小6、中3に導入されたが、主な目的は学習に活かすことであった。また、中等教育修了資格としてのHKCEEと大学入学者選抜としてのHKALEが、前述の通り、HKDSEへと一本化されている。このような動きにみられるように、香港では、テストによる「学習の評価（assessment of learning）」が重視されていたものが、近年では、評価を学習に活かす「学習のための評価（assessment for learning）」が推奨されているのである。

また、評価にあたっては、プロジェクト、観察、ポートフォリオ、テストなど、学習の目的やプロセスに合わせて、異なるアセスメントの形式を使いながら、指導や学習へのフィードバックが重視されている。また、学校全体の取り組みとして、カリキュラムの改善と評価とを計画的に進める学校を基盤にした

評価 (school-based assessment) が推進されている。

(4) 教育実践の革新に向けた支援や方策

香港では、汎用的スキルを育成する教育実践を進めるためにいかなる支援をしているのだろうか。

①学校に基礎を置いたカリキュラム改革

知識、汎用的スキル、価値と態度に関する学習の目標を達成して、学び方を学ぶ力をつけるために、学校に基礎を置いたカリキュラム改革を重視している。児童生徒のニーズや関心、学校の文脈、教員のレディネス、学校長のリーダーシップなど、出発点が異なるため、現在の状況をレビューして、学校独自のカリキュラムをデザインすることが推奨されている。参考にされる実践や知識、学習や指導のアプローチ、教科書やその他のリソースからの学習材の選択、アセスメントのデザイン、宿題、学習のニーズ、スタイル、能力への対応など、学校の文脈に応じたカリキュラム改革が推進されることになった。

学校改革には、カリキュラム開発グループ (curriculum development groups: CDGs) を設置することが推奨されており、三つの形式が認められるという。一年目に一つの重点学習領域のCDGsから始め、成功経験を教員に広めながら、他の学習領域、学校全体へと展開する「点→線→面アプローチ」、異なる重点学習領域で別のCDGsを設置し、すべての教職員が関わるようにする「学校全体アプローチ」、異なる重点学習領域の教員によって大きなCDGsを設置し、通常、総合的な学習においてプロジェクトを進める「統合的チームアプローチ」などである。

②教員スタンダードの開発と教員研修

香港では、教員スタンダードが開発され教員研修が方向づけられている (大和 2014b)。返還後に教育局が公立校に対して規制や指導を行うまでは、公教育は各学校の自由に任せる自由放任主義が取られていた。そのため、共通する教員の資質向上に向けた取り組みを支援するために、2002年6月に現職教員研修助言委員会 (The Advisory Committee on Teacher Education and Qualifications: ACTEQ) が設立された。

ACTEQでは、2004年に教員のコンピテンシー枠組みを開発している。枠組みには、a.指導と学習領域、b.生徒の成長領域、c.学校の発展領域、d.専門的な同僚性とサービス領域の四つがあり、さらにそれぞれの領域が細分化され、教師の役割と任務が示されている。香港では、強制ではないが、職能向上の枠組みをもとにつくられた研修の取り組みに、3年間で150時間を目標に研修を受けることが推奨されている。

　香港では、学校に基礎を置いた経営（school-based management）を推進しており、教員の異動もないため、学校レベルにおいて、指導と学習領域の授業研究を中心に研修活動が計画されている。学校はそれぞれ校長による独自の評価表を用いて教員評価を実施しており、自己評価、同僚評価、管理職による評価などの授業評価が取り入れられている。また、大学や教育局でも多彩な研修プログラムが提供されており、学校の管理職、主要学習領域のカリキュラムリーダー、一般の教師を対象として、ウェブコース、時間の設定されたコース、ワークショップ、アクション学習など多様な研修の機会が提供されている。

5．日本への示唆

　香港では、2000年の『学び方の学び（Leaning to Learn）』を契機に、汎用的スキルの育成をめざした抜本的な教育課程改革が進められている。日本に示唆される点は、例えば以下が挙げられる。

- 育みたい資質・能力として「汎用的スキル」が掲げられ、その育成をめざした教育課程が編成されている。
- 汎用的スキルの育成を図るための教育課程の実施にあたり、10年という長期のスパンで実施のプロセスが構想されており、長期、中期、短期の計画に従って段階的に実施されている。
- 校本課程開発で事例を検討するように、学校に大きな裁量が与えられており、学校に基盤を置いたカリキュラム開発が推進されている（コラムを参照）。
- 評価の改革にも力を入れており、学習の評価（assessment of learning）といった総括的評価から、学習のための評価（assessment for learning）といった形成的評価へと力点が移行している。
- 教員のコンピテンシー枠組みといったスタンダードが設定され、その枠組み

に基づいた教員研修プログラムが開発され、学校、教育局、大学などで教員の質の向上に向けた研修が実施されている。

香港のまとめ

	資質・能力をめぐる取組の概要
能力の名称	• 汎用的スキル
下位の能力	• コラボレーションスキル（collaboration skills）、コミュニケーションスキル（communication skills）、創造（creativity）、批判的思考スキル（critical thinking skills）、情報技術スキル（information technology skills）、ニューメラシースキル（numeracy skills）、問題解決（problem solving）、自己調整スキル（self-management skills）、学習スキル（study skills）
能力に基づく教育課程への展開	• 『学び方の学び（Leaning to Learn）』（2000年）
教育課程の編成	• シラバス：目的や改正のポイント、構成原理、学年ごとの学習目標や内容、教授法、評価方法
対象となる教科・領域	• 初等・前期中等教育：1. 中国語教育（Chinese language education）、2. 英語教育（English language education）、3. 数学教育（mathematics education）、4. 個人的、社会的、人文的教育（personal, social, humanities education）、5. 科学教育（science education）、6. テクノロジー教育（technology education）、7. 芸術教育（arts education）、8. 体育教育（physical education） • 後期中等教育：コア教科（中国語、英語、数学、人文研究）、選択教科（22のNSS選択教科）、応用学習コース、他の言語コース（フランス語、ドイツ語、ヒンズー語、日本語、スペイン語、ウルドゥ語）、他の学習経験
教育評価	• 中国語、英語、数学の到達度を評価する小3、小6、中3で学力テストが実施されている。 • HKDSE（Hong Kong Diploma of Secondary Education）
その他特徴のある取り組み	• 学校に基礎を置いたカリキュラム改革の推進 • 教員のコンピテンシー枠組みに対応した教員研修

引用・参考文献
篠原真子「PISAが描く世界の学力マップ　第4回　無答率が確実に減少　台頭するアジア　その3　香港」時事通信社『内外教育』第6339号、2014年、8-9頁。
野澤有希「香港の校本課程開発における校長の意思決定に関する事例研究―CIPPモデルの

視点を手がかりとして―」日本カリキュラム学会『カリキュラム研究』第23号、2014年、29-41頁。
山田美香『公教育と子どもの生活をつなぐ香港・台湾の教育改革』風媒社、2011年。
大和洋子「第4章 香港 教員の質の向上を目指して」小川佳万・服部美奈編著『アジアの教員 変貌する役割と専門職への挑戦』ジアース教育新社、2012年、100-123頁。
大和洋子「香港の大学入学資格統一試験の改革－新試験「中等教育修了証書試験」の検証」『国立教育政策研究所紀要第135集』2014a年、117－133頁。
大和洋子「第5章 香港の教員スタンダードの確立と資質向上を目指した教員研修・評価」『アジアにおける学校改善と教師教育改革に関する国際比較研究』（科学研究費補助金中間報告書〔研究代表者 小川佳万〕）、2014b年、79-95頁。
Kai-ming Cheng, Robert Schwartz, Jal Mehta「第6章 上海と香港：学び方を学ぶ教育」経済協力開発機構（OECD）編（渡辺良監訳）『PISAから見る、できる国・頑張る国2――未来志向の教育を目指す：日本』明石書店、2012年、201-242頁。
Berry, R. & B. Adamson, "Assessment Reform in Hong Kong Schools." *SA-eDUC Journal* Vo.9 (1), 2012.
CDC, *Learning to Learn: The Way Forward in Curriculum Development*, 1999.
CDC, *Basic Education Curriculum Guide: Building on Strengths*.（Primary1-Secondary3）, 2002.（http://www.edb.gov.hk/en/curriculum-development/doc-reports/guide-basic-edu-curriculum/index.html）
CDC, *New Academic Structure Handbook for All Students to Succeed*, 2011.

> **コラム**　**校本課程開発**

　香港の校本課程開発の事例について、野澤（2014）をもとにみていきたい。香港では、教科を融合して学校ベースの教育課程を開発することが推進されている。香港の中心部から1時間ほど離れた住宅地に位置するA小学校では、B校長のリーダーシップのもとに、AST科（天文astronomy、科学science、科学技術technology）という教科を開発しているという。CIPP（context-input-process-product）モデルをもとに、B校長の意思決定のプロセスをみてみたい。CIPPモデルには、①文脈評価、②入力評価、③プロセス評価、④結果評価の四つの段階がある。以下、それらの段階に従って検討する。

　①文脈評価の段階では、政府の指針と課程要綱に基づき、校長が子どものニーズを把握し、教員の意見を聞いて、校本課程開発の優先順位を決定する。児童が天文に対する興味が高いこと、A小学校には天文館があるが、現在では年に1回程度しか活用されていないことなどを考慮し、会議で教員の意見を聞きながら、天文、科学及び科学技術を融合したAST科の創設を決定している。

表5-2-3　2011/2012年度香港A小学校のAST科の単元表

		1学年	2学年	3学年	4学年	5学年	6学年
天文		天文館規則 太陽と月 地球 星と星座 惑星	天文館規則 太陽と月 地球 星と星座 星座比べ 星図 昼と夜 星座神話	宇宙探索 Stellarium ソフト 四季の星空 光害 天文望遠鏡の使用	地球 月 月面着陸計画 宇宙計画 宇宙船	春夏星空 望遠鏡の使用と製作 光譜 我々の宇宙（太陽系、季節、月相、日食、月食）	秋冬星空 中国古代天文 24旧暦節分
科学		量度 エジソン物語 家中の材料とエネルギー	昼間と夜間 電池の発見	天気 冷と熱 資源を大切にする 磁力と羅針盤	情報技術 水の世界 奇妙な空気	光と音 電気	機械と生活
科学技術	入力方法	英文入力	漢字入力	速い入力	速い入力	漢字入力	漢字入力
	パソコン基礎知識	IT室の整備 基本操作 学校ネット	画面、印刷、ゴミ箱、ファイル	ファイル管理 コピー	保存装置 ハードウエア	コンピュータの内部構造	メモリと修復道具、操作システム
	応用ソフト	絵描きソフト	インターネット	Powerpoint	Excel Photoimpact	ソフトウェア Dreamweaver	Flash
	情報技術	正確に使用するメール 個人資料の保護	Ms-word 電子政府 ネット名人紹介	パソコンで大変身 生活とパソコン インターネットの利用	ネットで環境保護 知的財産権	ウイルス セキュリティ	Blog ブログ規制 Facebook

出典：野澤 2014、33頁。

②入力評価の段階では、校長は、教員の人員配置、時間数の確保、教材の作成などを検討し、校本課程開発の計画を立てている。香港天文学会の会員を新しく雇用し、天文に興味をもつ教員二人、科学に詳しい教員二人、インターネット情報の専門教員二人を加えてAST科の教師チームを立ち上げている。AST科の授業時間を確保するために、科学及び科学技術それぞれ週1時間（35分）を常識科から分離させ、天文館、常識室、コンピュータ室を活用して70分授業を実施することにしている。教材については、科学と科学技術については市販の教科書を使い、天文部分については教材を独自に開発している。

③プロセス評価の段階では、校本課程の実施に向けて、教員の専門性の向上、リーダーの育成に力を入れている。校長は、AST科のカリキュラム編成と単元法の編成、自作教材と教具の開発、週1回のAST科の共同授業準備、月1回の会議などに一緒に取り組むとともに、科主任を育てている。また、教員グループが検討し、iPadの使用が天文の学習に役立つことを提言したが、すぐにiPadを購入している。

④結果評価の段階では、期末試験、教育局の評価結果などをもとに成果を捉え、改善点を検討している。AST科の成績評価は、ABCDの四段階評価で、試験は態度（10%）、技能：ソフト応用（20%）知識（筆記試験）（50%）、漢字と英文入力（20%）となっている。昨年と比べると、天文と科学への興味関心が高まっているという。教育局の評価では、「校長による専門的リーダーシップ」、学校管理において高得点が得られており、教員たちの支持と校本課程開発への積極的な姿勢が評価されている。

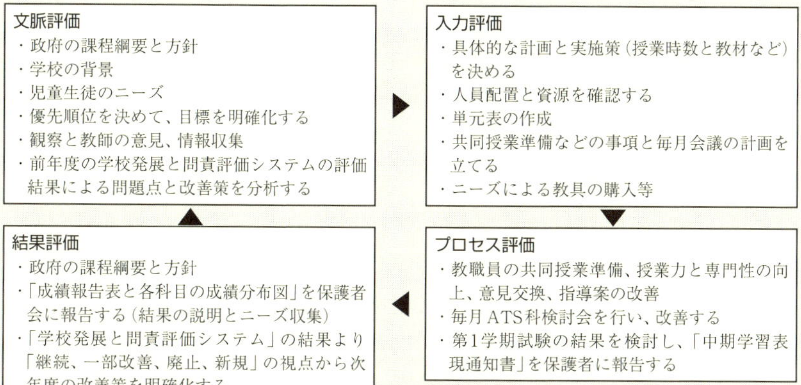

文脈評価	入力評価
・政府の課程綱要と方針 ・学校の背景 ・児童生徒のニーズ ・優先順位を決めて、目標を明確化する ・観察と教師の意見、情報収集 ・前年度の学校発展と問責評価システムの評価結果による問題点と改善策を分析する	・具体的な計画と実施策（授業時数と教材など）を決める ・人員配置と資源を確認する ・単元表の作成 ・共同授業準備などの事項と毎月会議の計画を立てる ・ニーズによる教具の購入等

結果評価	プロセス評価
・政府の課程綱要と方針 ・「成績報告表と各科目の成績分布図」を保護者会に報告する（結果の説明とニーズ収集） ・「学校発展と問責評価システム」の結果より「継続、一部改善、廃止、新規」の視点から次年度の改善策を明確化する ・ATS科教師による評価と次年度の改善点	・教職員の共同授業準備、授業力と専門性の向上、意見交換、指導案の改善 ・毎月ATS科検討会を行い、改善する ・第1学期試験の結果を検討し、「中期学習表現通知書」を保護者に報告する

出典：野澤 2014、37頁。

図5-2-4　CIPPモデルで考察したA小学校の校本課程開発

5.3 韓国
──世界基準をめざして

　大韓民国（以下、韓国）は、東アジアにおける朝鮮半島の南部に位置している。黄海に面した西側には平地が続き、日本海に面した東側は山地がそびえ立っている。その面積は、10.1万平方キロメートル（北海道と四国を合わせた程度）で、約5,034万人（2012年）を数え、その4割のおよそ2,000万人がソウル都市圏に集中している。民族構成は、そのほとんどが朝鮮民族であるが、少数ながら中国系住民もいる。近年は、国際結婚や移民の流入が増加している。公用語は朝鮮語であり、文字は主にハングルを用いる。総人口の約3割はキリスト教徒であり、約2割は仏教徒である。韓国は学歴社会で激しい受験戦争があることで知られているが、2004年時点での大学進学率は80％に達した。

　グローバル化や情報化を背景に、韓国では、資質・能力目標として「核心力量」の導入が検討され、グローバル創意人材の育成をめざした未来型教育課程が2009年に出されている。5.3では、2009年改訂教育課程を中心に検討したい。

1．教育の世界化をめざして

　韓国は、教育の世界化をめざして、着実な教育改革を進めてきており、PISA調査においても近年、高い成績を収めている。このような韓国の教育改革の重要な契機となったのが、1995年に出された5.31教育改革案である。韓国は、金泳三（キムヨンサム）政権の下で、折しもOECD加盟を目前に控えていた。建国以来の悲願であった先進国への仲間入りを視野に、韓国教育の将来像を描いたのが5.31教育改革案であった。

　その連続線上にある現行の2009年改訂教育課程は、未来型教育課程と名付けられたもので、グローバル・スタンダードを見据えた新たな飛躍をめざすものといえる（金子・松本2010）。この改訂の背景には、PISA調査の結果を受けて、

表5-3-1 国別ランキングにおける韓国の順位の変遷

	読解力	数学的リテラシー	科学的リテラシー
2000	6	2	1
2003	2	3	4
2006	1	4	11
2009	2	4	6
2012	5	5	7

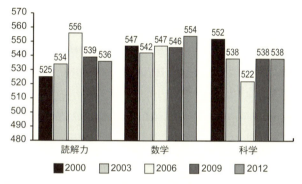

図5-3-1　PISA調査における韓国の変遷

教育改革のための基底となるべき教育課程の基準が、必ずしもその役割を十分に果たしていないとの国家的危機感があったという。2007年の改訂教育課程の公示からわずか2年しか経っていないにもかかわらず、未来社会を主導する人材を育成するために機能していないという理由から、教育課程は再び改訂されることになったのである。

李明博政権の下で、「国家教育科学技術諮問会議」(議長：大統領)に「教育課程特別委員会」が設置され、抜本的な教育改革の要として、創意人材の育成を図る教育課程が検討されていった(井手 2012)。教育課程の位置づけが明確にされるとともに、教育課程と一体化した入試改革として入学査定官制度が導入されることになったのである。

2．韓国教育改革の展開

韓国における戦後の教育改革の流れを、教育課程の改訂と関連付けながら概観したい(例えば、甲 2014、孫 2014、趙 2013)。

（1）植民地解放から1950年代——米軍政と義務教育の導入

　1910年から1945年までの日本の植民地統治から解放され、韓国では、米軍政のもとで、6・3・3・4制の学制による教育制度の基礎が形成された。それまでの複線型の学制を廃止して単線型に転換することで、教育の機会均等が進むことになった。1946年には義務教育の実施が議会で採択され、「義務教育完成6か年計画」（1954〜1959年）の最終年度である1959年の学齢児童就学率は93.6％に至り、短期間に就学人口が拡大した。

　この時期、教育課程は、アメリカの進歩主義の影響のもと、生活や経験を重視する、学習のコース、教授内容、主題、題目で構成された「教授要目」（1946〜1954年）が使われていた。

（2）1960－1970年代——国家による教育統制と平準化政策

　1961年の軍事クーデター以降は、国家による統制が進み、民族自決と経済発展のための人材育成がめざされる一方で、加熱した受験競争への対応として平準化政策がとられていった。1950年代の国民学校への急激な就学の拡大に伴い、中学入試の競争が激化したため、1969年から1971年までの3か年計画で、中学校入試制度の全廃、学区別の推薦制の導入が図られた。その後、受験戦争が高校入試に飛び火したため、1973年には高校平準化政策が発表され、1974年のソウルと釜山を皮切りに段階的に実施されていった。

　教育課程をめぐっては、「教授要目」に続き、教科別目標と内容で構成された教科中心の「第1次教育課程」（1954〜1963年）、生活（経験）中心の「第2次教育課程」（1963〜1973年）、学問中心の「第3次教育課程」（1973〜1981年）が続いた。

（3）1980－1990年代——教育環境の整備と学校運営の地方自治化

　80年代から90年代にかけて、教育の内容や環境の整備、及び、学校運営の地方自治化が進んだ。就学率向上のために取られていた過密な学級、過大な規模の学校、午前と午後の2部制授業などが改められたり、教育評価をめぐり5段階評価に叙述式評価が加えられたり、教員の資質向上を意図して、教員養成の年限が2年から4年へと延長されたりした。また、1991年に「地方教育自治に関する法律」が制定され、市・道の教育庁にカリキュラム編成及び運営の権

限が委任され、学校の裁量権が拡大された。

　教育課程では、教育思潮間の調和が図られた「第4次教育課程」(1981〜1987年)、健康な人間、自主的な人間、道徳的な人間の育成をめざした「第5次教育課程」(1987〜1992年)、健康で自主的、創意的、道徳的な韓国人を育成する「第6次教育課程」(1992〜1997年)が実施された。

(4) 1990年代後半以降——教育の世界化

　グローバル化や情報化を背景に、「教育の世界化」をめざして、高次の思考力や創造性の育成が重視されるようになった。1995年には金泳三政権により教育改革ヴィジョンを示した「5.31教育改革案」が発表された。具体的には、①開かれた教育社会、生涯学習社会基盤の構築、②大学の多様化と特性化、③初・中等教育の自律的運営のための「学校共同体」構築、④人格及び創意性を育てるカリキュラム、⑤国民の苦痛を減らす大学入試制度、⑥学習者の多様な個性を尊重する初・中等教育の運営、⑦教育供給者に対する評価及び支援体制の構築、⑧品格があり有能な教員の養成などの方策が示された。

　5.31教育改革案(1995年)を背景に21世紀の世界化・情報化時代を主導する「第7次教育課程」(1997〜2007年)後は、激しい社会の変化にすばやく対応するために、第○次という形ではなく随時改訂がなされることになり、「2007年改訂教育課程」(2007〜2009年)、「2009年改訂教育課程」(2009年〜現在)では、さらに教育課程の編成・運営面での地域や学校の自律性が拡大されていった。なお、朴槿惠政権において、2018年度から導入予定の新しい教育課程の案が2014年9月に発表されている。

3. 学校制度の概要

　ここで、韓国の学校制度の概要をみておきたい(例えば金子・松本2010)。就学前教育は、3〜5歳を対象とした幼稚園がある。2004年の幼児教育法の成立により、就学前の5歳児保育は無償となっている。

　義務教育は、6歳から15歳までの9年間である。

　初等教育は、初等学校で行われ、6歳からの6年間である。初等学校から中学校への進学は、公立・私立の区別に関わらず、居住地域に近い学区の学校へ

の配置となる。

前期中等教育は、中学校の3年間である。中学校から高校への進学は、1974年の「平準化政策」以降、二つの方法が取られている。平準化地域では、公立・私立の区別に関わらず、「市・道」の選抜試験あるいは内申書の成績順に、学校群内の高等学校に抽選により配置される。農漁村などの非平準地域では、選抜試験あるいは内申書により入学が決定される。その他、生徒が学校選抜権をもつ特殊目的高等学校もある。

後期中等教育は、普通高等学校と職業高等学校がある。前者は、普通教育が実施されるが、特殊目的高等学校（科学高等学校、外国語高等学校、芸術高等学校、体育高等学校）、自律型私立高等学校なども含まれる。後者では、職業教育が実施され、工業高等学校、商業高等学校、水産・海洋高等学校などがある。

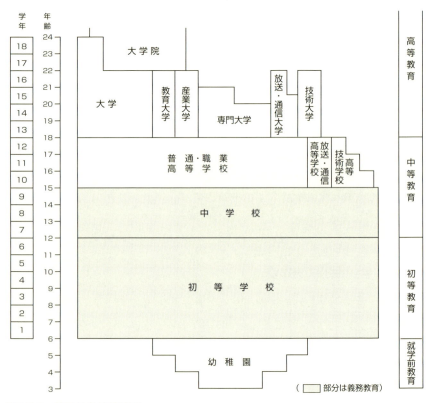

図5-3-2　韓国の学校系統図
出典：金子・松本 2010、284頁。

高等教育機関には、4年制の大学、2～3年制の専門大学で行われる。これらの機関に入学するには、国レベルで大学修学能力試験を受験することになるが、後述するように入学査定官による大学独自の選抜制度への改革も進められている。また、成人のために、放送・通信大学、産業大学などがある。

4．資質・能力の育成と教育課程

（1）育成しようとしている資質・能力

　韓国では、資質・能力をめぐりどのような議論があり、いかなる資質・能力目標を掲げているのだろうか。

　韓国では、資質・能力目標として「核心力量」の導入が検討された（山下 2013）。ここで、核心力量とは core competency または key competency をさすもので、OECD のデセコ（DeSeCo）プロジェクトのキー・コンピテンシーの内容を参考にしたものである。核心力量とは、「多様な種類の力量の中心にあり、多くの領域にまたがって必要であり、または、多くの領域に転移が可能な力量を示すために導入した用語である」（120頁）という。

　教育科学技術部による『未来型教育課程の方法および実行体制開発調査研究』によれば、新しい教育課程で育成しようという人間像として「グローバル創意人材」（世界的な人間、創意的な人間、教養ある人間）が挙げられ、求められる「核心力量」として八つが挙げられているという（山下 2003）。それらは、自己理解力、意思疎通能力（コミュニケーション能力）、論理力、想像力／創意力、文化的感受性、問題解決能力、市民共同体精神、リーダーシップとなっており、詳細は表5-3-2のようになっている。

　しかしながら、核心力量については、2009年改訂教育課程への導入が見送られることになった。その後、韓国教育課程評価院（KICE）において核心力量についてはさらに研究が進められており、今後の教育課程で導入することが検討されている。

（2）教育課程

　グローバル創意人材の育成をめざした未来型教育課程が2009年12月に出されている（金子・松本 2010）。では、2009年の未来型教育課程はどのように編成

表5-3-2 「グローバル創意人材」に求められる「核心力量」の種類と内容

自己理解力	自分の生の重要性や価値を理解し、実践する力量。自己尊重は他人尊重の前提条件となる。 自分自身について理解し、各自が属する家庭、社会、国家、世界との関係で自己のアイデンティティを確かにする力量。 自分の可能性を知り、挑戦したり、節制することもできる力量。 究極的にはどんな生き方をするのかという人生観の育成につながる力量。
意思疎通能力 （コミュニケーション能力）	自分の考えを表現するとともに、他人の考えを理解するために必要な基本的な力量。国語、外国語を必要に応じて駆使することが求められる。基本的な語彙と語法に慣れなければならない。 意思を表示しなければならない相手、聴衆、雰囲気によって主題に相応しい言葉を必要なだけ表現することができ、相手の意思表示に耳を傾ける態度を備えた力量。 文字、身振り、信号などで効果的に意思疎通を行う方法を理解し、実践することができる力量。
論理力	主張と主張の間に関係性があるかどうかを明らかにし、主張の説得力、信頼性を高める知的力量。 偏見や固定観念、針小棒大、隠蔽、虚偽のような失敗・不正を犯さず、根拠に基づいた主張を一貫・統一する能力。 主張を批判的に検証する力量であり、証明、分析のような高度の知的営みに求められる力量。
想像力／創意力	新しい考えを自由に多様な方法で表現することができる力量。 新しい考えが他者に共感を与えることができるのか、現実に適用可能なことなのかを区別することができる力量。 想像力や創意力は主観的なことであるため、もしそれが正しいと主張する時には立証することができる根拠が必要であることを理解するとともに、常に修正し、補っていく開放的な態度をもつ力量。
文化的感受性	現場見学やレクチャー、コンサートなどを通じて文化的な感受性を育み、文化多様性を理解する力量。
問題解決能力	与えられた問題を解決するために相応しい資料や過去の例を調べ、最善の解決案を選択することができる力量。必要な情報をいつでも、どこでも検索することができる力量。さらに、新たな問題を提起し得る力量でもある。問題をさまざまな立場から捉え、立場に応じた解決方法を理解する力量。
市民共同体精神	個人であると同時に運命共同体であることを意識する力量。 社会の構成員として共同体の目標を理解し、共同体の運営を他人任せにせず、自ら責任をもって参加する力量。 自由、正義、平等、平和、透明性、結集、法と秩序、思いやり、妥協と調整など、人間尊重を基本原理にしている民主市民社会の基本徳目を備えた力量。
リーダーシップ	共同体の構成員として、共同体の価値を共有し、共同体の利益のために責任ある行動をし、組織を活発で効能的なものにできる力量。 組織の目標を共有し、構成員たちを結集させ、自発的参加を促すことができる力量。

出典：山下 2013、123-125頁をもとに作成。

されているのだろうか。

　未来型教育課程では、地域や学校のニーズに応じて、各学校が自律的な教育課程をつくることができるように、創意的体験活動、学年群、教科群などが導入されている。また、総時間数の20%については学校裁量で時間配当を自主的に増減することが認められるようになっている。

①創意的体験活動

　新しい教育課程では、グローバル創意人材を育成するための特徴ある試みとして、創意的体験活動の設定がある。創意的体験活動とは、それまでの裁量活動と特別活動を統合したもので、全人的な教育をめざし学校において特色ある活動を準備することが期待されている。その領域には、以下の表5-3-3に示すように、自律活動、クラブ活動、奉仕活動、進路活動などがある。

表5-3-3　創意的体験活動の内容体系

領域	性格	活動	
自律活動	学校は、児童・生徒中心の自律的活動を推進し、児童・生徒は、多様な教育活動に能動的に参与する。	*適応活動 *行事活動	*自治活動 *創意的特色活動など
クラブ活動	児童・生徒は、自発的に集団活動に参与して協同する態度を養い、各自の趣味と特技を伸張する。	*学術活動 *スポーツ活動 *青少年団体活動など	*文化芸術活動 *実習労作活動
奉仕活動	児童・生徒は、隣人や地域社会のため、思いやりと分かち合いの活動を実践し、自然環境を保存する。	*校内奉仕活動 *自然環境保護活動 *キャンペーン活動など	*地域社会奉仕活動
進路活動	児童・生徒は、自分の興味、特技、適性に応じた自己啓発活動を通じて進路を探索し、設計する。	*自己理解活動 *進路計画活動	*進路情報探索活動 *進路体験活動など

出典：山下 2013、10-11頁。

②学年群

　2009年改訂教育課程では、学年群が導入されている。学年群とは、それまでの硬直化していた教育課程のあり方への反省から、教育課程の編成や運営に柔軟性をもたせることを目的にしている。初等学校、中学校、高等学校の12

表5-3-4　学年群

初等学校			中学校	高等学校
1～2学年	3～4学年	5～6学年	7～9学年	10～12学年

出典：山下 2013、12頁。

韓国の初等学校

年間が五つの学年群として、1〜2学年（基礎学習充実期）、3〜4学年（自己主導学習能力開発期）、5〜6学年（基本学習完成期）、7〜9学年（自我探索期）、10〜12学年（進路確定期）に分けられている。

③初・中・高の教育課程

2009年改訂教育課程ではまた、教科群が設定されている。教科の目的や方法の近接性や生活における相互関連性が考慮され、初等学校では10の教科が七つの教科群（道徳と社会→社会・道徳、科学と実学→科学・実科、音楽と美術→芸術）に改められた。

児童生徒の負担を軽減するために、学年群、教科群を導入することで、授業

表5-3-5　国民共通基本教育課程と選択中心教育課程（科目別時間配当表）　2009年改訂版

区分	教科群	初等学校			中学	高校
		1〜2年	3〜4年	5〜6年		
教科群	国語	国語 448	408	408	442	15
	社会／道徳		272	272	510	15
	数学	数学 256	272	272	374	15
	科学／実科	正しい生活 128	204	340	646	科学 15
	体育	賢い生活 192	204	204	272	10
	芸術		272	272	272	10
	英語	楽しい生活 384	136	204	340	15
	選択	—	—	—	204	—
	技術・家庭／第二外国語／漢文／教養	—	—	—	—	16
創意的体験活動		272	204	204	306	24
学年群別総授業時間数		1,680	1,972	2,176	3,366	204

注：①時間数は34週を基準とした年間最小授業時間数（高校を除く）。
　　②1時間の授業は初等学校40分、中学校45分、高校50分を原則とする。
　　③初等学校の字数は2年間で履修すべき時数である。
　　④高校の数字は、3年間に履修すべき最小履修単位数（1単位50分17回の授業量）。
　　⑤高校の総授業時間には学校が自立的に定められる64単位の教科群単位を含む。
出典：田中 2014、201頁。

時数の少ない教科の集中履修を進め、学期あたりの履修科目を減らすことが意図されている。

初等学校教育課程は、教科（群）と創意的体験活動で編成される。教科（群）は国語、社会／道徳、数学、科学／実科（技術・家庭）、体育、芸術（音楽／美術）、英語である。ただし、初等

韓国の中学校

学校1、2学年の教科は国語、数学、正しい生活、賢い生活、楽しい生活である。また、創意的体験活動には前述の通り自律活動、クラブ活動、奉仕活動、進路活動がある。

中学校教育課程は、教科（群）と創意的体験活動で編成される。教科（群）は、国語、社会（歴史含む）／道徳、数学、科学／技術・家庭、体育、芸術（音楽／美術）、英語、選択である。選択は漢文、情報、環境、生活外国語、保健、進路と職業などの選択科目から成る。また、創意的体験活動は、同様に自律活動、クラブ活動、奉仕活動、進路活動が含まれる。

高校教育課程については、教科（群）と創意的体験活動で編成される。教科（群）は普通教科と専門教科とする。普通教科領域は、基礎、探究、体育・芸術、生活・教養で構成され、教科（群）は国語、数学、英語、社会（歴史／道徳を含む）、科学、体育、芸術（音楽／美術）、技術・家庭／第2外国語／漢文／教養である。一方、専門教科は、農生命産業、工業、商業情報、水産・海運、家事・実業、科学、体育、芸術、外国語、国際に関する教科である。また、創意的体験活動は、初等学校・中学校と同様に、自律活動、クラブ活動、奉仕活動、進路活動から構成される。

（3）評価システム

では、韓国では、教育課程の効果や児童生徒の成績をどのように評価しているのだろうか。

①学力テスト

　韓国では、教育課程の改善や学校教育の質の向上をめざして、1998年より学力調査を実施している（金子・松本 2010）。実施機関は、教育課程の研究開発を進めている教育課程評価院である。この学力調査は、2002年より初等学校第3学年、第6学年、中学校第3学年、高等学校第1学年で抽出によって行われていたが、2008年からは悉皆調査となっている。対象となる教科は、韓国語、社会、数学、理科、英語の5教科で、優秀学力、普通学力、基礎学力、基礎学力未達成の4段階で評定される。とくに、学習内容をほとんど理解できていない基礎学力未達成の児童生徒の学力向上を重視しており、学習教材の開発普及に力を入れている。また、2002年より、「初等学校第3学年基礎学力診断調査」が実施され、基礎学力水準に到達していない学力不振の児童の把握を目的に、読み、書き、算数のテストが行われている。

②児童生徒の評価

　韓国では、1976年に教育政策において目標準拠評価が本格的に導入されることになったが、試験の難易度によって児童生徒の到達度が異なるという問題が指摘され、教育課程に基づいた明確な評価基準及び教育課程に準拠した評価が必要になった（趙 2012）。そのため、1981年から各教科別成績を算出する際に、児童生徒の学業成績管理規定（「成就度評定換算度」）を活用することとなり、厳格な成績管理が行われることになった。

　韓国は高い進学率と熾烈な受験競争があることで知られているが、その入学は国公私立を問わず「大学修学能力試験」という共通テストの成績と、教育課程に基づく絶対評価を原則に記述される「学校生活記録簿」によって決定される（金子・松本 2010）。そのため、学校における成績管理は徹底している。教育的訓令である「学校生活記録作成及び管理指針」には各学校における試験方法や成績評価制度に至るまで定められている。大きくは、紙筆評価（paper test）と遂行評価（performance test）がある。中学においては、紙筆評価と遂行評価の点数を合算して、成就度と席次を算出した科目別成績一覧表を作成する。高等学校では、紙筆評価と遂行評価の点数を合算して、原点数、科目平均、科目標準偏差、席次、席次等級、履修者数を算出した科目別成績一覧表を作成する。このような厳格な成績管理と、その本人への開示が特徴となっている。

（4）教育実践の革新に向けた支援や方策

韓国では、資質・能力を育成する教育実践を進めるためにいかなる支援をしているのだろうか。

①「入学査定官」制の導入とナショナル・カリキュラム

科挙の伝統をもち、学歴社会である韓国では、入学試験は大きな意味をもってきた。李政権では、ナショナル・カリキュラム改革と入試改革の一体的な構造改革が進められていった（井手 2012）。国家が管理する大学修学能力試験（修能 1994 年〜）はこれまでも、言語、数理、外国語、探究（社会・科学）といった領域別出題を採用したり、高校からの内申書の成績を 30％以上反映させたりと改革が図られてきた。それが、1 回の筆記試験である修能に加え、大学独自の入学査定官（admission officer）による選抜制度といった新しい方策が導入されたのである。教育課程の改訂に伴い、学校の自由裁量が増加し、創意人材を育成することが求められるようになる中で、入学査定官による入学者選考が実施されるようになったのである。このような入試改革に伴い、高校を直接訪問して校長や生徒への面談を行うなど、学習過程や学習環境の調査が含められるようになったという。

②学校運営委員会

韓国では、1995 年に英米をモデルに、学校運営委員会制度が導入された。現在では、全国のすべての初等・中等学校に学校運営委員会の設置が義務づけられている。学校運営委員会は、5 〜 15 名以内の教員、保護者、地域住民によって構成され、予算・決算、教育課程、入試、一部の人事など学校の基本的な事項が学校運営委員会に任されている。

学校運営委員会が 15 年を経て定着するなかで、校長の方針を追認するような形骸化が指摘されている。一方で、未来型教育課程が開始される中で、自律的な学校運営が求められている。2009 年に改訂されたナショナル・カリキュラムでは、総授業時数の 20％については、どのような学習を行うかについて学校の裁量で決定できるようになるとともに、創意的体験活動、教科群、学年群など、学校レベルでの工夫の余地が増大している。学校カリキュラムの構想が求められるなかで、学校運営委員会の役割も大きくなっているといえる。

コラム　パフォーマンス評価への展開

　韓国は、1990年代初頭にアジアでいち早くパフォーマンス評価の概念を導入した国である（趙 2012）。国際的な競争力を強化するため、情報化時代を迎えて、個人の思考力や創造性を高めるための教育改革の一環として、「遂行評価（performance assessment）」が実施されるようになった。1991年に国立教育評価院で実験的な導入が始まり、1996年にはソウルの初等学校に遂行評価が導入され、その後の韓国教育課程評価院の研究や普及活動を通して、1999年には、初・中・高等学校「学校生活記録簿電算処理及び管理指針」の改訂により、すべての初・中・高でパフォーマンス評価が実施されることになったのである。以下の表は、

表5-3-6　従来の評価システムと新しい評価システムの特性比較

区分	従来の評価システム（選択型試験）	新しい評価システム（パフォーマンス評価）
知識観	客観的事実と法則、個人とは独立して存在する	状況と脈絡によって変わる、個人によって創造・構成・再組織される
時代的状況	産業化時代、小品種大量生産	情報化時代、多品種小量生産
評価システム	相対評価、量的評価、選択型標準検査	絶対評価、質的評価、アドバイス評価
評価目的	選抜・分類・配置、序列化	指導・助言・改善、個人の関心・発達を重視する
評価内容	宣言的（結果的、内容的）知識、学習の結果重視、学問的知能の構成要素	手続き的（過程的、方法的）知識、学習の結果のみならず個々の過程も重視、実践的知能の構成要素
評価法	選択型試験、標準化検査重視、大規模評価重視、一回的・部分的な評価、客観性・一貫性・公正性を強調	パフォーマンス評価中心、教師による個別評価重視、小規模評価重視、持続的・総合的な評価、専門性・評価ツールの妥当性・適合性を強調
評価時期	学習活動が修了した時点で評価、教授・学習と評価活動の分離	学習活動のすべての過程を評価、教授・学習と評価活動の統合
教師の役割	知識の伝達者	学習の案内者・促進者
学習者の役割	受動的な学習者、知識の再生産者	能動的な学習者、知識の創造者
教科書の役割	教授・学習・評価の核心内容	教授・学習・評価の補助資料
教授・学習活動	教師中心、認知的領域中心、暗記中心、基本学習能力強調	学習者中心、知・情・体のすべてを強調、探究中心、創造性、高次の思考能力強調

出典：趙 2013、79頁。

教育部(当時)によって整理された従来型からパフォーマンス評価を取り入れた新しい評価システムへの転換を示したものである。

その後は、パフォーマンス評価の定着に向けた政策が進められていった。1996年に国立教育評価院が『遂行評価の理論と実践』を刊行したり、1999年には保護者に対して「遂行評価、このように行いましょう」という広報資料が配布されたりした。2001年には、韓国教育課程評価院が「教科適用のための評価基準と採点方法基準」を開発し、遂行評価の実施方法とその手順が定められている。その基準によれば、学校現場では、①〜⑧の手順により遂行評価が実施されるという。

①各教科担当教師のグループ・モデレーション(調整)を経て、学期別もしくは年間の「授業及び評価計画書」を作成する。
②教えようとする成就(到達)基準(教育目標及び内容)を具体化する。
③実際に多様化・専門化・特性化された授業を行う。
④到達基準に実際どのぐらい達したのか、その程度を把握するため、ルーブリックを明確にする(模範解答及びルーブリックの作成を含む)。
⑤評価方法を決定し、適切な評価資料・フレームを制作する。
⑥実際に多様化・専門化・特性化された教育評価を実施する。
⑦ルーブリックにより評価し、その結果を報告する。
⑧評価の結果を教授・学習活動にフィードバックする。

パフォーマンス評価の例として、『科学』の教科書をみてみたい(趙 2013, 74-76頁)。4年生の「重さを量る」という単元では、重さの原理を学び、日常生活での活用の仕方を調べ、「つりあう」という概念を学んだ後に、次のようなパフォーマンス課題をもとに探究活動を行うことになっている。教師は、子どもが書いた解答、スケッチや図表などを、ルーブリック(評価基準表)をもとに評価を行うことになる。

韓国においては、1990年代という早い時期から、資質・能力の育成をめざして、国家政策として遂行評価が戦略的に導入されてきたことは注目に値する。資質・能力を培うためには、遂行評価のような児童生徒のパフォーマンスを対象とした評価のあり方への革新が不可欠であろう。

単元「重さを量る」のパフォーマンス課題

1. 様々な秤の外見と中身について考えながら自分なりの秤をどのように作るかを絵で示した後、作る方法について書いてみましょう。
2. 次の点を考えながら次の計画を立てましょう。
・どのような原理を使いますか？
・必要な材料は何で、どのように準備しますか？
・目盛りはどのように付けますか？
・基準になる物を使うとすれば、どのような物を基準にしますか？
・作った秤で正確な重さを量れるかどうかは、どのような方法で確認できますか？
3. 作った秤を使って色々な物の重さを量ってみましょう。
・様々な物の重さを量ってみましょう。
・自分の秤と他の人の秤を比較して、正しく量ることができる秤とそうではない秤の相違点について話し合いましょう。

5. 日本への示唆

　韓国では、「核心力量」といったコンピテンシーの育成が課題となっている。2009年改訂教育課程での核心力量の導入は見送られたが、「グローバル創意人材」の涵養をめざして「未来型教育課程」が推進されている。日本に示唆される点は、例えば以下が挙げられる。

・OECDのキー・コンピテンシーを参考に「核心力量」が定義され、その導入までには至っていないものの、その育成に向けた教育課程の研究開発が進められている。
・2009年改訂教育課程では、創意的体験活動、学年群、教科群などを導入することで、学校レベルで特徴ある教育課程の編成を促すための手立てが講じられている。
・遂行評価と称されるパフォーマンス評価が、1990年代初頭という早い時期に導入され、国のリードのもとにその定着と発展に向けた教育政策が推進されている。
・「入学査定官」制を導入した選抜制度を導入しており、ナショナル・カリキュラム改革と入試改革が一体的に進められている。

韓国のまとめ

	資質・能力をめぐる取組の概要
能力の名称	・(核心力量)
下位の能力	・(自己理解力、意思疎通能力［コミュニケーション能力］、論理力、想像力／創意力、文化的感受性、問題解決能力、市民共同体精神、リーダーシップ)
能力に基づく教育課程への展開	・2009年改訂教育課程（未来型教育課程）
教育課程の編成	・各教科で重視して育成を図る資質・能力の内容を目標に明示
対象となる教科・領域	・教科群（国語、社会・道徳、数学、科学・実科、外国語、体育、芸術［小］、＋選択［中］）と創意的体験活動（自律活動、クラブ活動、奉仕活動、進路活動）
教育評価	・叙述・論述型の比重増、遂行評価（ポートフォリオ）など多様な評価方法の必要 ・教科学習診断評価（小3～5、中1～2学年）、学業成就度評価（小6、中3、高2）
その他特徴のある取り組み	・ナショナル・カリキュラム改革と入試改革が一体的に進める「入学査定官」制の導入 ・自律的な学校運営を進める学校運営委員会

引用・参考文献

石川裕之「韓国における国家カリキュラムの革新とグローバル化」『教育学研究』2014年、78-90頁。

井手弘人「韓国『2009改訂教育課程』における「学力」と「接続」──ナショナル・カリキュラムの「復権」戦略」『長崎大学教育学部紀要』第76号、2012年、51-63頁。

馬居政幸「韓国の教育改革と学力モデル」原田信之編著『確かな学力と豊かな学力』ミネルヴァ書房、2007年、151-180頁。

馬越徹「韓国の学校」日本カリキュラム学会編『現代カリキュラム事典』ぎょうせい、2001年、100-102頁。

馬越徹「教育先進国を目指す学校──韓国」二宮皓編著『世界の学校──教育制度から日常の学校風景まで』学事出版、2006年、126-135頁。

馬越徹・韓龍震「第1章 韓国──多様化と自律性の拡大を目指して」馬越徹・大塚豊編『アジアの中等教育改革──グローバル化への対応』東信堂、2013年、3-20頁。

金子満・松本麻人「韓国」文部科学省生涯学習政策局調査企画課『諸外国の教育改革の動向──6か国における21世紀の新たな潮流を読む』ぎょうせい、2010年、283-322頁。

申智媛「Ⅰ部第3章 韓国における学校教育改革の動向と課題」和井田清司・張建・牛志奎・

申智媛・林明煌編『東アジアの学校教育──共通理解と相互交流のために』三恵社、2014年、92-145頁。

孫于正「Ⅱ部第3章　韓国における教育改革の諸問題」和井田清司・張建・牛志奎・申智媛・林明煌編『東アジアの学校教育──共通理解と相互交流のために』三恵社、2014年、266-297頁。

田中光晴「CHAPTER19　教育・IT先進国を目指す学校──韓国」二宮皓編『新版　世界の学校教育制度から日常の学校風景まで』学事出版、2014年、196-203頁。

趙　我「韓国のパフォーマンス評価に関する政策の転換──科学の教育課程改革に焦点をあてて」『カリキュラム研究』第21号、2012年、72-84頁。

趙　我「韓国における教育評価改革の変遷」『円環する教育のコラボレーション』京都大学大学院教育学研究科教育実践コラボレーション・センター、2013年、59－72頁。

山下達也「韓国の教育課程──「グローバル創意人材」と「核心力量」の育成」国立教育政策研究所『諸外国の教育課程と資質・能力──重視する資質・能力に焦点を当てて』2013年、119-134頁。

第6章

日本の教育システムの革新に向けて

　これまで概観したように、21世紀の変化の激しいグローバルな知識基盤社会のなかで、コンピテンシーの育成をめざした教育改革が世界的な潮流となっている。諸外国におけるこれらの教育改革の国際比較からどのような傾向がみえてくるのだろうか。また、日本の教育システムの革新に向けてどのように教育改革を進めていけばよいのだろうか。

　本章では、6.1 コンピテンシーに基づく教育改革の国際比較、及び、6.2 日本の教育システムに求められるパラダイム転換について検討したい。

6.1 コンピテンシーに基づく教育改革の国際比較

　コンピテンシーに基づく教育改革は、これまでの章で検討してきたように、世界的な潮流となっている。コンピテンシーとは、知識だけではなく、スキル、さらに態度を含んだ人間の全体的能力であるが、このような資質・能力の育成が多くの国で課題になっているのである。こうした動向は、OECDのキー・コンピテンシーや21世紀型スキルなどの影響が大きく、2000年代になってコンピテンシーの育成をめぐる議論が活発になってきたことが背景にあると思われる。知識基盤社会のなかで、生きて働く力の育成をめざした教育改革が国家戦略として重要性を増していることの証左といえるだろう。

　6.1では、コンピテンシーに基づく教育改革の国際的な特徴を把握するために諸外国の教育改革の動向を要約するとともに、(1) 資質・能力目標、(2) 教育課程のデザイン、(3) 教育評価、(4) 教育実践の革新をめざした支援や方策の観点から国際比較を試みたい。

1. コンピテンシーに基づく教育改革の世界的な動向

　諸外国の動向について、コンピテンシーをめぐる二つの潮流、及び、EU、北米、オセアニア、アジアの各地域における教育改革の動向について要約してみたい。

(1) 世界的な動向を動かす二つの流れ

　コンピテンシーに基づく教育改革には、大きくは二つの流れがあるように思われる。一つが、知識基盤社会の進展を背景に、キー・コンピテンシーの定義を試みたOECDの「コンピテンシーの定義と選択（DeSeCo）」プロジェクトの影響である。EUでは、DeSeCoの定義を参考にしながら、独自のキー・コンピテンシーの定義を行い、域内の教育政策を方向づけている。また、コンピテ

ンシーの考え方はOECDの生徒の学力到達度調査（PISA）の枠組みにも取り入れられ、諸外国の教育改革に大きな影響を与えている。

　もう一つの流れに、21世紀型スキルの動きがある。アメリカでは、エンプロイヤビリティの定義を試みたSCANプロジェクト以降、今日的に必要な資質・能力を定義する試みが数多く進められてきた。こうした動きのなかで、21世紀型スキルパートナーシップ（P21）と呼ばれる団体が結成され、21世紀型スキルの育成をめざした教育改革運動を展開しており、国際的にも影響を与えている。また、P21とは別に、「21世紀型スキルのための学びと評価（ATC21S）」と呼ばれる国際研究プロジェクトが進められており、その21世紀型スキルの定義及び評価研究の知見は諸外国の教育改革に大きな影響を及ぼしている。

（2）諸地域のコンピテンシーに基づく教育改革

　次に、諸地域において展開するコンピテンシーに基づいた教育改革について、特徴的な事柄を中心に振り返ってみたい。

① EU諸国の動向

　EU諸国では、独自にキー・コンピテンシーを定義して、域内の教育政策を推進している。

　イギリスでは、1980年代から、コア・スキルの名称で汎用的スキルの育成が職業教育の分野で推進され、1999年のナショナル・カリキュラム改訂からは、すべての子どもを対象に「キー・スキル」の育成がめざされている。2010年の政権交代後は、領域固有性の問題が問われるようになっており、スキル重視から知識重視への揺り戻しといった傾向がみられる。

　ドイツでは、PISAショックを契機に、常設各州教育大臣会議（KMK）の合意に基づき、国のレベルで教育スタンダードが導入された。ニューパブリックマネジメントの手法に基づき、各学校段階の修了時までに育むべきコンピテンシーが教育スタンダードとして設定され、その達成状況が学力テストによって測定できるような制度設計となっている。

　フランスでは、2005年のフィヨン法において、EUのキー・コンピテンシーを参考にした「共通基礎」が、すべての児童生徒に保障すべき教育内容の基準として示された。コレージュ修了段階で共通基礎の到達目標に達成できないと

見込まれる児童生徒に対しては、教育成功個別プログラム (PPRE) が作成され、個に応じた支援措置が取られることになった。

フィンランドでは、1994年のカリキュラム改訂で、資質・能力を重視した教育へ大きな展開がみられた。2001年の政令では、基礎教育の国家目標としての「コンピテンシー」(人として・社会の一員としての成長、生きるために必要な知識と技能、教育の機会均などの推進と生涯学習の基盤づくり) が示された。

②北米の動向

21世紀型スキルの影響が大きい地域として北米が挙げられる。

アメリカでは、大学・キャリアレディネスの育成を目的に、コモンコア・ステイトスタンダード (CCSS) の開発 (43州とDCが採択) とそれに伴う評価システムの導入が進んでいる。また、前述の21世紀型スキル運動が展開している。

カナダでは、国としてのカリキュラムはないが、「21世紀型スキル」の育成をめざしている州が多い。例えば、オンタリオ州では、21世紀型スキルの定義と育成に向けたプロジェクトが進行中である。

③オセアニアの動向

コンピテンシーの育成の点で先進的な取り組みを進めている地域としてオセアニアがある。

オーストラリアは連邦制をとっているが、国のレベルで、「汎用的能力」(リテラシー、ニューメラシー、ICT技能、批判的・創造的思考力、倫理的理解、異文化間理解、個人的・社会的能力) を育成する体系的なナショナル・カリキュラムの開発と実施が本格化している。汎用的能力の到達目標を定め、それらを教科横断的に取り扱うナショナル・カリキュラムを設計している。

また、DeSeCoに参加したニュージーランドでは、「キー・コンピテンシー」(思考力、言語・記号・テキストの使用、自己管理、他者との関わり、参加と貢献) を育成するナショナル・カリキュラムを実施している。学校レベルのカリキュラム開発に、学校や教師の裁量が大きいことが特徴となっている。

④アジアの動向

知識基盤社会での生き残りをかけ教育の革新を進め、世界トップレベルの学

力を実現した地域に、近隣のアジア諸国がある。

シンガポールでは、1997年の「思考する学校、学ぶ国家」（TSLN）の発表を契機に、思考力を重視する教育改革が進められてきた。2010年にはカリキュラム2015が示され、21世紀型コンピテンシーを育むことをめざしたシラバスへの改訂が教科ごとに進められている。

香港では、2000年に「学び方の学び」が発表され、「汎用的スキル」の育成をめざした抜本的な教育改革が進められている。教育局のリードのもと、長期、中期、短期のプロセスが計画され、見通しをもって新しい教育のあり方への転換が段階的に図られている。

韓国では、DeSeCoのキー・コンピテンシーを参考にした「核心力量」の導入が検討されたが、採用には至っていない。2009年の未来型教育課程においては、グローバル創意人材の育成をめざして、創意的体験活動、教科群、学年群が導入され、学校レベルのカリキュラム開発が重視されている。

2．コンピテンシーに基づく教育改革の国際比較

コンピテンシーに基づく教育改革について、対象とする国や地域では、（1）どのような資質・能力を育もうとしているのか、（2）そのために、いかなる教育課程を編成しているのか、（3）教育課程が効果を上げているかどうかをどのように評価しようとしているのか、（4）資質・能力を育成するための教育実践の革新を促すどんな支援や方策があるのか、四つの問いに従って表に整理することで、諸外国の動向を比較したい。

（1）資質・教育目標

コンピテンシーと教育目標について、各国の教育改革のなかで使用されている用語を整理したのが表6-1-1である。次の3点を指摘したい。

第一に、教育目標として育みたい資質・能力が、表6-1-1のように、ほとんどの国の地域においてキーワードの形で整理できることから、コンピテンシーに基づく教育改革は世界的潮流になっているといえるだろう。これらの教育改革の動向の背景には、①OECDのキー・コンピテンシーと②21世紀型スキルの二つの流れがあることがうかがえる。これらの流れは相互に影響し合ってお

表6-1-1 コンピテンシーと資質・能力目標

地域・国など	能力の名称	下位の能力					
OECD (DeSeCo)	キー・コンピテンシー	相互作用的道具活用力			反省性（考える力）	自律的活動力	異質な集団での交流力
EU	キー・コンピテンシー	第1言語外国語	数学と科学技術のコンピテンシー	デジタル・コンピテンシー	学び方の学び	進取の精神と起業精神	社会的・市民的コンピテンシー、文化的気づきと表現
イギリス	キー・スキル	コミュニケーション	数字の応用	情報テクノロジー		問題解決協働する	問題解決協働する
ドイツ	コンピテンシー	事象コンピテンシー 方法コンピテンシー				自己コンピテンシー	社会コンピテンシー
フランス	共通基礎	フランス語 現代外国語	数学及び科学的教養	情報通信に関する日常的な技術の習得		自律性及び自発性	社会的公民的技能、人文的教養
フィンランド	コンピテンシー	生きるために必要な知識とスキル				教育の平等の推進と生涯学習の基礎づくりリテラシー	人として・社会の一員としての成長リテラシー
カナダ オンタリオ州	学習スキルと学習習慣（21世紀型スキル）				課題解決能力学習への積極性	自己管理能力自律性	責任感、コラボレーション
アメリカ	大学・キャリアレディネス（21世紀型スキル）			（情報・メディア・テクノロジースキル）	（学習とイノベーションスキル）		（生活とキャリアスキル）
オーストラリア	汎用的能力	リテラシー	ニューメラシー	ICT技術	批判的・創造的思考力	倫理的行動	個人的・社会的能力、異文化間理解
ニュージーランド	キー・コンピテンシー	言語・記号・テキストの使用			思考力	自己管理力	他者との関わり、参加と貢献
シンガポール	21世紀型コンピテンシー	情報とコミュニケーションスキル			批判的・創造的思考	自己意識・自己管理・責任ある意志決定	社会的意識、関係管理、公民的リテラシー、グローバル意識、文化横断的スキル
香港	汎用的スキル		ニューメラシースキル	情報技術スキル	創造 批判的思考スキル	問題解決	コラボレーションスキル コミュニケーションスキル
韓国	（核心力量）	（意思疎通能力）			（論理力）（想像力／創意力）（問題解決能力）	（自己理解力）	（文化的感受性）（市民共同体精神）（リーダーシップ）

り、明確に区別することは難しい。しかしながら、EU 諸国、ニュージーランド及び韓国は、OECD のキー・コンピテンシーの影響が強い傾向にある。一方、アメリカとカナダは 21 世紀型スキルの影響が大きいと思われる。政策文書や

訪問調査から、オーストラリア、シンガポール、香港については両方の影響があることが推察された。

第二に、育成がめざされる資質・能力には、国・地域によってさまざまな用語が使われているということである。これらの用語には、汎用的能力、キー・コンピテンシー、キー・スキル、21世紀型スキル、共通基礎、核心力量、汎用的スキルなど多様な名称があった。大きくは、汎用的やキーなどの形容する部分とコンピテンシー、スキルといった能力を示す言葉の組み合わせとなっている場合が多かった。

第三に、育成がめざされる資質・能力の構成要素を整理すると、「基礎的リテラシー」「認知スキル」「社会スキル」の三つに分けられることが推察された。すなわち、表 6-1-1 にみられるように、国・地域によってさまざまな構成要素が示されていたが、大まかに分類すると、リテラシー、ニューメラシー、ICTなどの言語や数、情報を扱う「基礎的リテラシー」、批判的思考力や学び方の学びなどを中心とする高次の「認知スキル」、社会的能力や自己管理力などの社会や他者との関係やその中での自律に関わる「社会スキル」の3層に大別できた。

（2）教育課程のデザイン

では次に、コンピテンシーと教育課程について検討したい。表 6-1-2 の整理から、次の3点を指摘したい。

第一に、1990年代半ばから2000年代にかけて、コンピテンシーの育成をめざしたナショナル・カリキュラムや教育スタンダードの策定を進めた国が多いということである。ニュージーランド(1993)やフィンランド(1994)を皮切りに、カナダ・オンタリオ州(1997)、イギリス(1999)、香港(2000)と続いている。連邦制をとっている国においても、オーストラリア(2008)やドイツ(2002)では国レベルで汎用的スキルの育成をめざしたナショナル・カリキュラムや教育スタンダードの設計が進んでいる。アメリカ(2010)でも、資質・能力像についてはそれほど明確ではないものの、全米レベルで共通のスタンダードを設定する動きがみられる。カナダについては、連邦レベルの動きはみられないが、いずれの州でも資質・能力の育成を重視した教育改革が進められている。

第二に、コンピテンシーの育成をめざした教育課程の編成には、多様なアプ

表6-1-2　コンピテンシーと教育課程

地域・国など	能力に基づく教育課程	教育課程の編成	教科・領域
イギリス	・1999年のナショナルカリキュラム	・キー・スキルと思考スキルをカリキュラム全体を通して育成 ・ナショナルカリキュラムは、学校カリキュラムの50%	・英語、算数／数学、科学、美術とデザイン、シティズンシップ、コンピュータ、デザインと技術、外国語／近代外国語、地理、歴史、音楽、体育
ドイツ	・2002年KMK決議（基礎学校、基幹学校、前期中等学校）の教育スタンダード策定決定	・教科で育成すべきコンピテンシーをもとに、測定可能な形でスタンダードが設定・各州は教育スタンダードを教育課程に編入	教育スタンダード ・基礎学校修了時：ドイツ語と算数 ・ハウプトシューレ修了時：ドイツ語、数学、外国語 ・実科学校修了時：ドイツ語、数学、外国語、理科 ・ギムナジウム修了時：ドイツ語、数学、第一外国語
フランス	・2006年 学校教育基本法（フィヨン法の成立） ・共通基礎の導入	・義務教育段階ですべての生徒に完全習得させるべき基礎の内容を列記	・小学校低学年（第1、2学年）：フランス語、数学、体育、外国語、芸術と芸術史、世界の発見 ・小学校高学年（第3～5学年）：フランス語、数学、体育、外国語、実験科学・技術、人文的教養 ・中学校：必修教科：フランス語、数学、第一外国語、第二外国語、歴史地理公民、生物地学、物理化学、技術、美術、音楽、体育、個別学習指導、発見学習、自由選択科目…
フィンランド	・1994年 教育課程の大綱化及び学力観の転換 ・2001年 コンピテンシー・モデルの提示	・各教科の内容に埋め込まれる	・母語、A言語、B言語、算数、数学、環境・生物・地理、物理・化学、健康教育、宗教／倫理、歴史・社会、音楽、美術、工芸、体育、家庭科、進路指導、選択科目 教科横断的テーマ：人間としての成長、文化的…
カナダオンタリオ州	・1997年 オンタリオ・カリキュラム	・内容スタンダード、パフォーマンススタンダード・学習スキルと学習習慣	・初等学校：芸術、第二言語としての仏語、保健体育、言語、数学、先住民の言語、科学と技術、社会科 ・中等学校：芸術、ビジネス学、カナダ・世界史、古典・国際言語
アメリカ	・2010年 コモンコア・ステイトスタンダード（CCSS）の策定：46州とDCが採択	・21世紀型スキルを反映	・英語・言語技術、算数／数学
オーストラリア	・2008年 メルボルン宣言 ・2013年よりナショナルカリキュラムの段階的実施	・汎用的能力を教科横断的に配列・ナショナルカリキュラムは時数の80%を超えない範囲で記述 ・育成する能力を教科の内容に具体的に記述・汎用的能力の達成目標の設定	・英語、算数・数学、理科、歴史、地理以外の言語、芸術、保健体育、ICT、デザイン・技術、経済、ビジネス、公民とシティズンシップ
ニュージーランド	・1993年「必須のスキル」をもつカリキュラム枠組み ・2007年よりニュージーランドカリキュラムの段階的実施 ・2010年 ナショナルスタンダード（読み・書き、数学）	・総則の部分にキー・コンピテンシーの理念 ・理念と内容をつなぐのは学校や教師	・英語、芸術、健康体育、学習言語、数学と統計、科学、社会科学、技術、公用語
シンガポール	・2010年 カリキュラム2015 ・2012～2014年 シラバスの改訂	・目標や改正のポイント、公正原理、学年ごとの学習目標や内容、教授法、評価方法の順で記述	・小学校：英語、民族母語、数学、理科、公民・道徳教育、美術、音楽、保健、社会、体育、CCA、生活・進路指導、国民意識教育、プロジェクト・ワーク、社会性と情動の学習 ・中学校：コース別（快速コース、普通（学術）コース、普通（技術）コース）
香港	・2000年『学び方の学び』により教育課程改革の開始	・主要学習領域、汎用的スキル、価値と態度の3つの要素を枠組みとする。	・初等・前期中等 1. 中国語教育 2. 英語教育 3. 数学教育 4. 個人的、社会的、人文的教育 5. 科学教育 6. テクノロジー 7. 芸術教育 8. 体育教育
韓国	・2009年 未来型教育課程	・各教科で重視して育成を図る資質能力の内容を目標に明示・20%は学校の裁量	・教科群（国語、社会・道徳、数学、科学・実科、外国語、体育、芸術[小]、+選択[中]）と創意的体験活動

ローチがあるということである。教育課程に関する文書は、日本のように総則と各教科などといった形式で示されているところもあれば、教科ごとに示されているところもある。すべての教育課程が一度に出されるところもあれば、教科ごとに改訂のサイクルが異なるところもある。ナショナル・カリキュラムは50％（イギリス）、時数の80％を超えない（オーストラリア）、学校の裁量は20％（韓国）など、教育課程基準に学校の裁量分の割合を示しているところもある。コンピテンシーの観点からみると、法律（フィンランド、フランス）や政策文書のなかで資質・能力目標として示しているところ、教育課程に関する文書の総則にあたる部分に記述しているところなどがある。教育課程への編入の仕方については、コンピテンシーの到達目標を段階的に設定し教科などに具体的に示している埋め込み型（オーストラリア、フィンランド［2016年版草案］）、コンピテンシーを育成する具体的な教育の内容・方法・評価については各学校の裁量に委ねている現場裁量型（ニュージーランド）、目標として掲げられているがコンピテンシーの示し方や教育課程での位置づけが明確ではないところなどがある。

　第三に、教科・領域については、「基礎的なリテラシー」に関して、とくに、リテラシー及びニューメラシーについては各国とも、母語、英語、数学などの教科を設定している。また、情報については、イギリス（コンピュータ）、オーストラリア（ICT）、香港（テクノロジー）など教科として実施している国もある。さらに、シティズンシップを教科として設定しているイギリスやオーストラリアなどもある。また、とくに汎用的能力の育成をめざして教科横断的な領域などを設けているところもある。例えば、イギリスのPSHE、フランスの「世界の発見」「発見学習」「個別課題研究」、フィンランドの合科学習と「教科横断的テーマ」、シンガポールの「プロジェクトワーク」、また、教科外の韓国の「創意的体験活動」などがある。

（3）コンピテンシーと教育評価及びその他の特徴ある取り組み

　コンピテンシーの育成については、教育目標や教育課程のみならず教育システム全体の体制づくりが重要である。ここでは、教育評価及びその他の特徴ある取り組みについて検討する。

　第一に、教育評価については、「基礎的リテラシー」としてのリテラシー、ニューメラシーについては全国学力テストを実施している国が多い。なかには、

表6-1-3　コンピテンシーと教育評価、その他の取り組み

地域・国など	教育評価	その他の特徴ある取り組み
イギリス	・11歳時の全国テスト（英語と数学） ・中等学校の16歳時のGCSE試験	・教員採用の工夫 ・教育水準局（OFSTED）の学校監査：5年に1度
ドイツ	・全国学力調査の実施（教育制度における質的開発のための研究所（IQB） ・3、8年次（悉皆調査）、9年次（サンプリング調査）、10年次（中等前期修了試験）、12または13年次（アビトゥア）	・就学前教育における言語能力向上策 ・学校内外の全日制教育の拡大 ・教員スタンダードと教員養成プログラムの充実
フランス	・個人記録簿の導入（2008年初等学校、2010年中学校）。小学校2年生、5年生、中学校4年生の終了時に評価、習得証明が「能力の個人記録簿」に記載 ・中等教育修了資格と高等教育入学資格を兼ねたバカロレア	・「共通基礎」を習得していない場合の「教育成功個別プログラム（PPRE）」の作成と支援措置 ・教育優先政策（ZEP）
フィンランド	・2004年より到達度目標の導入 ・1998年より全国学力調査の実施、抽出	・教育学と教科を重視した教員養成プログラム ・個別ニーズの把握と特別支援教育
カナダオンタリオ州	・州統一試験（3と6学年：読解・作文・算数テスト、9学年：数学テスト（アカデミックと応用コース）） ・カナダ全州13歳対象の学力テストPCAPの実施 ・オンタリオ中等学校識字テスト	・教育の質とアカウンタビリティに関するオフィス（EQAO）のデータをもとにした教育改革 ・言語力・数学力向上局の設立、約100人の職員、介入支援
アメリカ	・コモンコア・ステイトスタンダード（CCSS）に対応したスマーター・バランスト（25州が参加）とパーク（PARCC）（23州が参加）と呼ばれる二つの機関が開発するテストの導入	・21世紀型スキル（P21）運動のパートナー：17州 ・K-16の連続性のあるスタンダードに基づく教育システムの構築
オーストラリア	・全国共通テスト（NAPLAN）リテラシーとニューメラシー：3・5・7・9年生：毎年悉皆調査 ・ICTリテラシーと市民性：3年に1度サンプル調査 ・評価のためのフレームワークを開発予定	・ナショナルカリキュラム、アセスメントの開発と実施、データの収集と結果報告などを総合的に実施するためACARAの設立 ・オーストラリア教授、スクールリーダーシップ機構（AIRSL）による教師教育の改革：スタンダード開発、資格認証制度の整備、オンライン教員研修ツール開発
ニュージーランド	・学びのためのアセスメント重視（ポートフォリオ、ラーニング・ストーリーなど） ・ナショナルスタンダードの評価結果を保護者及び教育省に報告 ・義務教育修了年齢（11学年）で全国学力試験（NCEAレベル1）	・教育評価局（ERO）による学校改善を主たる目的とする第三者評価システム（おおむね3年に1度） ・学校レベルでのカリキュラム開発の重視 ・学校理事会を主体とした学校運営
シンガポール	・初等教育修了試験（PSLE）英語、民族母語、数学、理科 ・普通教育修了試験（GCE）標準、普通、上級のレベル別	・キャリアに対応した教員研修 ・「少なく教え、多くを学ぶ」ための教師の支援体制
香港	・小3、6、中3で学力テスト：中国語、英語、数学 ・香港中等学校ディプロマ（HKDSE）	・学校に基礎を置いたカリキュラム開発の重視 ・教育改革に対応した教員研修、現場研修、カリキュラム開発
韓国	・叙述・論述型の比重増、遂行評価（ポートフォリオ）など多様な評価方法の必要 ・教科学習診断評価（小3～5、中1～2学年）、学業成就度評価（小6、中3、高2）	・創意的体験活動の導入 ・学校レベルのカリキュラム開発を促す学年群（1～2,3、4,5～6,7～9,10～12学年）と教科群の導入 ・ナショナルカリキュラム改革と一体的に進める大学入試改革

オーストラリアのように、3年に1度のサンプル調査ではあるが、ICTやシティズンシップについての調査を実施している国もある。その他、ドイツのように、教科の到達目標として評価可能な形でコンピテンシーを教育スタンダードとして設定し、学力テストでその達成状況を把握しようという試みや、フランスのように、共通基礎の習得状況について課題をもとに評価して、個人記録簿の作成を求めている国もある。「認知スキル」及び「社会スキル」の側面の評価については一般に、今後の課題としているところが多い。

　第二に、新しい資質・能力の育成に影響を与えていると思われる特徴的な取組の中で、教員の採用・養成・研修、学校レベルのカリキュラム開発、個に応じた支援、第三者評価機関、研究開発などを簡潔にみていく。

　教員の採用については、特記すべき試みとして、リクルートの工夫がみられるイギリス、採用した後に国家公務員として有給で養成プログラムを受けるシンガポールなどがある。養成については、教育学と教科内容を重視したプログラムをもつフィンランド、教員スタンダードを開発して教員養成プログラムを充実させたドイツなどがある。研修については、スクールリーダーシップ機構（AIRSL）を設立してスタンダード開発や研修を進めているオーストラリア、コンピテンシーの枠組みに従って研修が計画されている香港、年間に100時間の研修機会が保障されているシンガポールなどがある。

　また、学校に基礎を置くカリキュラム開発を奨励しているイギリス、オーストラリア、ニュージーランド、シンガポール、香港、韓国、個に応じた支援を重視するフランス、フィンランド、学校レベルのカリキュラムなどの研究開発を推進しているシンガポール、香港、韓国、教育改革に大きな役割を果たす第三者評価機関をもつイギリス、ニュージーランド、シンガポール、香港、ICTを活用したリソース開発に力を入れているオーストラリア、ニュージーランド、シンガポール、香港などがある。

　その他、読み書き能力及び計算能力の向上のために「読み書き計算能力開発室（LNS）」を設立して効果を上げているカナダ・オンタリオ州、学習指導要領と一体的な大学入試制度の改革をした韓国、教員の増員、研修時間の保障など教員の支援体制を進めたシンガポールなどがある。

3. 考察

コンピテンシーに基づく教育改革の国際比較について、興味深い動向について何点か考察したい。

(1) ナショナル・カリキュラム (NC) をめぐる大綱化の問題

まず、NC をめぐる大綱化の問題を考えたい。コンピテンシーに基づく教育課程改革では一般に、教育課程の大綱化が進み、学校や教師の裁量が増える傾向にある。コンピテンシーを育成するには、目の前の子どものニーズに応えるために、学校や学級の具体的な文脈で教育活動を展開し、実生活や実社会と関連づけていくことが必要となる。そのため、教育課程は大綱化され、学校レベルのカリキュラム開発や教員の授業デザインが一般に奨励される。

しかし、例えばイギリスとフィンランドの最近の動向をみてみると、イギリスでは、スキルを重視し一貫して大綱化されてきたものが、2013 年版においては、スキルよりも知識に焦点があてられるようになっており、NC の全体としては大綱化、国数理については詳細化の方向で進んでいる。フィンランドでは、1994 年版の国家教育課程基準において、コンピテンシー型のNC へ転換され、いったんは大幅に大綱化されたものが、2004 年版、2016 年版 (草案) では詳細化の方向への揺り戻しが進んでいる。

コンピテンシーに早期に取り組んできたこれらの国々では、実際にコンピテ

表6-1-4　NCをめぐる大綱化の問題

イギリス	
1989年版	知識型
1995年版	知識型 **大綱化**
1999年版	キー・スキル型 **大綱化**
2007年版	キー・スキル型 大幅な**大綱化**
2013年版	知識への揺り戻し 全体：厳選した概念をもとに**大綱化** 英・数・理：**詳細化**

フィンランド	
1985年版	知識型
1994年版	コンピテンシー型 大幅な**大綱化**
2004年版	**詳細化**への揺り戻し 学年区分 (1-2学年…) 期待される成果 (評価基準)
2016年版 (草案)	**詳細化** コンピテンシー埋め込み

ンシーに基づく教育改革に取り組んだ結果を踏まえ、どのくらい詳細にNCを作成するかについての見直しが続いているのである。

この他、ニュージーランドでは、必須スキルをめぐりスキルの訓練に陥ったという反省に立ち、キー・コンピテンシーへと名称を変えナショナル・カリキュラムの改訂が進められた例もある。これらの例を考えると、NCの作成にあたり、コンピテンシーをいかに育成していくかについての方法は確立されているとは言えず、いずれの国も試行錯誤の状況にあるといえだろう。

（2）知識とスキルの問題

イギリスでは、ナショナル・カリキュラム改訂にあたって、スキル重視から知識重視へと力点が移行され、領域固有性をめぐる議論が展開した。オーストラリアでも、汎用的能力の育成をめざすものの、学習領域の重要性が指摘されている。近年の認知心理学においても、領域固有性の問題が指摘されており、領域を超えた転移は簡単に生じるものではなく、知識とスキルの間に深い関係があることが明らかにされている。教育スタンダードの開発にあたっては、汎用的なスキルを育成するにしても、知識の構造や大きな概念を考慮する必要があるとする視点は重要である。

一方で、教科にまたがる知識や概念もあるし、教科を越えて働くスキルもある。さらに、親学問の間の学際化も大きく進んでいる。国によっては、フランス、フィンランド、シンガポール、韓国のように、汎用的なスキルの育成をめざして、積極的に教科横断的な領域を設けているところもある。

教科で身につけるスキル、及び、教科横断的に身につける汎用的スキルの関係をどのように整理してNCにおいてデザインしていくのかが課題になっているといえる。

（3）埋め込み型と現場裁量型の問題

NCを編成するアプローチには、埋め込み型と現場裁量型があるように思われる。例えば、オーストラリアは埋め込み型で、日本の学習指導要領の総則に当たる部分に、資質・能力の目標、構成要素、系統表が示され、資質能力の構成要素を各学習領域のどこで扱うかを埋め込む形でNCが設計されている。一方、ニュージーランドは現場の裁量型で、総則に資質・能力の目標、構成要素

表6-1-5 埋め込み型と現場裁量型

	観点	日本	オーストラリア	ニュージーランド
総則	資質・能力の目標	○	○	○
	資質・能力の構成要素	△	○	○
	資質・能力の系統表	―	○	―
各教科等	共通の資質・能力の教科（学習領域）への埋め込み	―	○	―
	資質・能力を育てる授業づくりへの支援	△	○	○

が示されているのみで、それらをどのように学習領域で扱うかは学校や教師の裁量にまかされている。NCの編成にあたっては、コンピテンシーをめぐり埋め込み型にするのか、現場裁量型にするのかの選択が迫られることになる。

まとめ

6.1では、コンピテンシーに基づく教育改革の国際比較を試みてきた。明らかにされた知見には、例えば、以下のものがある。

（1）コンピテンシーに基づく教育改革は世界的な潮流となっている。これらの動向の背景には、①OECDのキー・コンピテンシーと②21世紀型スキルの二つの流れがあるように思われる。

（2）育成がめざされるコンピテンシーには、さまざまな名称が使われているが、整理すると「基礎的リテラシー」「認知スキル」「社会スキル」の三つにおおむね分類することができる。

（3）1990年代末から2000年代にかけて、コンピテンシーの育成をめざしたナショナル・カリキュラムや教育スタンダードの策定を進めている国が多い。

（4）コンピテンシーに基づく教育課程改革では一般に、教育課程の大綱化が進み、学校や教師の裁量が増えるが、教育課程をどのくらい詳細に記述するかについては試行錯誤が続いている。

（5）イギリスでは、政権交代に伴い領域固有性の問題が問われており、スキル重視からの揺り戻しのなかで、知識の構造や大きな概念を教えることの重要性が指摘されている。

（6）コンピテンシーの育成にあたっては、その構成要素を教育課程に配置する埋め込み型、及び、コンピテンシーを提示するにとどめ、その育成方法については学校や教師の裁量にゆだねる現場裁量型などがみられる。

（7）教育評価については、各国とも試行錯誤の状況にある。基礎的リテラシーであるリテラシー、ニューメラシーについてはナショナルテストを実施している国が多い。一方、認知スキル及び社会スキルの評価については、今後の課題としていることろが多い。

（8）教育実践の革新をめざした支援や方策には、教員の養成や研修、教員やスタッフの増員などの条件整備、リソースの提供や授業研究の時間確保などの支援体制、第三者評価機関などがあった。

最後に、コンピテンシーを育成するためのアプローチについては、それぞれのもつ歴史、文化、制度、置かれている状況などの違いから、国や地域によって大きく異なっていた。したがって、日本において資質・能力の育成をめざしていくためには、日本社会の文脈やこれまでの教育改革の経緯を踏まえながら、諸外国の教育改革の知見に学ぶことが重要であろう。

6.2 日本の教育システムに求められるパラダイム転換

　ピンチをチャンスに変える転機とすることができるだろうか。東日本大震災の危機的状況は、私たちの住む日本社会を根底から振り返る機会となった。これを契機に、日本の教育のあり方を抜本的に変革していくことが期待されていると思われる。21世紀の社会を生き抜くコンピテンシーを育む教育への本格的な改革に着手できるかどうかが直近の課題となっているといえる。

　6.2では、「何を知っているか」だけではなく、「何ができるのか」を可能にするコンピテンシーを育成していく教育改革に向けて、日本の直面している課題を考察した上で、諸外国の教育改革の取り組みから示唆される点について検討したい。

1. 日本社会の直面する課題と求められる日本人像

（1）日本再生のシナリオに向けて

　地震、津波、原発事故が重なった東日本大震災の経験は、運命共同体としての日本人という意識を覚醒させるとともに、人と人との絆の重要性を再認識される契機となった。急激な少子高齢化等による社会の活力のなさ、閉塞感の広がり、内向き指向の若者の増加が指摘される今日、この震災を契機に、ものづくり大国として発展し、強い絆で結ばれた日本という原点に立ち返り、日本人の新たな活力ある未来をつくっていくための日本再生のシナリオが求められているのではないだろうか。

　天然資源に恵まれない日本はこれまで、原材料を輸入し、それから新しいものを生み出す絶え間ないイノベーションを通して大きな発展を遂げてきた。その日本経済は現在のきびしい国際競争にさらされており、課題先進国の日本として、知識を創造していくイノベーション文化の再生に向けた新たな飛躍が求

められている。また、環境、資源、エネルギー、貧困、人権の問題など深刻な地球規模の問題が山積しており、これらの問題を解決し持続可能で公正な社会の構築が急がれている。グローバルでボーダレスな社会が到来する中で、広く柔軟な視野をもち、文化の異なる人々と協働して創造的に問題解決していけるグローバル人材の育成が課題となっている。

一方で、人間関係を大切にしながら、集団で協力して課題を解決することが伝統的に日本文化の特徴であった。それが、人口減少、少子高齢化、過疎過密など社会が劇的に変容する中で、人間関係の希薄化が進み、生活の基盤である地域が脆弱化している状況に直面している。震災で地域社会の絆の強さが再確認されたが、私たちの生きるコミュニティを見つめ直し活性化していくためにも、地域の文化的な活動や自治的な実践、NPOやボランティアの市民活動などに積極的に参画して、新たなコミュニティの共同構築を担っていくローカルな人材（地域社会の担い手）の育成が課題となっている。

（2）21世紀に求められる日本人像

では、21世紀に求められる知識基盤社会を生き抜き、新しい日本社会を創造する日本人像をどのように描けばよいのだろうか。

21世紀に求められるこれからの日本人には、グローバルとローカルな視野を合わせもち、それらを往還しながら、直面する諸課題に立ち向かい、自身の生き方を意思決定していく21世紀の時代を生き抜く力が必要となってくるだろう。

加速する知識基盤社会、デジタル社会、多文化社会への社会的な変動に応えて、社会の変化に耐えうる幅広い知識やICTリテラシー、柔軟で高度な思考力や判断力、また、多様な人々とともに協働していく人間関係力などが求められるだろう。答えのない課題に向き合い、適切な問いを立て、入手可能な限られた情報をもとに他者と協働しながら妥当な解に至る能力を培っていなければならない。変化の激しい時代を生きるには、常に移り変わる環境に対応して、新たな知識やスキルを身につける自己学習力をもち、社会に効果的に適応できる自立した「生涯学習者」となる必要があるだろう。

さらに、激変する21世紀の時代だからこそ、伝統や文化を踏まえて、自らを見つめ直し、強い絆で結ばれた新たな日本社会の構築に積極的に参画する資質・能力が求められる。第二期教育振興基本計画では「自立・協働・創造」が

キーワードとして掲げられているが、日本社会の形成者として、「自立」した個人が、異なる他者と関わり合い「協働」して、さまざまな課題を共に乗り越えていくことで、活力のあるよりよい社会を「創造」していくことが期待されている。グローバルとローカルの両方の視点から日本の再生を構想して、主権者として民主的で創造的な社会づくりに参画する「責任ある市民」を育成していくことが期待されているといえる。

グローバル化、デジタル化、多文化化が加速し、社会が大きく変容している今日、協働して力を発揮するという日本人の強みを生かしながら、個人の自立を促し、21世紀の日本社会をよりよいものに創造していく生涯学び続ける責任ある市民としての日本人の育成が課題になっているのである。

2．資質・能力に基づく教育への転換

知識基盤社会が進展する中で、国際的な教育のトレンドをみると、これまで検討してきた通り、諸外国ではすでに、21世紀型スキルやコンピテンシーの育成をめざした教育改革を進める方向へと大きく舵を切っているところも多い。OECDのキー・コンピテンシーや21世紀型スキルなどの動きを背景としながら、国レベルで今日的な資質・能力を定義して、それらの育成を目標に教育システムをデザインしようという動きが、世界的な潮流となっているのである。

他方で、確かに、日本でもこれまで、変化の激しい社会への対応のため、資質・能力に大きな注目が払われるようになってきた。例えば、内閣府による「人間力」（2003）、厚生労働省による「就職基礎能力」（2004）、経済産業省による「社会人基礎力」（2006）、文部科学省による「学士力」（2008）等、諸省庁において必要とされる資質・能力が定義され、政策の立案に生かされている。

教育課程の基準においては、「自己教育力」（1983）、「新しい学力観」（1989）、「生きる力」（1998、2008）等、世界的にみても早い時期に資質・能力目標が導入されてきたと考えることもできる。また、「生活科」（1989）、「総合的な学習の時間」（1998）等の教育内容が新設されたり、「言語活動の充実」（2008）が図られたりするなどその育成のための手立てが示されたりしてきた。

しかしながら、「生きる力」といった資質・能力の育成をめぐっては、①育てたい資質・能力の全体像が見えづらい、②教科・領域横断的に育てたい力と

して示されておらず、学習者である子どもが学びを統合しにくい、③「言語活動を導入すればよし」とする活動主義に陥った実践も見られるなど、課題も残されている。

変化の激しい現代社会で必要とされる資質・能力を育成するためには、これまでの教育のあり方を大きく変えることが必要だろう。端的には、「何を知っているか」だけではなく知識を活用して「何ができるか」を可能にする教育への転換である。たくさんの知識をもっていてもそれらを使うことができなければ意味をなさず、知識を獲得するとともにそれらを活用して何ができるのかが問われているのである。したがって、知識の習得を目的にしてきた従来の教育のあり様は、知識の活用を可能にする人間の全体的能力（知識・スキル・態度）としての21世紀型スキルあるいはコンピテンシーの育成をめざすものへと大きく飛躍させていくことが必要になっているといえる。

このような背景から日本においても、文部科学省に「育成すべき資質・能力を踏まえた教育目標・内容と評価の在り方に関する検討会」が設置され、育成すべき資質・能力、その育成のための教育目標・内容、評価のあり方が議論され、中央教育審議会においても引き続き議論が深められている。次期学習指導要領の中心的な課題として、資質・能力の育成が焦点となっているのである。

3. 新しい教育システムへの革新に向けて

では、諸外国のコンピテンシーに基づく教育改革の国際比較から何を学ぶことができるだろうか。

コンピテンシーを育成するという困難な課題に応えて、諸外国がとっているアプローチは、以下の4点に整理することができるように思われる。これらに従い、日本への示唆を簡潔に検討したい。なお、教育課程の基準をさす用語として、以下、スタンダードを用いる。

(1) 育みたいコンピテンシーを明確に定義する。
(2) それをもとに教育スタンダードをつくる。
(3) スタンダードに対応した評価システムをつくる。
(4) コンピテンシーを育てる教育実践を促す支援体制を整える。

(1) 育みたいコンピテンシーを明確に定義する

　第一に、育みたいコンピテンシーとはどのようなものであるのかを、明確に定義する必要があるだろう。諸外国の国際比較からは、例えば、以下のようなことが示唆される。

①育成したいコンピテンシーをさす用語を決定する

　諸外国では、育みたい資質・能力として、キー・スキル、共通基礎、汎用的能力、汎用的スキルなど多様な名称が使用されていた。日本においては学校教育では「生きる力」、第二期教育振興基本計画では「生き抜く力」の名称などがこれまで使用されている。コンピテンシーに基づく教育への転換をめざすにあたっては、これらの用語を採用することもできるし、新たな概念を設定することも可能であろう。

②設定した概念の下位の構成要素を構造的に示す

　「生きる力」、「生き抜く力」の用語を使うとしても、その概念の中身を構造化して定義することが必要であろう。諸外国では、下位の構成要素が、さまざまに設定されていたが、大まかに整理すると、「基礎的リテラシー」「認知スキル」「社会スキル」の三つに分類することができた。これらを参考にしながら、設定する資質・能力の概念については、その構成要素を構造化して明確に定義していくことが必要だろう。

　日本において育みたいコンピテンシーを明確にするにあたり、例えば、国立教育政策研究所では、学習指導要領の理念である「生きる力」を実効的に獲得することをめざし、「21世紀型能力」を構想している（西野 2015）。これは、生きる力を構成する知・徳・体の三要素から、教科領域横断的に育成が求められる資質・能力を取り出した上で、それらを道具や身体を使う「基礎力」、深く考える「思考力」、未来を創る「実践力」の三層の構造で整理している。思考力を中核とし、それを支える基礎力と、思考力の使い方を方向づける実践力の三層構造とし、実践力が生きる力へと繋がることを狙ったものである。
　「基礎力」は、言語・数量・情報などの記号や自らの身体を用いて、世界を理解し、表現する力、「思考力」は、一人ひとりが自分の考えをもって、他者

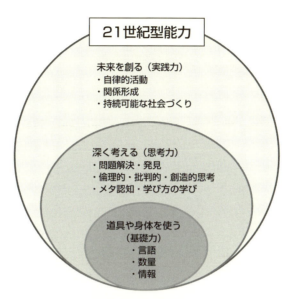

図6-2-1 21世紀型能力のイメージ
出典：西野 2015、3頁。

表6-2-1 21世紀型能力

	定義	下位要素
道具や身体を使う「基礎力」	言語・数量・情報などの記号や自らの身体を用いて、世界を理解し、表現する力	言語 数量 情報（デジタル、絵、形、音など）
深く考える「思考力」	一人ひとりが自分の考えをもって、他者と対話し、考えを比較吟味して統合し、よりよい答えや知識を創り出す力、さらに次の問いを見つけ、学び続ける力	問題解決・発見・創造的・論理的・批判的思考、メタ認知・学び方の学び
未来を創る「実践力」	生活や社会、環境の中に問題を見いだし、多様な他者と関係を築きながら答えを導き、自分の人生と社会を切り開いて、健やかで豊かな未来を創る力	自律的活動 関係形成 持続可能な社会づくり

出典：西野 2015、4頁。

と対話し、考えを比較吟味して統合し、よりよい答えや知識を創り出す力、さらに次の問いを見つけ、学び続ける力、「実践力」は、生活や社会、環境の中に問題を見いだし、多様な他者と関係を築きながら答えを導き、自分の人生と社会を切り開いて、健やかで豊かな未来を創る力と定義している。

(2) コンピテンシーの定義をもとに教育スタンダードをつくる

　第二に、コンピテンシーの定義をもとに、明確な教育スタンダードを開発する必要があるだろう。諸外国の国際比較から、例えば、以下のようなことが示唆される。

①コンピテンシーに基づいて明確な教育スタンダードを開発する。
　教育スタンダードは、目標、及び、規準として機能するため、「学習者が知るべきこと、なすべきこと」を明快に示すことが重要である。ただ、6.1で検討したように、イギリス、フィンランド、ニュージーランドなど早い時期からコンピテンシーの育成に取り組んでいる国々においても、どのように教育スタンダードを作成するかは試行錯誤の状態が続いており、明確な指針やモデルがあるというわけではない。

②パフォーマンス・スタンダードの開発も視野に入れる
　教育スタンダードには、主なものに、内容スタンダードとパフォーマンス・スタンダードがある。内容スタンダードは、生徒が何を知り、なすことができるようになるべきかを定義したものであり、パフォーマンス・スタンダードは、生徒がそれらの内容をどのくらい知り、なすことができるようになる必要があるかを規定したものである。後者は、子どもが達成すべきパフォーマンスの指標となり、学習の習熟状況を測るための評価の基準となるものである。日本において目標－成果管理の教育システムを構築していくのであれば、諸外国において設定されているように、内容スタンダードだけではなく、パフォーマンス・スタンダードを設定することも視野に入れる必要があるだろう。

③知識の構造や大きな概念を重視する
　イギリスでは、ナショナル・カリキュラムの改訂にあたって、スキル重視から知識重視へと力点が移行され、領域固有性をめぐる議論が展開している。オーストラリアでも、汎用的能力の育成をめざすものの、NCの編成にあたり学習領域の重要性が指摘されている。また、近年の認知心理学等の研究成果においても、領域固有性の重要性が指摘されており、知識とスキルの相互の関わりが深いことがわかってきている。教育スタンダードの開発にあたっては、汎用的な

スキルの育成を重視するにしても、教科等の知識の構造や大きな概念を基礎にしながら育成すべきであるという観点は重要である。

④教科と教科横断的な領域との関係を検討する

　領域固有性の視点をもつことは重要である一方で、教科を越えて働くスキルがあることも事実である。日本において「総合的な学習の時間」があるように、フランス、フィンランド、シンガポール、韓国のように教科横断的な領域を設ける国々も多い。その他の国でも、総合学習やトピック学習として、教科を横断した授業づくりをしている国も少なくない。各教科で育てるスキルと教科横断的に育てるスキルの位置づけを明確にし、それらを関連づけながら、いかに汎用的なスキルにまで高めていくかの枠組みについても示す必要があるだろう。

⑤スタンダードを編成するアプローチを決める

　6.1で検討したように、NCを編成するアプローチには、オーストラリアのような埋め込み型とニュージーランドのような現場裁量型がみられた。学校レベルのカリキュラム開発の経験の少ない日本の文脈を考えると、完全に現場裁量型を採用することは難しいと思われる。ただ、埋め込み型にするにしても、コンピテンシーをどのくらい詳細に記述するか、どのような原理や方針で埋め込むのかについては検討が必要であろう。

（3）スタンダードに対応した評価システムをつくる

　第三に、スタンダードに対応した評価システムをつくる必要があるだろう。諸外国の国際比較から、例えば、以下のようなことが示唆される。

①スタンダードと評価とを厳密にリンクさせる

　スタンダードと評価との間に密接に対応関係をもたせることで、評価を通して、スタンダードに示された知識や技能がいかに学ばれたのかを的確に把握できるようになる。この点については、州カリキュラムに対応した経年比較可能な州統一テストに基づき、明確な数値目標を設定して教育政策を一体的に進め効果を上げたオンタリオ州、国レベルで教育スタンダードを開発し、目標－成果管理システムを導入することで、PISA調査の成績が改善傾向をみせている

ドイツなどの事例が興味深い。

②コンピテンシーをいかに評価するかについての方針をもつ
　コンピテンシーの評価については、国によって大きく異なる。リテラシーやニューメラシーなどは、全国レベルの学力調査を実施している国が多い。サンプル調査であるが、オーストラリアのようにICTやシティズンシップについて評価しているところもある。一方で、問題解決力や人間関係力など高次の思考力や社会スキルに関わるコンピテンシーを評価することは今後の課題としているところが多い。また、評価にあたって、テストによるのか、あるいは、パフォーマンス評価を導入するのかといった問題もある。評価の目的を明確に設定して、そのねらいを実現するような評価システムの設計が重要になってくるであろう。

③評価結果の活用は、教育の革新を支援する方向で進める
　評価は、教育の革新を支援するものにしていく必要がある。例えば、アメリカでは、NCLB法のもとで、ハイステイクテスト（進級、卒業、入学など重大な結果に帰結するテスト）を中心にした厳格なアカウンタビリティ体制がとられることになった。その結果、教育のすべてがテストによって定義されるようになり、教育の本来の目的が失われ、教育がドリル学習やテスト練習などテスト準備教育へと変質してしまったといった学ぶべき例がある。評価結果の取り扱いについては、学校間の競争をあおるようなものではなく、課題を抱えた学校を支援するような、例えば、フランス、オンタリオ州などの取り組みが参考になる。

（4）コンピテンシーを育てる教育実践を促す支援体制を整える
　第四に、コンピテンシーを育てる教育実践を促す支援体制を整える必要があるだろう。諸外国の国際比較から、例えば、以下のようなことが示唆される。

①教育の革新のためには、教員の力量形成を図る
　コンピテンシーを育成する教育の革新のためには、教員の力量形成が中心的な課題となるだろう。子ども自身が、実生活や実社会のリアルな課題をもとに問いを立て、仲間と協調して自律的に問題解決していくような授業のデザイン

を可能にしていくためには、教員への支援を充実させたり、かれらの力量を高めることが不可欠である。オーストラリア、ニュージーランド、シンガポール等のような情報提供や研修活動、あるいは、シンガポール、イギリスのような支援体制などを充実させていくことで、教師をエンパワーしていくことが授業を変えていくためのカギとなる。

②学校レベルのカリキュラム開発を奨励する

　目標－成果管理システムのもとで、トップダウンではなく、学校を基礎に置いたボトムアップの改革を推進している国も多い。国のレベルでは枠組みを示すにとどめ、カリキュラム、指導方法、学校の運営などの具体的なやり方については学校の裁量に委ね、現場のニーズに応じる教育実践に向けた創意工夫が期待されているといえる。例えば、イギリス、オーストラリア、韓国などのように、学校教育のカリキュラム開発を促すために、教育課程の基準において学校裁量の割合を示している国もある。日本でもカリキュラムマネジメントの重要性が昨今指摘されるようになってきたが、学校教育目標として掲げられた子ども像がスローガンに終わらないようにするためにも、資質・能力像の育成に向けた学校に基礎を置いたカリキュラム開発を支援していくシステムを構築していくことが必要であろう。

まとめ

　6.2では、諸外国のコンピテンシーに基づく教育改革の国際比較を手がかりに、日本の教育システムの革新に向けて示唆される点を検討してきた。論点は、以下の通りである。

(1) 育みたいコンピテンシーを明確に定義する。
　①育成したいコンピテンシーをさす用語を決定する。
　②設定した概念の下位の構成要素を構造的に示す。
(2) コンピテンシーの定義をもとに教育スタンダードをつくる。
　①コンピテンシーに基づいて明確な教育スタンダードを開発する。
　②パフォーマンス・スタンダードの開発も視野に入れる。

③知識の構造や大きな概念を重視する。
　　④教科と教科横断的な領域との関係を検討する。
　　⑤スタンダードを編成するアプローチを決める。
　(3) スタンダードに対応した評価システムをつくる。
　　①スタンダードと評価とを厳密にリンクさせる。
　　②コンピテンシーをいかに評価するかについての方針をもつ。
　　③評価結果の活用は、教育の革新を支援する方向で進める。
　(4) コンピテンシーを育てる教育実践を促す支援体制を整える。
　　①教育の革新のためには、教員の力量形成を図る。
　　②学校レベルのカリキュラム開発を奨励する。

参考・引用文献
西野真由美「資質・能力の育成を目指す教育とはⅡ─「21世紀型能力」の観点から」『Rimse』
　No.11、2015年2月、2-4頁。

あとがき

　グローバル化が加速し、テクノロジーの革新がめまぐるしく進む今日的な社会状況のなかで、21世紀型スキルあるいはキー・コンピテンシーとは何を意味し、そのような力量をいかに育成していくかという問題がきわめて重要になってきた。コンピテンシーに基づく教育改革の構想は、これまで検討したように、諸外国で確実に広がっており、国家戦略としてますます推進されていくことが予想される。

　一方で、コンピテンシーをどのように定義して、いかに育成していけばよいのかについては、まだよくわかっていない。21世紀型スキルやコンピテンシーなど今日的に求められる資質・能力の追究は、答えのない新たな教育を切り拓く未知なる世界への挑戦といえる。

　例えば、創造力や問題解決力などをイメージしてもらいたい。これらのコンピテンシーは、きわめて複雑な高次の思考であり、しかも、文脈や課題に大きく依存する。一般的な資質・能力としてそれらの育ちを評価しようとしてもそれほど簡単なことではない。もちろん、ルーブリック（評価基準表）を作成して、評価できないことはない。しかし、ルーブリックを設定するにしても、それらの概念の操作的定義は妥当なのか、測りたい資質・能力をほんとうに測っているのか、その評価結果は別の文脈にもあてはまるのか、型にはめることでかえって創造力や問題解決力の育成をゆがめていないかなど、克服すべき課題も多い。

　では、日本においては、コンピテンシーに基づく教育改革をどのように進めていけばよいのだろうか。日本の教育のこれまでの遺産を受け継ぎながら、いかに新たな教育システムを構築していけばよいのだろうか。これらの課題に対して、本書で検討した諸外国のコンピテンシーに基づく教育改革の国際比較が、少しでもヒントを提供することができれば幸いである。

　私たち日本人は、東日本大震災の危機的状況に直面し、一人ひとりが日本社会を根底から振り返る機会をもつことになった。この期に、日本の教育のあり方を抜本的に見直し、新たな飛躍に向けて変革していくことが期待されている

ように思われる。グローバル化、デジタル化、多文化化の進む21世紀の社会において、協働して力を発揮するという日本人の強みを生かしながら、個人の自立を促し、新たな活力ある日本社会を創造していく責任ある市民としての日本人が求められている。豊かな未来を切り拓く日本人の育成をめざし、「何を知っているか」だけではなく知識を活用して「何ができるのか」を問う、コンピテンシーを育む教育をデザインしていく試みが、日本においてこれからしっかりと根づいていくのか、今後の動向が注目される。なお、日本の文脈においてコンピテンシーに基づく授業デザインをどのように進めていくかについてご関心のある方は、拙著『教育課程・方法論ーコンピテンシーを育てる授業デザイン』(学文社)を合わせて参照されたい。

さて、本書は、国立教育政策研究所(NIER)・国際協力機構(JICA)地球ひろば共同プロジェクト「グローバル化時代の国際教育のあり方国際比較調査」、国立教育政策研究所プロジェクト「教育課程の編成に関する基礎的研究」、科学研究費基盤B「コンピテンシーに基づくナショナル・カリキュラム開発に関する国際調査研究」などの研究成果の一部であり、以下の現地訪問調査や文献調査に基づいている。

- オーストラリア訪問調査(JICA×国研共同研究)平成24年3月4日～10日
- ニュージーランド訪問調査(JICA×国研)平成24年3月11日～17日
- ニュージーランド訪問調査(科研)平成24年6月16日～23日
- シンガポール訪問調査(科研)平成24年6月23日～26日
- イギリス訪問調査(JICA×国研)平成24年9月16日～22日
- ドイツ訪問調査(JICA×国研)平成24年9月23日～30日
- カナダ訪問調査(JICA×国研)平成25年1月13日～20日
- アメリカ訪問調査(JICA×国研)平成25年3月10日～17日
- 香港訪問調査(科研)平成25年8月1日～7日
- イギリス訪問調査(科研)平成25年10月7日～15日
- シンガポール訪問調査(科研)平成26年2月20日～22日
- ニュージーランド訪問調査(科研)平成26年2月23日～27日
- 韓国訪問調査(科研)平成26年3月10日～14日
- フィンランド訪問調査(科研)平成26年3月17日～21日

・香港訪問調査（科研）平成 26 年 9 月 16 日～19 日
・韓国訪問調査（科研）平成 26 年 10 月 28 日～30 日
・フランス訪問調査（科研）平成 26 年 11 月 5 日～12 日

　これらの共同研究では、国立教育政策所、共同研究者、国際協力機構地球ひろば、国際開発センター（IDCJ）の皆さんにたいへんお世話になった。また、青木麻衣子、新井浅浩、池田光裕、卜部匡司、児玉奈々、田﨑徳友、出羽孝行、島津礼子、下村智子、大和洋子、渡邊あやの各先生方には、それぞれの国のご専門の立場から、基本的な内容に誤りがないかを中心に原稿に目を通していただいた。原靖子さん、小野まどかさんには、図表の作成などでたいへんお手数をおかけした。心から感謝を申し上げたい。

　最後に、明石書店には出版事情が厳しい中、本書の刊行をお引き受けいただいた。また、編集者の森富士夫さんには、出版に至るまで、図表が多く煩雑な編集作業をしていただき、たいへんお世話になった。心より謝意を表したい。

参考文献

・教育改革の国際比較
馬越徹・大塚豊編『アジアの中等教育改革―グローバル化への対応』東信堂、2013年。
大桃敏行・上杉孝寛・井ノ口淳三・上田健男編『教育改革の国際比較』ミネルヴァ書房、2008年。
小川佳万・服部美奈編著『アジアの教員　変貌する役割と専門職への挑戦』ジアース教育新社、2012年。
経済協力開発機構（OECD）編（渡辺良監訳）『PISAから見る、できる国・頑張る国―トップを目指す教育』明石書店、2011年。
経済協力開発機構（OECD）編（渡辺良監訳）『PISAから見る、できる国・頑張る国2―未来志向の教育をめざす：日本』明石書店、2012年。
佐藤学・澤野由紀子・北村友人編著『揺れる世界の学力マップ』明石書店、2009年。
志水宏吉・鈴木勇編著『学力政策の比較社会学　国際編―PISAは各国に何をもたらしたか』明石書店、2012年。
二宮皓編著『世界の学校―教育制度から日常の学校風景まで』学事出版、2006年。
二宮皓編著『新版　世界の学校―教育制度から日常の学校風景まで』学事出版、2014年。
日本教育大学協会編『世界の教員養成Ⅰ―アジア編』学文社、2005年。
日本教育大学協会編『世界の教員養成Ⅱ―欧米オセアニア編』学文社、2005年。
原田信之編著『確かな学力と豊かな学力―各国教育改革の実態と学力モデル』ミネルヴァ書房、2007年。
和井田清司・張建・牛志奎・申智媛・林明煌編『東アジアの学校教育―共通理解と相互交流のために』三恵社、2014年。

・文部科学省報告書
文部科学省『諸外国の教育動向　2009年度版』明石書店、2010年。
文部科学省『諸外国の教育動向　2010年度版』明石書店、2011年。
文部科学省『諸外国の教育動向　2011年度版』明石書店、2012年。
文部科学省『諸外国の教育動向　2012年度版』明石書店、2013年。
文部科学省『諸外国の教育動向　2013年度版』明石書店、2014年。
文部科学省『諸外国の教育行財政―7か国と日本の比較』ジアース教育新社、2014年。
文部科学省生涯学習政策局調査企画課『諸外国の教育改革の動向―6か国における21世紀の新たな潮流を読む』ぎょうせい、2010年。

・国立教育政策研究所報告書

国立教育政策研究所『諸外国における学校教育と児童生徒の資質・能力』2007年。

国立教育政策研究所『教育課程の編成に関する基礎的研究報告書1　諸外国における教育課程の基準と学習評価』2010年。

国立教育政策研究所『教育課程の編成に関する基礎的研究報告書2　諸外国における教育課程の基準』2011年。

国立教育政策研究所『教育課程の編成に関する基礎的研究報告書3　諸外国の教育課程と資質・能力──重視する資質・能力に焦点を当てて』2013年。

国立教育政策研究所『教育課程の編成に関する基礎的研究報告書5　社会の変化に対応する資質や能力を育成する教育課程編成の基本原理』2013年。

国立教育政策研究所『教育課程の編成に関する基礎的研究報告書6　諸外国の教育課程と資質・能力──重視する資質・能力に焦点を当てて』2013年。

国立教育政策研究所『教育課程の編成に関する基礎的研究7　資質や能力の包括的育成に向けた教育課程の基準の原理』2014年。

・資質・能力に関する基本文献

グリフィン、P.・B. マクゴー＆E. ケア編（三宅ほなみ監訳）『21世紀型スキル──学びと評価の新たなかたち』北大路書房、2014年。

松尾知明『教育課程・方法論──コンピテンシーを育てる授業デザイン』学文社、2014年。

松下佳代「序章　〈新しい能力〉概念と教育──その背景と系譜」松下佳代編著『〈新しい能力〉は教育を変えるか──学力・リテラシー・コンピテンシー』ミネルヴァ書房、2010年。

ライチェン、D. S.・L. H. サルガニク（立田慶裕監訳）『キー・コンピテンシー──国際標準の学力をめざして』明石書店、2006年。

資料1　各国の教育統計

		日本	イギリス	ドイツ	フランス	フィンランド
人口（万人）※1		1億2751	6324	8193	6355	540
面積（km²）※1		377,960	242,495	357,137	551,500	336,852
人口密度（人／km²）※1		343	261	229	115	16
義務教育※2		6歳～15歳（9年間）	5歳～16歳（11年間）	6歳～18歳（13年間）	6歳～16歳（10年間）	6歳～15歳（9年間）
学校制度※2		6・3・3・4制	6・5・2・3(4)制	6・7制（6・4制）	5・4・3・3制	9(10)・3・3(5)制
高等教育進学率※3	大学型	51%	63%	42%		68%
	非大学型	27%	26%	21%		
一般政府総支出に占める公財政教育支出（全教育段階）※3		8.9	11.3	10.5	10.4	12.2
教員一人当たりの生徒数※3	初等教育	18.4人	19.8人	16.7人	18.7人	14人
	前期中等教育	14.4人	17.1人	14.9人	15人	9.8人
	後期中等教育	12.2人	15.2人	13.2人	9.7人	17.1人
在学者一人当たり教育支出（US $）※3	初等教育	7,729	9,088	6,619	6,373	7,368
	前期中等教育	8,985	10,124	8,130	9,111	11,338
	後期中等教育	9,527	9,929	11,287	12,809	7,739
	大学型	17,511		17,306	15,494	16,569
	非大学型	10,125		8,192	12,102	
平均学級規模※3	初等	27.9人	25.8人	21.5人	22.6人	19.4人
	前期中等教育	32.8人	21.1人	24.7人	24.3人	20.2人
年間授業週数※3	初等教育	40	38	40	35	38
	前期中等教育	40	38	40	35	38
	後期中等教育	40	38	40	35	38
年間授業時間数※3	初等教育	707	684	805	918	680
	前期中等教育	602	703	756	646	595
	後期中等教育	500	703	713	632	553
12歳から14歳児の必修時間に占める教科別授業時間数の割合※3	国語	11	13	13	16	13
	数学	11	12	13	15	13
	理科	10	13	12	13	17
	社会	9	13	12	13	7
	外国語	10	7	16	12	14
	技術	3	12	3	6	
	芸術	7	9	9	7	15
	体育	9	8	9	11	7
	宗教		3	5		5
	職業技能			2		4
	その他	17	3	1		
	選択必修教科	13	7	4	7	5

出典※1　総務省統計局HP「世界の統計2014」（http://www.stat.go.jp/data/sekai/0116.htm）2014年5月28日確認。
　　※2　外務省HP「諸外国・地域の学校情報」（http://www.mofa.go.jp/mofaj/toko/world_school/）2014年5月28日確認。

	アメリカ (ニューヨーク州)	カナダ (オンタリオ州)	オーストラリア	ニュージーランド	シンガポール	香港	韓国
	3億1391	3488	2268	443	531	717	5034
	9,629,091	9,984,670	7,692,024	270,467	716	1,103	100,148
	33	3	3	16	7,422	6,620	503
	6歳〜16歳 (10年間)	6歳〜16歳 (10年間)	6歳〜16歳 (10年間)	6歳〜18歳 (13年間)	6歳〜12歳 (6年間)	6歳〜15歳 (9年間)	6歳〜15歳 (9年間)
	5・3・4制 (6・2・4制／ 6・6制)	8・4・4制	7・6(4・2)制 8・5(3・2)制 7・5(3・2)制	6・2・5・3制	6・4(5)・ 2(3)制	6・3・3・4制	6・3・3・4制
	74%		96%	80%		17%	71%
				48%		19%	36%
	13.1	12.3	14.2	21.2			15.3
	14.5人		15.7人	16.2人		17.2人	21.1人
	14人	17.7人		16.3人		15人	19.7人
	15人	15.8人		14.4人		18.4人	16.5人
	11,109	8,262	8,328	6,812			6,658
	12,247		10,273	7,304			7,536
	12,873	10,340	9,916	8,670			11,300
		25,341	17,460	11,185			10,499
		13,650	9,158	8,521			6,313
	20.3人		23.2人			37.1人	27.4人
	23.7人		22.8人			54人	34.9人
	36	37	40	38		35	40
	36	37	40	38		35	40
	36	37	40	38		35	40
	1,097	799	868	930			807
	1,068	740	819	845			627
	1,051	744	803	760			616
		19					13
		15					11
		10					11
		13					10
		7					10
		3					4
		8					8
		10					8
							4
		3					5
		13					17

※3 経済協力開発機構(OECD)『図表でみる教育 OECDインディケータ(2012年版)』明石書店、2012年。

資料2　PISA調査にみる順位と得点の変遷

出典：国立教育政策研究所HP「国際研究・協力部　OECD生徒の学習到達度調査（PISA）」
（http://www.nier.go.jp/kokusai/pisa/）

日本の順位と得点の変遷

	読解力	数学的リテラシー	科学的リテラシー
2000	8	1	2
2003	14	6	2
2006	15	10	6
2009	8	9	5
2012	4	7	4

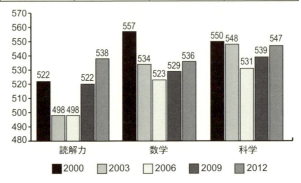

イギリスの順位と得点の変遷

	読解力	数学的リテラシー	科学的リテラシー
2000	7	8	4
2003	–	–	–
2006	17	24	14
2009	25	28	16
2012	23	26	21

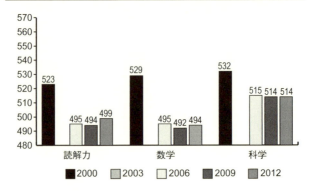

ドイツの順位と得点の変遷

	読解力	数学的リテラシー	科学的リテラシー
2000	21	20	20
2003	21	19	18
2006	18	20	13
2009	20	16	13
2012	20	16	12

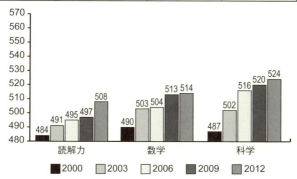

フランスの順位と得点の変遷

	読解力	数学的リテラシー	科学的リテラシー
2000	14	10	12
2003	17	16	13
2006	23	23	25
2009	22	22	27
2012	21	25	26

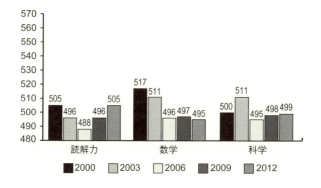

フィンランドの順位と得点の変遷

	読解力	数学的リテラシー	科学的リテラシー
2000	1	4	3
2003	1	2	1
2006	2	2	1
2009	3	6	2
2012	6	12	5

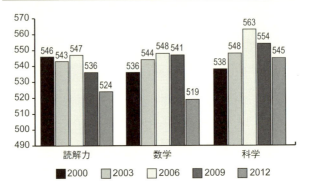

アメリカの順位と得点の変遷

	読解力	数学的リテラシー	科学的リテラシー
2000	15	19	14
2003	18	28	22
2006		35	29
2009	17	31	23
2012	24	36	28

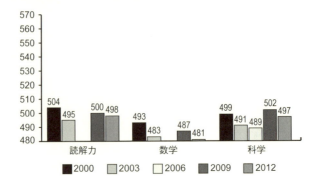

カナダの順位と得点の変遷

	読解力	数学的リテラシー	科学的リテラシー
2000	2	6	5
2003	3	7	11
2006	4	7	3
2009	6	10	8
2012	9	13	10

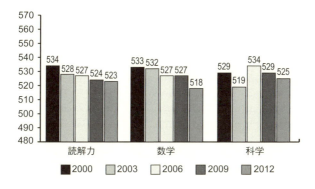

オーストラリアの順位と得点の変遷

	読解力	数学的リテラシー	科学的リテラシー
2000	4	5	7
2003	4	11	6
2006	7	13	8
2009	9	15	10
2012	14	19	16

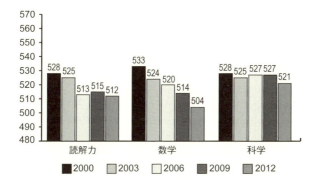

ニュージーランドの順位と得点の変遷

	読解力	数学的リテラシー	科学的リテラシー
2000	3	3	6
2003	6	12	10
2006	5	11	7
2009	7	13	7
2012	13	23	18

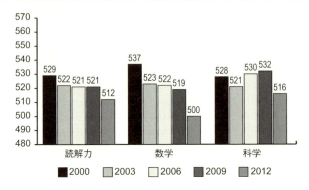

シンガポールの順位と得点の変遷

	読解力	数学的リテラシー	科学的リテラシー
2000			
2003			
2006			
2009	5	2	4
2012	3	2	3

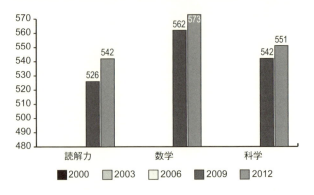

香港の順位と得点の変遷

	読解力	数学的リテラシー	科学的リテラシー
2000			
2003	10	1	3
2006	3	3	2
2009	4	3	3
2012	2	3	2

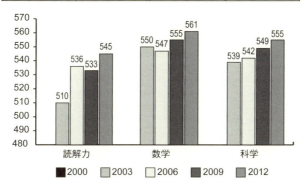

韓国の順位と得点の変遷

	読解力	数学的リテラシー	科学的リテラシー
2000	6	2	1
2003	2	3	4
2006	1	4	11
2009	2	4	6
2012	5	5	7

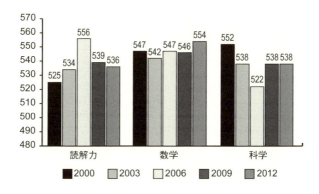

資料3　PISA調査の国際比較（第1回～第5回）

出典：国立教育政策研究所HP「国際研究・協力部　OECD　生徒の学習到達度調査(PISA)」
(http://www.nier.go.jp/kokusai/pisa/)

読解力

順位	PISA2000 (32か国中)		PISA2003 (41か国・地域中)		PISA2006 (57か国・地域中)		PISA2009 (65か国・地域中)		PISA2012 (65か国地域中)	
1	フィンランド	546	フィンランド	543	韓国	556	上海	556	上海	570
2	カナダ	534	韓国	534	フィンランド	547	韓国	539	香港	545
3	ニュージーランド	529	カナダ	528	香港	536	フィンランド	536	シンガポール	542
4	オーストラリア	528	オーストラリア	525	カナダ	527	香港	533	日本	538
5	アイルランド	527	リヒテンシュタイン	525	ニュージーランド	521	シンガポール	526	韓国	536
6	韓国	525	ニュージーランド	522	アイルランド	517	カナダ	524	フィンランド	524
7	イギリス	523	アイルランド	515	オーストラリア	513	ニュージーランド	521	アイルランド	523
8	日本	522	スウェーデン	514	リヒテンシュタイン	510	日本	520	台湾	523
9	スウェーデン	516	オランダ	513	ポーランド	508	オーストラリア	515	カナダ	523
10	オーストリア	507	香港	510	スウェーデン	507	オランダ	508	ポーランド	518
11	ベルギー	507	ベルギー	507	オランダ	507	ベルギー	506	エストニア	516
12	アイスランド	507	ノルウェー	500	ベルギー	501	ノルウェー	503	リヒテンシュタイン	516
13	ノルウェー	505	スイス	499	エストニア	501	エストニア	501	ニュージーランド	512
14	フランス	505	日本	498	スイス	499	スイス	501	オーストラリア	512
15	アメリカ	504	マカオ	498	日本	498	ポーランド	500	オランダ	511

数学的リテラシー

順位	PISA2000 (32か国中)		PISA2003 (41か国・地域中)		PISA2006 (57か国・地域中)		PISA2009 (65か国・地域中)		PISA2012 (65か国地域中)	
1	日本	557	香港	550	台湾	549	上海	600	上海	613
2	韓国	547	フィンランド	544	フィンランド	548	シンガポール	562	シンガポール	573
3	ニュージーランド	537	韓国	542	香港	547	香港	555	香港	561
4	フィンランド	536	オランダ	538	韓国	547	韓国	546	台湾	560
5	オーストラリア	533	リヒテンシュタイン	536	オランダ	531	台湾	543	韓国	554
6	カナダ	533	日本	534	スイス	530	フィンランド	541	マカオ	538
7	スイス	529	カナダ	532	カナダ	527	リヒテンシュタイン	536	日本	536
8	イギリス	529	ベルギー	529	マカオ	525	スイス	534	リヒテンシュタイン	535
9	ベルギー	520	マカオ	527	リヒテンシュタイン	525	日本	529	スイス	531
10	フランス	517	スイス	527	日本	523	カナダ	527	オランダ	523
11	オーストリア	515	オーストラリア	524	ニュージーランド	522	オランダ	526	エストニア	521
12	デンマーク	514	ニュージーランド	523	ベルギー	520	マカオ	525	フィンランド	519
13	アイスランド	514	チェコ	516	オーストラリア	520	ニュージーランド	519	カナダ	518
14	リヒテンシュタイン	514	アイスランド	515	エストニア	515	ベルギー	515	ポーランド	518
15	スウェーデン	510	デンマーク	514	デンマーク	513	オーストラリア	514	ベルギー	515

科学的リテラシー

順位	PISA2000 (32か国中)		PISA2003 (41か国・地域中)		PISA2006 (57か国・地域中)		PISA2009 (65か国・地域中)		PISA2012 (65か国地域中)	
1	韓国	552	フィンランド	548	フィンランド	563	上海	575	上海	580
2	日本	550	日本	548	香港	542	フィンランド	554	香港	555
3	フィンランド	538	香港	539	カナダ	534	香港	549	シンガポール	551
4	イギリス	532	韓国	538	台湾	532	シンガポール	542	日本	547
5	カナダ	529	リヒテンシュタイン	525	エストニア	531	日本	539	フィンランド	545
6	ニュージーランド	528	オーストラリア	525	日本	531	韓国	538	エストニア	541
7	オーストラリア	528	マカオ	525	ニュージーランド	530	ニュージーランド	532	韓国	538
8	オーストリア	519	オランダ	524	オーストラリア	527	カナダ	529	ベトナム	528
9	アイルランド	513	チェコ	523	オランダ	525	エストニア	528	ポーランド	526
10	スウェーデン	512	ニュージーランド	521	リヒテンシュタイン	522	オーストラリア	527	カナダ	525
11	チェコ	511	カナダ	519	韓国	522	オランダ	522	リヒテンシュタイン	525
12	フランス	500	スイス	513	スロベニア	519	台湾	520	ドイツ	524
13	ノルウェー	500	フランス	511	ドイツ	516	ドイツ	520	台湾	523
14	アメリカ	499	ベルギー	509	イギリス	515	リヒテンシュタイン	520	オランダ	522
15	ハンガリー	496	スウェーデン	506	チェコ	513	スイス	517	アイルランド	522

資料4．TIMSS調査にみる順位と得点の変遷
出典：国立教育政策研究所HP「IEA国際数学・理科教育動向調査の2011年調査（TIMSS 2011）」
　　（http://www.nier.go.jp/timss/2011/）

数学（中学2年生）

順位	TIMSS 1995 (46か国地域中)		TIMSS 1999 (38か国地域中)		TIMSS 2003 (46か国地域中)		TIMSS 2007 (59か国地域中)		TIMSS 2011 (63か国地域中)	
1	シンガポール	643	シンガポール	604	シンガポール	605	台湾	598	韓国	613
2	韓国	607	韓国	587	韓国	589	韓国	597	シンガポール	611
3	日本	605	台湾	585	香港	586	シンガポール	593	台湾	609
4	香港	588	香港	582	台湾	585	香港	572	香港	586
5	ベルギー (Fl)	565	日本	579	日本	570	日本	570	日本	570
6	チェコ	564	ベルギー	558	ベルギー	537	ハンガリー	517	ロシア	539
7	スロバキア	547	オランダ	540	オランダ	536	イングランド	512	イスラエル	516
8	スイス	545	スロバキア	534	エストニア	531	ロシア	520	フィンランド	514
9	オランダ	541	ハンガリー	532	ハンガリー	529	アメリカ	508	アメリカ	509
10	スロベニア	541	カナダ	531	マレーシア	508	リトアニア	506	イングランド	507
11	ブルガリア	540	スロベニア	530	ラトビア	508	チェコ	504	ハンガリー	505
12	オーストリア	539	ロシア	526	ロシア	508	スロベニア	501	オーストラリア	505
13	フランス	538	オーストラリア	525	スロバキア	508	アルメニア	499	スロベニア	505
14	ハンガリー	537	フィンランド	520	オーストラリア	505	オーストラリア	496	リトアニア	502
15	ロシア	535	チェコ	520	アメリカ	504	スウェーデン	491	イタリア	498

理科（中学2年生）

順位	TIMSS 1995 (46か国地域中)		TIMSS 1999 (38か国地域中)		TIMSS 2003 (46か国地域中)		TIMSS 2007 (59か国地域中)		TIMSS 2011 (63か国地域中)	
1	シンガポール	607	台湾	569	シンガポール	578	シンガポール	567	シンガポール	590
2	チェコ	574	シンガポール	568	台湾	571	台湾	561	台湾	564
3	日本	571	ハンガリー	552	韓国	558	日本	554	韓国	560
4	韓国	565	日本	550	香港	556	韓国	553	日本	558
5	ブルガリア	565	韓国	549	エストニア	552	イングランド	542	フィンランド	552
6	オランダ	560	オランダ	545	日本	552	ハンガリー	539	スロベニア	543
7	スロベニア	560	オーストラリア	540	ハンガリー	543	チェコ	539	ロシア	542
8	オーストリア	558	チェコ	539	オランダ	536	スロベニア	538	香港	535
9	ハンガリー	554	イギリス	538	アメリカ	527	香港	530	イングランド	533
10	イギリス	552	フィンランド	535	オーストラリア	527	ロシア	530	アメリカ	525
11	ベルギー (Fl)	550	スロバキア	535	スウェーデン	524	アメリカ	520	ハンガリー	522
12	オーストラリア	545	ベルギー	535	スロベニア	520	リトアニア	519	オーストラリア	519
13	スロバキア	544	スロベニア	533	ニュージーランド	520	オーストラリア	515	イスラエル	516
14	ロシア	538	カナダ	533	リトアニア	519	スウェーデン	511	リトアニア	514
15	アイルランド	538	香港	530	スロバキア	517	スコットランド	496	ニュージーランド	512

算数（小学4年生※TIMSS1995のみ中学1年生）

順位	TIMSS 1995 (46か国地域中)		TIMSS 1999 (38か国地域中)	TIMSS 2003 (46か国地域中)		TIMSS 2007 (59か国地域中)		TIMSS 2011 (63か国地域中)	
1	シンガポール	601		シンガポール	594	香港	607	シンガポール	606
2	韓国	577		香港	575	シンガポール	599	韓国	605
3	日本	571		日本	565	台湾	576	香港	602
4	香港	564		台湾	564	日本	568	台湾	591
5	ベルギー（Fl)	558		ベルギー（Fl)	551	カザフスタン	549	日本	585
6	チェコ	523		オランダ	540	ロシア	544	北アイルランド	562
7	オランダ	516		ラトビア	536	イングランド	541	ベルギー	549
8	ブルガリア	514		リトアニア	534	ラトビア	537	フィンランド	545
9	オーストリア	509		ロシア	532	オランダ	535	イングランド	542
10	スロバキア	508		イギリス	531	リトアニア	530	ロシア	542
11	ベルギー（Fr)	507		ハンガリー	529	アメリカ	529	アメリカ	541
12	スイス	506		アメリカ	518	ドイツ	525	オランダ	540
13	ハンガリー	502		キプロス	510	デンマーク	523	デンマーク	537
14	ロシア	501		モルドバ	504	オーストラリア	516	リトアニア	534
15	アイルランド	500		イタリア	503	ハンガリー	510	ポルトガル	532

理科（小学4年生※TIMSS1995のみ中学1年生）

順位	TIMSS 1995 (46か国地域中)		TIMSS 1999 (38か国地域中)	TIMSS 2003 (46か国地域中)		TIMSS 2007 (59か国地域中)		TIMSS 2011 (63か国地域中)	
1	シンガポール	545		シンガポール	565	シンガポール	587	韓国	587
2	韓国	535		台湾	551	台湾	557	シンガポール	583
3	チェコ	533		日本	543	香港	554	フィンランド	570
4	日本	531		香港	542	日本	548	日本	559
5	ブルガリア	531		イギリス	540	ロシア	546	ロシア	552
6	スロベニア	530		アメリカ	536	ラトビア	542	台湾	552
7	ベルギー（Fl)	529		ラトビア	532	イングランド	542	アメリカ	544
8	オーストリア	519		ハンガリー	530	アメリカ	539	チェコ	536
9	ハンガリー	518		ロシア	526	ハンガリー	536	香港	535
10	オランダ	517		オランダ	525	イタリア	535	ハンガリー	534
11	イギリス	512		オーストラリア	521	カザフスタン	533	スウェーデン	533
12	スロバキア	510		ニュージーランド	520	ドイツ	528	スロバキア	532
13	アメリカ	508		ベルギー（Fl)	518	オーストラリア	527	オーストリア	532
14	オーストラリア	504		イタリア	516	スロバキア	526	オランダ	531
15	ドイツ	499		リトアニア	512	オーストリア	526	イングランド	529

索引

あ行

ICT（情報通信技術）　23, 47
ICTの活用　158, 162
アボット（T. Abott）　151
アメリカ合衆国　110
アルバータ州　128
ESA（Education Service Australia）　159
イーストハーレム中等学校　124
ETS（Educational Testing Service）　12
EUのキー・コンピテンシー　18, 20
生き抜く力　258
イギリス　38
生きる力　256
埋め込み型と現場裁量型　251
HKCEE（Hong Kong Certificate of Education Examination）　206
HKALE（Hong Kong Advanced Level Examination）　206
HKDSE（Hong Kong Deploma of Secondary Education）　207
NCLB法責務遂行免除政策　121
欧州連合（European Union: EU）　18
OECD（経済協力開発機構）　10
オーストラリア　148
オーストラリア・カリキュラム　148
オープンガーデン　47
落ちこぼれを作らないための初等中等教育法（No Child Left Behind Act: NCLB）　110
オバマ（B. Obama）　113
オランド（F. Hollande）　76
オンタリオ・カリキュラム（The Ontario Curriculum）　130
オンタリオ州　128
オンタリオ中等教育修了証明書（OSSD）　137

か行

学際的カリキュラム優先事項（cross-curriculum priorities）　154
学際的テーマ　27
学習指導要領　80
学習状況調査　68
学習スキルと学習習慣（Learning Skills and Work Habits）　134, 135
学習のための評価（assessment for learning）　215
学習領域　154
核心力量　227, 228, 243
学年群　229
価値と態度　211
学校運営委員会　233
学校基本計画法（フィヨン法）　75, 78
学校査察（school inspection）　214
学校職員　50
学校生活記録簿　232
学校卓越モデル（school excellence model: SEM）　195
学校に基礎を置いたカリキュラム改革　216
学校理事会（board of trustees）　167
カナダ　128
カリキュラム評価報告機構（Australian curriculum, assessment and reporting authority: ACARA）　148
カリキュラムマネジメント　263
キー・コンピテンシー　10, 14, 165, 171, 180, 242
キー・スキル　38, 41, 43, 241
『危機に立つ国家』　110
基礎学校制度（ペルスコウル）　93
機能的スキル　44

キャメロン (D. Cameron)　38
教育課程基準　96
教育基本法 (アビ法)　75
教育基本法 (ジョスパン法)　75
教育水準局 (OFSTED)　49
教育スタンダード　60, 63, 136, 260
教育成功個別プログラム (PPRE)　74, 86, 242
教育制度における質的開発のための研究所 (IQB)　65
教育到達目標 (Desired Outcome of Education)　191
教育の質とアカウンタビリティに関するオフィス (EQAO)　130, 141
教育評価局 (education review office: ERO)　167, 175
教育優先地域 (ZEP)　75, 85
教員職能・キャリア開発計画　198
教員スタンダード　216
教員養成スタンダード　67
教科横断的テーマ　98-100, 247
教科横断的な領域　247
教科群　230
教師がしなくてもよい業務　51
協調的問題解決　34
共通基礎 (socle comun)　73, 76, 78, 79, 241
共通基礎の評価　83
グローバル創意人材　227, 243
KMK (常設各州教育大臣会議)　56
コア・スキル　41, 241
5.31教育改革案　222
国際成人リテラシー調査 (International Adult Literacy Survey: IALS)　12
個別課題研究　82, 247
コモンコア・ステイトスタンダード (CCSS)　114, 118, 242
コンスタンツ決議　59
コンピテンシー　62, 97
コンピテンシーの定義と選択 (Definition and Selection of Competencies: DeSeCo)」プロジェクト　14, 166, 240
コンピュータ　47

さ行

裁量的政策調整　21
サッチャー (M. Thatcher)　40
GCE (General Certificate of Education) A (advanced) レベル　43
GCSE試験 (General Certificate of Secondary Education)　39, 48
思考する学校、学ぶ国家 (Thinking School, Learning Nation: TSLN)　188, 243
次世代の評価システム　120
指導とスクールリーダーシップ機構 (Australian Institute for Teaching and School Leadership: AITSL)　159
10年生プログラム　103
主要学習領域 (key learning areas)　211
シュライヒャー (A. Schlaicher)　16, 114
初等教育修了試験 (PSLE)　193, 195
シラバス　193
思慮深さ (reflectiveness)　16
シンガポール　186
真正の評価 (authentic assessment)　121
SCANS (Secretary's Commission on Achieving Necessary Skills)　25
少なく教え、多くを学ぶ (Teach Less, Learn More: TLLM)　189, 196
ストリーミング　189
スマター・バランスト　115
政権交代　38, 128, 131, 151
成人のライフスキルとリテラシー調査 (Adult Literacy and Life Skills Survey: ALL)　12
生徒の成功・18歳までの学習戦略　131
青年リテラシー調査 (Young Adult Literacy Survey: YALS)　12
世界の発見　81, 247
全国教育課程基準　98

索引　283

全国共通テスト（NAPLAN） 158
全国資格認定試験（National Certificates of Education Achievement: NCEA） 175
全国評価プログラム（National Assessment Program: NAP） 157
全米学力調査（National Assessment of Education Progress: NAEP） 12
全米州教育長協議会（CCSSO） 114
全米専門家教育基準委員会（National Board for Professional Teaching Standards: NBPTS） 123
全米知事会（NGA） 114
専門職スタンダード（professional standards） 177
創意的体験活動 229, 247

た行

大学・キャリアレディネススタンダード 117
大学修学能力試験 232
大韓民国 222
大綱化の問題 250
第二期教育振興基本計画 255
達成チャート 138, 139
探究的教授法のプロセス 176
知識基盤社会 10, 255
知識とスキル 45, 251
頂点への競争（race to the top） 113, 121
デアリング報告書 40
デジタル社会 23
ドイツ連邦共和国 56
統一コレージュ 74
トロント大学オンタリオ教育研究所の付属校 142

な行

内容スタンダード 138, 246
ナショナル・カリキュラム 45
ナショナルスタンダード 174
ナショナルテスト 48
21世紀型コンピテンシー 243
21世紀型コンピテンシーと望まれる生徒の成果（21st Century Competencies and Desired Student Outcomes） 192
21世紀型スキル（21st century skill） 23, 25, 26, 28, 30, 31, 118, 134, 242
21世紀型スキル運動 25, 115, 242
21世紀型スキルの学びと評価（assessment & teaching of 21st century skills: ATC21S） 23, 30
21世紀型スキルパートナーシップ（21st century skills partnership: P21） 23
21世紀型能力 258, 259
2005年学校基本計画法 73
2016年版の国家教育課程基準 101
日本 254
入学査定官 233
ニューザクセン州 66
ニュージーランド 165
ニュージーランド・カリキュラム 165, 170, 172
ニュージーランド資格審査機構（NZQA） 175
ニューパブリックマネジメント（NPM） 57, 167, 241
ノルトライン＝ヴェストファーレン（NRW）州 64

は行

パーク 115
ハイステイクテスト 262
朴槿恵 225
発見学習 82, 247
パフォーマンス・スタンダード 136, 138, 260
パフォーマンス評価 234, 262
汎カナダ教育インディケータープログラム（PCEIP） 140

汎用的スキル 209
汎用的能力（general capabilities） 153, 155, 242
PIAAC（Programme for the International Assessment of Adult Competences） 18
PSHE 247
PCAP（Pan-Canadian Assessment Program） 140
PISA（Programme for International Student Assessment） 17
PISAショック 56, 59
必須のスキル 165
秘密の花園 47
フィンランド 91
フィンランド式教育改革 92
フィンランドの教員養成 103
普通教育修了試験（GCE） 195
ブッシュ（G. W. Bush） 113
フランス 73
ブレア（T. Blair） 40
プロジェクト学習自転車 29
プロジェクトワーク 202, 247
平準化政策 224
ヘルシンキ大学 105
香港 204
香港教育制度改革建議 207

ま行

マギンティ（D. McGinty） 129

マクゴー（B. McGaw） 31
学び方の学び（learning to Learn） 104, 204, 243
学びのためのアセスメント（assessment for learning） 174
メルボルン宣言 150
メルボルン大学 30

や行

読み書き計算能力開発室（Literacy and Numberacy Secretariat: LNS） 131, 142

ら行

リー・アンユー（Lee Kuan Yew） 187
リー・シェンロン（Lee Hsien Loong） 189
リスボン・ストラテジー 19
リテラシー 11
領域固有性 260
レーガン（R. Reagan） 112
ロジャーノミックス 167
Wroxham school 52

わ

私の学校ウェブサイト（My School website） 158

著者紹介

松尾知明(まつお・ともあき)
国立教育政策研究所・初等中等教育研究部・総括研究官。
福岡教育大学卒業後、公立小学校で4年間教える。ウィスコンシン大学マディソン校教育学研究科博士課程 Curriculum & Instruction 専攻へ留学。ラドソン=ビリングズ(G. Ladson-Billings)らに学び、Ph.D.(教育学)を取得。浜松短期大学講師を経て、現職。著書に『アメリカの現代教育改革』(単著、東信堂、2010年)、『アメリカ多文化教育の再構築』(単著、明石書店、2007年)、『多文化共生のためのテキストブック』(単著、明石書店、2011年)、『多文化教育がわかる事典』(単著、明石書店、2013年)、『多文化教育をデザインする』(編著、勁草書房、2013年)、『教育課程・方法論―コンピテンシーを育てる授業デザイン』(単著、学文社、2014年)などがある。

21世紀型スキルとは何か
―― コンピテンシーに基づく教育改革の国際比較

2015年2月25日 初版第1刷発行

著　者	松尾知明
発行者	石井昭男
発行所	株式会社 明石書店

〒101-0021　東京都千代田区外神田6-9-5
　　　　電　話　　03(5818)1171
　　　　ＦＡＸ　　03(5818)1174
　　　　振　替　　00100-7-24505
　　　　http://www.akashi.co.jp

装丁　　明石書店デザイン室
印刷　　株式会社文化カラー印刷
製本　　協栄製本株式会社

(定価はカバーに表示してあります)　　　　ISBN978-4-7503-4135-4

JCOPY 〈(社)出版者著作権管理機構　委託出版物〉
本書の無断複写は著作権法上での例外を除き禁じられています。複写される場合は、そのつど事前に、(社)出版者著作権管理機構(電話 03-3513-6969、FAX 03-3513-6979、e-mail: info@jcopy.or.jp)の許諾を得てください。

反転授業が変える教育の未来 生徒の主体性を引き出す授業への取り組み
反転授業研究会編 芝池宗克、中西洋介著
●2000円

学習の本質 研究の活用から実践へ
OECD教育研究革新センター編著
立田慶裕、平沢安政監訳
●4600円

キー・コンピテンシー 国際標準の学力をめざして
ドミニク・S・ライチェン、ローラ・H・サルガニク編著
立田慶裕監訳
●3800円

キー・コンピテンシーの実践 学び続ける教師のために
立田慶裕
●3000円

ESDコンピテンシー 学校の質的向上と形成能力の育成のための指導方針
トランスファー21編著 由井義通、卜部匡司監訳
●1800円

ユネスコスクール 地球市民教育の理念と実践
小林亮
●2400円

生きるための知識と技能5 OECD生徒の学習到達度調査(PISA)
2012年調査国際結果報告書
国立教育政策研究所編
●4600円

学力政策の比較社会学【国際編】PISAは各国に何をもたらしたか
志水宏吉、鈴木勇編著
●3800円

図表でみる教育 OECDインディケータ(2014年版)
OECD編著
徳永優子、稲田智子、定延由紀、矢倉美登里訳
●8600円

諸外国の教育動向 2012年度版
文部科学省編著
●3800円

諸外国の教育動向 2013年度版
文部科学省編著
●3600円

世界の教育改革4 OECD教育政策分析「非大学型」高等教育、教育とICT、学校教育と生涯学習、租税政策と生涯学習
OECD編 御園生純、稲川英嗣監訳
●3800円

OECD成人スキル白書 第1回国際成人力調査(PIAAC)報告書〈OECDスキル・アウトルック2013年版〉
経済協力開発機構(OECD)編著
矢倉美登里、稲田智子、来田誠一郎訳
●8600円

多文化共生のためのテキストブック
松尾知明
●2400円

多文化教育がわかる事典 ありのままに生きられる社会をめざして
松尾知明
●2800円

アメリカ多文化教育の再構築 文化多元主義から多文化主義へ
松尾知明
●2300円

〈価格は本体価格です〉